new bk ✓
(x bib - easy)

ABBO VON FLEURY

DE SYLLOGISMIS HYPOTHETICIS

STUDIEN UND TEXTE ZUR GEISTESGESCHICHTE DES MITTELALTERS

BEGRÜNDET VON

JOSEF KOCH

WEITERGEFÜHRT VON

PAUL WILPERT UND ALBERT ZIMMERMANN

HERAUSGEGEBEN VON

JAN A. AERTSEN

IN ZUSAMMENARBEIT MIT

TZOTCHO BOIADJIEV, MARK D. JORDAN
UND ANDREAS SPEER (MANAGING EDITOR)

BAND LVI

ABBO VON FLEURY

DE SYLLOGISMIS HYPOTHETICIS

ABBO VON FLEURY

DE SYLLOGISMIS HYPOTHETICIS

TEXTKRITISCH HERAUSGEGEBEN, ÜBERSETZT,
EINGELEITET UND KOMMENTIERT

VON

FRANZ SCHUPP

BRILL
LEIDEN · NEW YORK · KÖLN
1997

This book is printed on acid-free paper.

Library of Congress Cataloging-in-Publication Data

Abbo, of Fleury, Saint, ca. 945–1004.
    [De syllogismis hypotheticis. German & Latin]
    De syllogismis hypotheticis / Abbo von Fleury ; textkritisch
herausgegeben, übersetzt, eingeleitet und kommentiert von Franz
Schupp.
       p. cm. — (Studien und Texte zur Geistesgeschichte des
Mittelalters, ISSN 0169-8125 ; Bd. 56)
    Includes bibliographical references and index.
    ISBN 9004107487 (alk. paper)
    1. Syllogism—Early works to 1800.   I. Schupp, Franz. II. Title.
III. Series.
BC185.A2315   1997
166—DC21
                                       96-54881
                                           CIP

Die Deutsche Bibliothek - CIP-Einheitsaufnahme

Abbo <Floriacensis>:
De syllogismis hypotheticis / Abbo von Fleury. Textkritisch
hrsg., übers., eingeleitet und kommentiert von Franz Schupp. –
Leiden ; New York ; Köln : Brill, 1997
   (Studien und Texte zur Geistesgeschichte des Mittelalters : 56)
   ISBN 90–04–10748–7
NE: Schupp, Franz [Hrsg.]; GT

ISSN 0169-8125
ISBN 90 04 10748 7

PRINTED IN THE NETHERLANDS

INHALT

VORWORT

ABBO VON FLEURY UND DIE GESCHICHTE DER PHILOSOPHIE

Für einen „Neuankömmling" ist es nicht leicht, sich einen Platz in der Geschichtsschreibung der Philosophie zu erobern.[1] Abbo von Fleury (940/945-1004) war der allgemeinen Geschichtsschreibung immer bekannt gewesen als eine der führenden Persönlichkeiten des kirchlichen und politischen Geschehens des 10. Jahrhunderts. In der Rechtsgeschichte trifft man auf Abbo als den Redaktor einer Sammlung von Quellentexten des kanonischen Rechts. Und auch in der Geschichte der Mathematik hat Abbo seinen festen Platz. Dort wird er neben Gerbert von Aurillac als einziger erwähnenswerter Mathematiker des 10. Jahrhunderts aufgeführt.[2] Daß Abbo von Fleury auch als Philosoph Bedeutung zukommt, hatte A. Van de Vyver schon in Aufsätzen seit 1929 deutlich gemacht,[3] für einen breiteren Leserkreis wurde dies aber erst durch dessen (posthum erschienene) Textedition von Abbos *Syllogismorum categoricorum et hypotheticorum enodatio* aus dem Jahr 1966 sichtbar. Es wäre nun nicht sonderlich weiterführend, die Werke zur Geschichte der Philosophie des Mittelalters anzuführen, die nach 1966 erschienen sind und die Abbos Werk trotzdem nicht erwähnen.[4] Halten wir uns aber zunächst an solche Autoren der allgemeinen Geschichtsschreibung der Philosophie des Mittelalters, die schon von eigenen früheren Arbeiten her eine gewisse Nähe zur Geschichte der Logik haben. Ob für einen Historiker der Philosophie des Mittelalters eine solche Nähe nützlich und erfordert ist, ob dabei Über- oder Unterschätzungen vorkommen, ist eine umstrittene Frage, die hier nicht entschieden werden soll.[5] Daß die Logik innerhalb der mittelalterlichen Philosophie eine ganz wichtige Rolle gespielt hat, ist jedenfalls unbestritten. In der *Cambridge*

---

[1] In den Anmerkungen werden Veröffentlichungen, die öfter verwendet werden, mit Autor, Jahreszahl der Veröffentlichung und Seitenzahl angegeben; die vollständige Angabe findet sich dann im Literaturverzeichnis. Werke, die nur gelegentlich verwendet werden, werden mit dem gesamten Titel angeführt.

[2] Vgl. z.B. D. E. Smith, *History of Mathematics* I, New York 1923 (Nachdruck 1951), S. 190. Allerdings trifft es nicht zu, wie ebd. S. 190 u. S. 195 behauptet wird, daß er der Lehrer Gerberts von Aurillac gewesen sei. Vgl. dazu weiter unten die Biographie Abbos.

[3] Van de Vyver, 1929 u. 1935.

[4] Ganz überflüssig wäre eine solche Auflistung insofern nicht, als sie möglicherweise einen Hinweis darauf liefern könnte, daß die Geschichtsschreibung der Philosophie gewisse gemeinsame Züge mit der Hagiographie hat. Auch im offiziellen Kalendarium der Heiligen ist es für einen „Neuankömmling" schwer, einen passenden Platz zu finden.

[5] Vgl. dazu z.B. J. A. Aertsen, *Gibt es eine mittelalterliche Philosophie?* In: Philosophie und geistiges Erbe des Mittelalters, Köln 1994, S. 13-30, bes. S. 21-24.

History of Later Medieval Philosophy,[6] die den Zeitraum von 1100-1600 behandelt, wird Abbo von Fleury als Vertreter der Logik des 10. Jahrhunderts, also zumindest als Vorläufer der behandelten Periode, überhaupt nicht erwähnt, obwohl man diesem Werk sicher nicht vorwerfen kann, daß in ihm die Logik einen zu geringen Platz einnimmt.[7] Eine Erwähnung Abbos findet sich in John Marenbons *Early Medieval Philosophy* (480-1150).[8] Dort wird (zu Recht) festgestellt, daß Abbo ein gegenüber Notker (Balbulus) fortgeschritteneres Verständnis formaler Logik zeigte, es wird aber auch angemerkt, daß er den Monographien des Boethius manchmal sehr eng folgte.[9] Daß dies zwar richtig ist, aber der Leistung Abbos doch nicht gerecht wird, wird sich noch zeigen. 1989 erschien die *Storia della filosofia medievale* von Maria Teresa Fumagalli und Massimo Parodi.[10] Hier wird von Abbo berichtet, daß er sich u.a. mit Dialektik befaßt hat.[11] Genaueres wird auch hier nicht mitgeteilt. Aber auch in den eigentlichen Arbeiten zur Geschichte der Logik fand Abbo von Fleury fast nur Erwähnung in Nebensätzen. In Jan Pinborgs *Logik und Semantik im Mittelalter*[12] wird von Abbo wieder (nur) berichtet, daß mit ihm (und Gerbert von Aurillac) eine ausgiebigere Verwendung der Schriften des Boethius beginnt.[13] Und William und Martha Kneale begnügen sich in ihrem bekannten Werk *The Development of Logic*[14] mit der Bemerkung, Abbo von Fleury sei ein einflußreicher Lehrer seiner Periode gewesen.[15]

Das Publikumsinteresse an den Werken Abbos ist also bisher nicht überwältigend. Eines der Anliegen der vorliegenden Arbeit ist es daher, erstmals zu zeigen, daß eine nähere Beschäftigung mit Abbos Schrift *De syllogismis hypotheticis* nicht nur von antiquarischem und vielleicht editorischem, sondern auch von erheblichem sachlichem Interesse ist. Ein nur kurz angedeuteter Vergleich mit der Behandlung der hypothetischen Syllogismen im 12., 13. und 14. Jahrhundert macht dies sofort deutlich.

Abaelard behandelt in seiner *Dialectica* in einem ausführlichen Teil, dem gesamten vierten Traktat, die hypothetischen Syllogismen. Er setzt

---

[6] Hrsg. N. Kretzmann, A. Kenny, J. Pinborg, Cambridge 1982. - Auch in der von A. Armstrong (allerdings mit einer anderen, „traditionelleren" Perspektive) herausgegebenen *Cambridge History of Later Greek and Early Medieval Philosophy,* Cambridge 1967, wird Abbo von Fleury nicht erwähnt.

[7] Vgl. Aertsen, Anm. 5, S. 22: „der Platz, der hier der Logik eingeräumt wird, ist disproportioniert".

[8] London 1983.

[9] S. 81f. - Mehr sagt allerdings auch Marenbon nicht zur *Enodatio* Abbos.

[10] Roma-Bari 1989.

[11] S. 118. Ebd. wird auch die Vermutung ausgesprochen, daß Abbo Schüler des Gerbert von Aurillac war. Dies ist m.E. eher unwahrscheinlich; eher ist anzunehmen, daß Abbo Schüler des Gerannus war, der als Lehrer in Reims tätig war und der auch Gerberts eigentlicher Lehrer der Dialektik wurde. Vgl. dazu die Biographie Abbos in der folgenden Einleitung.

[12] Stuttgart 1972.

[13] S. 13.

[14] Oxford 1962, seither wiederholt mit Verbesserungen erschienen, hier zitiert nach der Ausgabe von 1975.

[15] S. 199.

sich dort im einzelnen durchaus kritisch mit dem entsprechenden Traktat des Boethius auseinander, hält sich jedoch im ganzen ziemlich genau an den von Boethius vorgelegten Rahmen. Abaelards diesen Teil beschließender Abschnitt über die disjunktiven hypothetischen Syllogismen[16] ist ebenso kurz wie der entsprechende Teil bei Boethius, obwohl durchaus eine weitere Ausarbeitung dieses Teils denkbar ist. Und daß sie nicht nur denkbar, sondern ausführbar ist, zeigt das Kapitel VI in Abbos Traktat. Die Besonderheit und die systematische Leistung Abbos gegenüber Abaelard - bei der er weder Vorgänger noch Nachfolger hatte - findet sich aber darin, daß er erfaßte, daß die Lehre von den hypothetischen Syllogismen, wie er sie bei Boethius in *De hypotheticis syllogismis* vorfand, mit der Liste der hypothetischen Syllogismen in Verbindung gebracht werden mußte, die der lateinischen Tradition durch Ciceros *Topica* bekannt war. Bei Boethius findet sich diese Liste im fünften Buch von *In Topica Ciceronis Commentaria*. Boethius selbst stellte aber keinerlei Verbindung zwischen seinen beiden Traktaten her. Daß Abbo diese Verbindungslinie tatsächlich aufgrund des Materials zog, das er im Kommentar des Boethius zu Ciceros *Topica* vorfand, ist m.E. unwahrscheinlich. Es muß eher angenommen werden, daß Abbo eine andere Quelle zur Verfügung hatte, die diese Fragen behandelte (vgl. weiter unten Einl. IV). In jedem Fall aber hat er einen systematischen Zusammenhang zwischen in der Tradition ganz getrennt aufgetretenen Lehrstücken gesehen und hat versucht, sie in einen inneren Zusammenhang zu bringen. In Abaelards Traktat hingegen findet sich keinerlei Hinweis auf diesen Zusammenhang, obwohl natürlich auch Abaelard jedenfalls die Traktate Cassiodors und Isidors von Sevilla bekannt gewesen sind. Dasselbe gilt für die Traktate zu den hypothetischen Syllogismen, die unter Einfluß Abaelards verfaßt worden sind, nämlich bei Wilhelm von Lucca und in zwei Münchener Handschriften.[17]

In den repräsentativen Lehrbüchern der Logik des 13. Jahrhunderts von Wilhelm von Sherwood,[18] Petrus Hispanus[19] und Lambert von Auxerre[20] gibt es überhaupt keine Traktate zum hypothetischen Syllogismus. Dies ist sehr erstaunlich, denn es gab ja doch die beiden Traktate des Boethius, den einen zu den kategorischen, den anderen zu den hypothetischen Syllogismen. Vermutlich hatte die Rezeption der Texte des Aristoteles, in denen es ja keine ausdrückliche Lehre der hypothetischen Syllogismen gibt, dieses wichtige traditionelle Lehrstück in Vergessenheit geraten lassen. Aristoteles hatte sich gegenüber Boethius durchgesetzt, dabei aber übersahen die Logiker des 13. Jahrhunderts, daß Boethius Teile der Logik behandelt hatte, die

---

[16] Abaelard, *Dialectica* IV, S. 530-532.
[17] München, Bayerische Staatsbibliothek Clm 14779 und 14458.
[18] William of Sherwood, *Introductiones in Logicam*, hrsg. von H. Brands u. Chr. Kann, Hamburg 1995.
[19] Peter of Spain, *Tractatus, called afterwards Summule logicales*, hrsg. von L. M. De Rijk, Assen 1972.
[20] Lamberto d'Auxerre, *Logica*, hrsg. von F. Alessio, Florenz 1971.

bei Aristoteles nur ansatzweise vorhanden gewesen waren. Die Geschichte der Aristotelesrezeption im 12. und 13. Jahrhundert ist eben auch begleitet von der Geschichte des Zurücktretens anderer großer und bedeutender Texte, ein Zurücktreten, das bis zum völligen Vergessen gehen konnte.

In der Logik des 14. Jahrhunderts wurde die eben beschriebene Linie der Logik des 13. Jahrhunderts fortgesetzt. Auch in den Lehrbüchern des 14. Jahrhunderts sucht man vergeblich nach Traktaten über die hypothetischen Syllogismen. Allerdings setzte um 1300 eine Entwicklung ein, innerhalb derer einzelne Probleme behandelt wurden, die auch in den Traktaten über die hypothetischen Syllogismen ihren Ort haben. Es geht dabei um die Traktate *De consequentiis*, deren bekannteste vermutlich die von Walter Burleigh,[21] von Wilhelm von Ockham[22] und von Johannes Buridanus[23] sind. Eine nähere Analyse dieser an sich sehr interessanten Traktate zeigt jedoch, daß in ihnen keine Wiederaufnahme der Lehre von den hypothetischen Syllogismen vorliegt, wie diese von Boethius, Abbo und Abaelard behandelt worden war. Die Traktate *De consequentiis* gingen aus einer ganz anderen Tradition hervor, die vermutlich vor allem mit der boethianischen Topik in Verbindung gebracht werden muß.[24] Soweit man also heute sehen kann, hat die mittelalterliche Philosophie mit Abbo die Lehre von den hypothetischen Syllogismen aufgegriffen, hat diese Lehre aber seit dem 13. Jahrhundert wieder in Vergessenheit geraten lassen.

Versuchen wir, die Bedeutung Abbos für die Geschichte der Philosophie und besonders der Logik weiter zu präzisieren:

(1) Die Leistung Abbos besteht zunächst einmal einfach darin, daß er sich mit dem Traktat *De hypotheticis syllogismis* des Boethius überhaupt beschäftigte. Der Historiker H. Fichtenau hat darauf hingewiesen, daß die Dialektik im Bereich der mönchischen Kultur des 10. Jahrhunderts keinen leichten Stand hatte. „Es war schwierig, diese Kunstfertigkeit mit den Zielen des mönchischen Lebens zu vereinen. Das kämpferische Element, das der Dialektik innewohnte, stand im Gegensatz zu der brüderlichen Haltung und Demut, die von Mönchen verlangt wurde."[25] Es gehörte also ohne Zweifel Mut, intellektuelle Neugier und Selbständigkeit dazu, eine solche philosophische Arbeit zu beginnen, und Abbo konnte dabei kaum mit Anerkennung für die Beschäftigung mit einem solchen Text rechnen.

---

[21] Walter Burley, *De consequentiis*, hrsg. von N. J. Green-Pedersen. In: Franciscan Studies 40(1980), S. 102-166. Vgl. auch Walter Burley, *De puritate artis logicae, Tractatus longior. With a Revised Edition of the Tractatus Brevior*, hrsg. von Ph. Boehner, St. Bonaventure 1955. Vgl. vor allem im *Tractatus longior* den Tractatus primus, prima et secunda pars, und im *Tractatus brevior* in der prima pars de prima particula.

[22] Gulielmus de Ockham, *Summa logicae*, ed. Ph. Boehner, G. Gál, St. Brown, St. Bonaventure 1974, Pars III-3.

[23] Johannes Buridanus, *Tractatus de consequentiis*, hrsg. von H. Hubien, Löwen-Paris 1976.

[24] Vgl. F. Schupp, *Logical Problems of the Medieval Theory of Consequences. With the edition of the Liber consequentiarum*, Neapel 1988.

[25] Vgl. H. Fichtenau, *Lebensordnungen des 10. Jahrhunderts*, München 1992, S. 393.

Abbo ist entweder der erste Autor des Mittelalters, der einen so schwierigen Text wie den Traktat *De hypotheticis syllogismis* des Boethius in Angriff nahm, oder er tat dies gleichzeitig mit Gerbert von Aurillac, von dem wir aber nur ganz allgemein wissen, daß er sich damit befaßte. Da von Gerbert keine Schrift zu diesem Thema erhalten ist, wissen wir nicht, was er dabei im einzelnen unternahm.[26]

Abbo konnte bei seiner Beschäftigung mit den hypothetischen Syllogismen auf keinerlei Lehrtradition aufbauen. Er griff mit der Lehre von den hypothetischen Syllogismen ein Gebiet auf, das vermutlich weit über das durchschnittliche Fassungsvermögen seiner Schüler hinausging. Man kann m.E. mit Recht behaupten, daß Abbos *Enodatio* das bedeutendste philosophische Werk des 10. Jahrhunderts darstellt. Daß dieses Jahrhundert dabei kaum vergleichbare philosophische Arbeiten zur Verfügung stellt, verringert in keiner Weise diese Leistung. Wollte man heute wieder einen Beitrag zur Geschichte der Aussagenlogik im Mittelalter[27] schreiben, müßte man mit Abbos Traktat *De syllogismis hypotheticis* beginnen.

(2) Abbo hat, wie schon gesagt, die Verbindung zwischen der Lehre von den hypothetischen Syllogismen, wie sie in Boethius' *De hypotheticis syllogismis* enthalten ist, und jener, wie sie in Ciceros *Topica* und dem Kommentar des Boethius zu dieser Schrift enthalten ist, hergestellt. Dies gilt unabhängig von der schwer zu entscheidenden Frage, ob er den Kommentar des Boethius selbst gebrauchte oder ob er vielleicht mit einer Quelle arbeitete, die ihrerseits unter anderem auf diesen Texten beruhte. Ausgeschlossen ist es nicht, daß Abbo die boethianische Schrift *In Ciceronis Topica Commentaria* selbst studiert hat, da ihm in der Bibliothek von Fleury eine Handschrift davon zur Verfügung stand. Mit der Verbindung dieser beiden Schriften- und zugleich Themenkomplexe hat Abbo ein systematisches Problem gesehen, das Boethius entweder gar nicht erkannt oder jedenfalls unbeantwortet gelassen hatte.[28] In diesem Punkt ist die gesamte mittelalterliche Logik hinter der Leistung Abbos zurückgeblieben.

(3) Abbo liefert uns im letzten Abschnitt seines Traktats[29] die Mitteilung über Unterschiede in der Behandlung der hypothetischen Syllogismen bei den griechischen und bei den lateinischen Autoren der Antike. So wie der Text bei Abbo sich präsentiert, legt sich die Vermutung sehr nahe, daß er dabei eine Quelle zur Verfügung hatte, die später verlorengegangen ist. Es ist dies, soweit ich sehe, die einzige Mitteilung, die wir aus dem Mittel-

---

[26] Vgl. ebd. S. 390f., wo auch - m.E. ganz zu Recht - darauf hingewiesen wird, daß die Bedeutung Gerberts für die Lehre der *Artes* überschätzt wurde.

[27] So wie es seinerzeit Dürr, 1938, versucht hatte.

[28] Stump, 1987, wollte Boethius' *De hypotheticis syllogismis* einfach als peripatetisch, *In Ciceronis Topica Commentaria* hingegen als stoisch ansehen. Dieser These ist von Martin, 1991, zu Recht widersprochen worden, indem auf verschiedene peripatetische Elemente im Cicero-Kommentar des Boethius hingewiesen wird. - Wie immer man die Frage im einzelnen behandelt, es bleibt wohl unbestritten, daß die Lehre des Boethius zu den hypothetischen Syllogismen in den beiden Werken uneinheitlich ist.

[29] Vgl. dazu weiter unten den Abschnitt zu den Quellen von Abbos Traktat.

alter über die Kenntnis einer solchen Lehrdifferenz haben. Die Mitteilung Abbos ist leider nicht eindeutig und auch zu kurz, um sie richtig einschätzen zu können. Abbo bringt in seiner Mitteilung die griechische Tradition ausdrücklich mit Eudemus und die lateinische mit Cicero in Verbindung. Nun wurde in den vergangenen Jahrzehnten wiederholt darauf hingewiesen, daß es neben der bekannten stoischen Lehre von den hypothetischen Syllogismen, die zwar griechischen Ursprungs ist, die der Tradition aber vor allem aus der lateinischen Überlieferung seit Cicero bekannt war, auch eine peripatetische Lehre von den hypothetischen Syllogismen gegeben hat.[30] Wußte die Quelle Abbos vielleicht etwas von diesen beiden verschiedenen und nicht einfach zur Deckung zu bringenden Ausgangspunkten der Lehre von den hypothetischen Syllogismen? Und hat Abbo vielleicht sogar, als er die Lehre des Boethius, wie er sie in dessen *De hypotheticis syllogismis* vorfand, mit der Behandlung der hypothetischen Syllogismen in Boethius' *In Ciceronis Topica Commentaria*[31] in Verbindung brachte, auf seine Quelle deshalb zurückgegriffen, weil er Probleme der Vereinbarkeit sah?

Möglicherweise wird hier der Traktat Abbos überinterpretiert. Ein historisches Faktum, von dem wir nur durch Abbo etwas wissen, bleibt aber in jedem Fall erhalten: Es muß noch im 10. Jahrhundert eine Quelle gegeben haben, die ausdrücklich von einer verschiedenen Lehrtradition der hypothetischen Syllogismen bei Griechen und Lateinern sprach, eine Mitteilung, die, soweit ich sehe, singulär und deshalb von zusätzlichem Interesse ist.

Zusammenfassend läßt sich also sagen, daß die Bedeutung Abbos für die Geschichte der Philosophie darin besteht, daß er:

(1) als erster innerhalb der Philosophie des Mittelalters einen eigenen (auf Boethius aufbauenden) Traktat über die hypothetischen Syllogismen verfaßt hat, daß er

(2) als einziger innerhalb der Philosophie des Mittelalters das Erfordernis einer systematischen Verbindung der „boethianischen" und der „ciceronianischen" Lehre von den hypothetischen Syllogismen erfaßt hat, und daß er

(3) wohl als einziger innerhalb der Philosophie des Mittelalters von einer unterschiedlichen griechischen und lateinischen Tradition der Lehre von den hypothetischen Syllogismen wußte.

---

[30] Vgl. Barnes, 1984 u. 1985; Maróth, 1989.
[31] Stump, 1988, hat diese Gegenüberstellung wohl zu rigoros angesetzt.

EINLEITUNG

I. DER AUTOR

Für die Biographie Abbos von Fleury liegen hauptsächlich zwei Quelle
vor: die Lebensbeschreibung, die der Mönch Aimoin[1] von seinem Al
verfaßt hat,[2] und die Briefe Abbos.[3]

Abbo von Fleury wurde um 940/945 in der Gegend von Orléans gebo
ren. Seine Eltern gehörten nicht dem Adelsstand an, waren aber Freie. 94
kam Abbo in die Schule der Abtei St. Benoît sur Loire in Fleury. Un
949/950 wurde er Oblate der Abtei. Wer in der Schule von Fleury sein
Lehrer waren, ist nicht bekannt. Vermutlich 956 wurde er nach Abschlu
der Studien, die die Schule von Fleury bieten konnte, selbst Lehrer a
dieser Schule. Diese Funktion hatte er bis 960 inne. Das Niveau des Wi
sens, das er selbst bis zu diesem Zeitpunkt erworben hatte und das er som
auch weitervermitteln konnte, darf - obwohl die Schule von Fleury ve
gleichsweise gut war - nicht als sehr hoch angenommen werden. Die Schu
in Fleury war jedenfalls nicht in der Lage, den vollständigen Bereich de
Artes abzudecken, wahrscheinlich konnten nur Grundkenntnisse i
Grammatik, Dialektik und Arithmetik vermittelt werden. Abbo wurc
daher zur Weiterbildung an die Schulen von Reims und Paris gesand
Reims verfügte über eine verhältnismäßig gute Schule, von der Schule i
Paris zu dieser Zeit ist jedoch so gut wie nichts bekannt. In Reims w;
Gerannus, der als Logiker einen guten Ruf hatte, als Leiter der Schule täti
Cousin und Riché nehmen an, daß Abbo bei Gerannus studierte.[4] Au
grund der Tatsache, daß wir keine genaueren Nachrichten über die Täti
keit des Gerannus haben, läßt sich auch nichts über einen spezifische
Einfluß auf Abbos Logik erschließen. Da jedoch Abbo und Gerbert vc
Aurillac die einzigen Gelehrten des 10. Jahrhunderts sind, die sich unser
Kenntnis nach mit Boethius' *De hypotheticis syllogismis* befaßt haben, ur
da beide Schüler des Gerannus waren,[5] könnte man vermuten, daß es G

---

[1] Zu Aimoin (geb. um 965, gest. nach 1008), der auch als Verfasser der *Historia Fr*
corum wichtig wurde, vgl. *Lexikon des Mittelalters* I, Sp. 242f.
[2] *Vita Abbonis abbatis Floriacensis.* In: PL 139, 387 C - 414 A.
[3] PL 139, 419-462.
[4] Cousin, 1954, S. 54; Riché, 1989, S. 179.
[5] Gerbert von Aurillac war nicht Schüler des Gerannus, nahm jedoch die Einladung,
Lehrer an die Schule von Reims zu gehen, u.a. auch deshalb an, weil er wußte, daß dort c
Logiker Gerannus tätig war. Vgl. Riché, 1987, S. 34.

rannus war, der beide auf diesen Text des Boethius aufmerksam gemacht
hat.

Auf jeden Fall konnte Abbo in Reims und Paris Handschriften finden,
die ihm ein eigenes Weiterstudium ermöglichten. Leider ist es nicht möglich, festzustellen, welche Texte ihm dort zur Verfügung standen. Für den
Bereich der Logik kämen zunächst die Kommentare des Dunchad[6] und des
Johannes Scotus Eriugena zu Martianus Capella in Frage. Es gibt jedoch
keinen eindeutigen Hinweis darauf, daß Abbo diese Texte kannte. Wichtig
könnte auch der Kommentar des Remigius von Auxerre zu Martianus
Capella sein. Remigius von Auxerre war um 883 von Erzbischof Fulco von
Reims an die dortige Schule gerufen worden, die durch die Normannen-
einfälle fast völlig zum Erlahmen gekommen war. Es gelang Remigius,
dieser Schule wieder zu großer Bedeutung zu verhelfen. Nach dem Tod
Fulcos im Jahre 900 ging Remigius als Lehrer nach Paris, wo wir mit ihm
der ältesten uns bekannten Schule in Paris begegnen. Diese Schule war
vermutlich mit dem Kloster St.-Germain-des-Prés verbunden. Der Vermutung von C. E. Lutz, Abbo sei durch den Ruhm der Lehrtätigkeit des Remigius zu seinem Studienaufenthalt in Paris motiviert worden,[7] muß jedoch entgegengehalten werden, daß es für die Zeit Abbos keinerlei Nachricht über irgendeinen bekannten Nachfolger des Remigius in Paris gibt.
Denkbar ist es, daß Abbo den Kommentar des Remigius zu Martianus
Capella kannte, ein Nachweis dafür ist jedoch, jedenfalls aus Abbos Traktat
über die hypothetischen Schlüsse, nicht zu führen.[8]

Eine nicht leicht zu beantwortende Frage ist auch, ob Abbo Ciceros *Topica* und den Kommentar des Boethius dazu selbst studiert hat.[9] Der
Kommentar des Boethius war seit dem 9. Jahrhundert bekannt,[10] hatte aber
kaum direkte Verwendung gefunden. Abbo weist zwar im letzten Abschnitt auf Ciceros *Topica* hin, aber in einem Zusammenhang, der wahrscheinlich aus einer älteren Quelle übernommen ist, denn Abbo verweist
dort auch auf den Kommentar des Victorinus, der schon seit Jahrhunderten
verloren war. Der abschließende Abschnitt von Abbos Traktat zu den
hypothetischen Syllogismen legt doch sehr stark die Vermutung nahe, daß
Abbo nicht direkt mit Ciceros *Topica* bzw. mit dem Kommentar des Boethius dazu arbeitete, sondern daß er einen uns nicht mehr bekannten Text

---

[6]   Jeauneau, 1972, S. 503, hält mit Berufung auf J. G. Préaux den Iren Martin von Laon
für den Autor des Kommentars zu Martianus Capella.
[7]   Remigius von Auxerre, *Commentum in Martianum Capellam, libri* I-II, Einl. S. 6.
[8]   Es muß allerdings gesagt werden, daß das Buch III des Kommentars des Remigius, das
die Dialektik behandelt, fast nur Worterklärungen liefert, in Hinsicht auf die Logik jedoch
völlig unergiebig ist. D.h., selbst wenn Abbo diesen Kommentar gekannt haben sollte - was
m.E. eher nicht der Fall ist -, hätte er in ihm für seine eigene Arbeit kaum etwas Brauchbares
finden können.
[9]   Ciceros *Topica* war in der aus Fleury stammenden Handschrift Orléans 267 enthalten.
Vgl. *Catalogue général des manuscrits des bibliothèques publiques de France*, tome XII, Orléans,
Paris 1889, S. 131.
[10]   Minio-Paluello, 1972, S. 748.

zur Verfügung hatte, in dem u.a. Ciceros *Topica* und der Kommentar des Boethius Verwendung gefunden hatten (vgl. dazu weiter unten den Abschnitt zu den Quellen des Traktats Abbos).

Nach Fleury zurückgekehrt, wurde Abbo Leiter der Schule der Abtei.[11] Von diesem Zeitpunkt an erlebte die Schule einen beachtlichen Aufschwung. Es konnten nun die *Artes liberales* im gesamten Umfang angeboten werden. Es ist daher nicht verwunderlich, daß sich zahlreiche Studenten in dieser Schule einfanden.[12]

Etwa während der Jahre 975-985 verfaßte Abbo einige seiner wichtigsten wissenschaftlichen Arbeiten. Aimoin weist auf die Traktate *De syllogismis cathegoricis* und *De syllogismis hypotheticis* hin, wenn er schreibt:

> Denique quosdam dialecticorum nodos syllogismorum enucleatissime enodavit.[13]

> Schließlich erklärte er auf ganz einfache Weise verschiedene Schwierigkeiten der dialektischen Syllogismen.

Die Reihenfolge der Abfassung der beiden Traktate ist die gegenüber der Reihenfolge, die wir erwarten würden, umgekehrte. Abbo hat zunächst den Traktat über die hypothetischen Syllogismen abgefaßt und erst dann die beiden Fassungen des Traktats zu den kategorischen Syllogismen. In der ersten, kürzeren Fassung des Traktats zu den kategorischen Syllogismen verweist er auf den schon verfaßten Traktat über die hypothetischen Syllogismen:

> [...] post cathegoricos propositiones cathegoricos syllogismos ordinandos censemus [...]. Nam de hypotheticis syllogismis alias subtilius distinximus.[14]

> [...] nach den kategorischen Aussagen halten wir es für richtig, die kategorischen Syllogismen zu ordnen [...]. Denn über die hypothetischen Syllogismen haben wir anderswo die entsprechenden Unterscheidungen durchgeführt.

---

[11] Die Schule von Fleury war nicht nur zukünftigen Mönchen vorbehalten. Zwar hatte schon 817 Benedikt von Aniane eine Einschränkung dieser Art generell für die Benediktinerabteien herbeiführen wollen, und viele Cluniazenser-Abteien nahmen im 10. Jahrhundert tatsächlich keine Laien in ihre Schulen auf. Zahlreiche Abteien folgten dem aber nicht bzw. konnten sich gerade dann, wenn sie über gute Schulen verfügten, dem Drängen einflußreicher Laien, auch ihre nicht für ein Leben im Kloster bestimmten Kinder den Mönchen zur Erziehung zu übergeben, nicht entziehen. Manche - aber nur wenige - Abteien verfügten über eine innere Schule für die zukünftigen Mönche und eine äußere für die übrigen Schüler. Die Annahme einer doppelten Schule ist aber für die Mehrzahl der Klöster unwahrscheinlich. Vgl. Riché, 1989, S. 191. Cousin, 1954, S. 50, setzt für Fleury die Existenz einer inneren und einer äußeren Schule voraus, ohne aber dafür Quellen anzuführen. Aimoin spricht in der *Vita Abbonis*, PL 139, 389 A, nur von einer *schola clericorum ecclesiae*.

[12] Die Zahlenangaben, die gelegentlich gemacht wurden, sind wohl weit übertrieben. Cousin, 1954, S. 57, vertritt die Auffassung, daß mit der Annahme von 200-300 Studenten jährlich schon eine sehr hoch gesteckte Grenzziffer angegeben wäre. Vermutlich ist aber auch diese Zahl noch viel zu hoch.

[13] PL 139, 390 D; vgl. auch ebd. 394 A.

[14] Ms. Paris, Bibliothèque nationale, nouv. acq. lat. 1611, fol. 9v. Vgl. Van de Vyver, Einl. zu AB, S. 26.

Man wird wohl annehmen müssen, daß Abbo seine Traktate zu den kategorischen und den hypothetischen Syllogismen für den eigenen Schulgebrauch verfaßte. Allerdings bleiben hier einige Fragen offen. Selbst wenn man annimmt, daß das Niveau der Schule Abbos das höchste war, das damals in Europa erreicht wurde, fällt es schwer, sich Schüler des 10. Jahrhunderts vorzustellen, die in der Lage gewesen wären, die schwierigen Probleme der hypothetischen Syllogismen, wie Abbo sie darlegte, zu verstehen.[15]

In die gleiche Periode fällt die Abfassung des *Commentarius in Cyclum Victorii*.[16] Dabei handelt es sich um eine Einführung in die Arithmetik, die aber stark den spekulativen Charakter der Zahlen betont. Auch begann Abbo während dieser Periode seiner Tätigkeit als Leiter der Schule, sich mit Astronomie zu beschäftigen (damit verbunden waren die im Mittelalter wichtigen Berechnungen des Osterdatums).[17]

985 kam eine Delegation der englischen Abtei Ramsey nach Fleury und bat den Abt um Entsendung eines gut ausgebildeten Lehrers, der die Studien in ihrer Abtei leiten sollte. Der Hintergrund dieser Bitte ist teils in persönlichen, teils in institutionellen Gründen zu finden. Während der ersten Jahre, die Abbo in Fleury verbrachte, hielt sich dort auch der englische Mönch Oswald, der Neffe des Erzbischofs von Canterbury, auf.[18] Oswald wurde nach einigen Jahren nach England zurückgerufen und wurde dort einer der Vorkämpfer der monastischen Reform. Die Gründung der Abtei Ramsey ging auf die Initiative Oswalds zurück. 970 legte das Konzil von Winchester ein Programm reformierten Klosterlebens vor, das sich an den Vorbildern Gand (Flandern) und Fleury orientierte. Oswald, inzwischen Bischof von Winchester geworden, war für die Reform der Abtei Ramsey zuständig.[19] Es lag also für diese Abtei nahe, sich an Fleury zu wenden, als es darum ging, im Zuge der Klosterreform auch die Schule der Abtei neu zu organisieren, besonders, da ja Fleury inzwischen die bedeutendste Schule Nordfrankreichs besaß. Oylbold, der Abt von Fleury, sandte Abbo in der gewünschten Funktion nach England.[20] Abbo blieb dann etwa zwei Jahre in England. Während dieser Zeit verfaßte er die *Quaestiones grammaticales*[21] und die *Vita Sancti Edmundi regis Anglorum et*

---

[15] Ähnliche Zweifel äußert Riché, 1989, S. 149, in bezug auf Abbos *Quaestiones grammaticales*.

[16] Ed. G. Friedlein (aufgrund von Vorarbeiten von B. Boncompagni). In: *Bolletino di bibliografia e di storia delle scienze matematiche e fisiche*, Bd. IV, Rom 1871, S. 443-463.

[17] Diese Schriften kursierten im Mittelalter unter verschiedenen Namen. Die identifizierten Handschriften sind bei Cousin, 1954, S. 8f., aufgelistet. Eine vollständige Edition dieser Schriften fehlt noch.

[18] Zu Oswald vgl. *Lexikon für Theologie und Kirche* VII, Sp. 1296f.

[19] Später wurde er Erzbischof von York, scheint aber die Leitung des Bistums Winchester und damit die Verantwortung für die Abtei Ramsey beibehalten zu haben.

[20] PL 139, 391 A-B.

[21] PL 139, 521-534. Vgl. A. Guerreau-Jalabert, Grammaire et culture profane à Fleury au Xe siècle. Les „Quaestiones grammaticales" d'Abbon de Fleury. Ecole des Chartes, Position des thèses 1975, S. 95-101

Martyris.[22] Ende 987 kehrte Abbo, der seine Mission in England mit Erfolg durchgeführt hatte, nach Fleury zurück.

987 starb Abt Oylbold. Gegen den Willen der Mönche, die Abbo zum Abt wählen wollten, wurde ein „Eindringling", also vermutlich ein Kandidat des Königs Hugo Capet, Abt,[23] der jedoch schon 988 starb. Abbo wurde nun zum Abt gewählt, und der König erteilte seine Zustimmung (Fleury war königliche Abtei). In seiner neuen Funktion wurde Abbo zwangsläufig in die politischen Auseinandersetzungen seiner Zeit hineingezogen. Mit einem dieser Probleme, der Einflußnahme politischer Autoritäten auf die inneren Fragen der Klöster, war Abbo schon im Zusammenhang der Wahl seines Vorgängers konfrontiert worden. Ein weiteres Problem bestand in der Abgrenzung der Rechte des Abtes und der Abtei gegenüber den Rechten des jeweiligen Bischofs. Dieses Problem war für Abbo aktuell, da der Bischof Arnoul von Orléans, auf dessen Gebiet Fleury gelegen war, in keiner Weise bereit war, etwas von seinen traditionellen Rechten abzugeben. Eine Zuspitzung erhielt diese Auseinandersetzung, als die Bischöfe eine Reorganisation des Zehnten, natürlich zu ihren Gunsten und zum Nachteil der Klöster, anstrebten. Die Angelegenheit wurde 993 auf der Synode von Saint Denis vorgebracht, auf der sich Abbo entschieden den Ansprüchen der Bischöfe widersetzte.[24] Die Folgen blieben nicht aus. Noch im selben Jahr wurde Abbo während einer Reise von Vasallen Arnoulds angegriffen, einige Begleiter Abbos wurden tödlich verletzt.[25]

Da sich auch andere Bischöfe gegen Abbo stellten, verfaßte dieser den *Apologeticus ad Hugonem et Rodbertum reges Francorum*.[26] Daß Abbo seine Verteidigung an die Könige und nicht an die Bischöfe adressierte, ist verständlich, da zu dieser Zeit die Könige eher auf der Seite der Klöster standen, mit denen sie das gemeinsame Interesse verband, die politische Macht des Episkopats zurückzudrängen. Einzelheiten der Verteidigung Abbos brauchen nun nicht dargestellt zu werden. Eine Stelle ist jedoch in unserem Zusammenhang aufschlußreich. Abbo verteidigt sich dort gegen die gegen ihn erhobene Beschuldigung der Magie.[27] Der Verdacht magischer Praktiken wurde im 10. Jahrhundert oft geäußert und konnte verschiedenste Gründe haben. Bei Abbo liegt vermutlich derselbe Grund vor, der auch zu Anschuldigungen wegen Magie gegenüber Gerbert von Aurillac, dem späteren Papst Silvester II., führte. Die Beschäftigung mit Mathematik und

---

[22] PL 139, 507-520.

[23] PL 139, 395 C. Auch Gerbert von Aurillac berichtet Abt Maiolus von Cluny von diesem „Eindringling". Vgl. Riché, 1987, S. 93f.

[24] PL 139, 396 B-C.

[25] Aimoin, PL 139, 394 B-C, ordnet diesen Überfall vor der Synode von St. Denis ein. Ich folge hier Cousin, 1954, S. 135, der diesen Vorfall mit guten Gründen nach dieser Synode ansetzt. Vgl. auch PL 139, 469 B.

[26] PL 139, 461 B - 472 A.

[27] PL 139, 468 C-D: *Vere fateor me magicam ignorare, nec aliquid malarum artium didicisse.*

Astronomie stellte in dieser Zeit eine so wenig geübte und für die meisten so unverständliche Tätigkeit dar, daß sich sogleich der Verdacht magischer Praktiken nahelegte.[28]

In der Auseinandersetzung um die Rechte der Bischöfe gegenüber den Abteien lag auch der Grund dafür, daß zwischen Abbo und Gerbert von Aurillac immer ein gespanntes Verhältnis vorherrschte. Obwohl die beiden die bedeutendsten Persönlichkeiten im wissenschaftlichen Bereich ihrer Zeit darstellten und an ähnlichen Problemen arbeiteten, kam es in wissenschaftlichen Fragen zu keinem Kontakt zwischen ihnen. Auch wandte sich keiner der beiden bei der Beschaffung fehlender wissenschaftlicher Bücher an den anderen. Dieser fehlende Kontakt ist auf den ersten Blick erstaunlich,[29] denn im gesamten Bereich der lateinischen Kultur dieser Zeit konnten Abbo und Gerbert keine Gesprächspartner auf gleichem Niveau finden (mit Ausnahme vielleicht in Katalonien), und beide waren ständig mit den Schwierigkeiten der Bücherbeschaffung konfrontiert. Ob zwischen Abbo und Gerbert ein Konkurrenzverhältnis als Leiter der damals bedeutendsten Schulen Frankreichs bestand, läßt sich nicht feststellen. Der offene Konflikt entzündete sich aber nicht an einer wissenschaftlichen, sondern an einer kirchenpolitischen Frage. Gerbert, obwohl selbst Benediktinermönch wie Abbo und seit 982 Abt von Bobbio,[30] war in Reims auch als Sekretär des bedeutenden Reformbischofs Adalberon tätig. Als Adalberon 989 starb, machte Gerbert sich berechtigte Hoffnungen auf dessen Nachfolge. Aus politischen Gründen unterstützte Hugo Capet aber die Wahl Arnouls, eines Angehörigen der Familie der Karolinger. Als Arnoul jedoch Reims an Karl von Lothringen auslieferte, strebte Hugo Capet die Absetzung Arnouls an. Da Papst Johannes XV. keine Antwort auf diesbezügliche Anfragen lieferte, trat 991 in der Abtei Saint Basle in Verzy eine Synode zusammen, um Arnoul abzusetzten. Auf dieser Synode stellte sich Abbo faktisch auf die Seite der Verteidiger Arnouls, insofern er für den Prozeß und somit für eine mögliche Absetzung Arnouls die päpstliche Autorisierung forderte. Dies lag im Interesse der „Mönchspartei", die in der Hoffnung auf eine Stärkung der Stellung des Papstes und ihrer eigenen päpstlichen Privilegien auf eine Einschränkung der bischöflichen Ansprüche hinarbeitete.[31] Gerbert von Aurillac stand aus verständlichen Gründen auf seiten der „Bischofspartei". Arnoul wurde gezwungen, seine Fehler in geheimer Beichte einzugestehen und sich für des Bischofsamts unwürdig zu erklären. Er wurde dann in Orléans eingekerkert. Gerbert von Aurillac wurde nun zum Erzbischof von Reims gewählt. Die Rechtmäßigkeit des Verfahrens wurde jedoch weder von Papst Johannes XV. noch von dessen Nachfolger

---

[28] Vgl. A. Murray, *Reason and Society in the Middle Ages*, Oxford 1985, S. 248f.

[29] Vgl. auch Riché, 1989, S. 144.

[30] Gerbert hatte 984 Bobbio verlassen, da er sich in der Auseinandersetzung um die Rechte der Abtei gegenüber den lokalen Adeligen nicht durchsetzen konnte, behielt aber offiziell die Leitung der Abtei.

[31] Vgl. Riché, 1987, S. 126-133.

Gregor V. anerkannt. Eine endgültige Regelung der Frage wurde erst von Gerbert von Aurillac selbst herbeigeführt, als dieser, inzwischen selbst als Silvester II. Papst geworden, Arnoul wieder offiziell in seine Rechte einsetzte. Die Konstellation dieser Auseinandersetzung (päpstlich gesicherte größere Unabhängigkeit der Klöster gegenüber bischöflicher Einflußnahme), die Gerbert von Aurillac und Abbo in Gegensatz brachte, wiederholte sich während deren Tätigkeit auch später.[32]

Abbo gab sich jedoch mit dieser persönlichen Verteidigung im *Apologeticus* nicht zufrieden. Er wollte den eigentlichen Grund der oft nur vordergründigen Anschuldigungen, d.h. die Verteidigung der Rechte der Abtei Fleury und somit der Klöster überhaupt, in dokumentierender und argumentierender Weise behandeln. In dieser Absicht verfaßte er 994-996 die *Collectio Canonum*.[33] Diese Sammlung von Rechtstexten stammt aus sehr heterogenen Quellen; sie stellt nicht eigentlich eine Auflistung von Quellentexten dar, sondern liefert eine erklärende und interpretierende Darstellung von Canones, die Abbos Rechtsauffassung stützten. Aufgrund dieser Sammlung nimmt Abbo auch innerhalb der mittelalterlichen Rechtsgeschichte eine nicht unbedeutende Stellung ein.

Eine günstige Gelegenheit, sich die Privilegien seiner Abtei vom Papst bestätigen zu lassen, ergab sich 997 im Zusammenhang einer Mission im Auftrag des Königs Robert. Der König hatte seine um 22 Jahre ältere Frau Susanne verstoßen und Bertha, die Tochter des Königs von Burgund, geheiratet, wobei er für die kirchliche Trauung den Erzbischof von Tours gewonnen hatte. Papst Gregor V. hatte in scharfer Form gegen diese Trauung Einspruch erhoben. Robert sandte nun Abbo zum Papst, um eine Versöhnung zu erwirken. Zu diesem Zeitpunkt war Abbo der bedeutendste und einflußreichste Abt Frankreichs. Abbo traf den Papst, der vom Gegenpapst Crescentius II. aus Rom vertrieben worden war, in Spoleto an. Der Papst blieb in der Angelegenheit des Königs unnachgiebig. Abbo hatte somit die undankbare Aufgabe, dem König die Ungültigkeit seiner Ehe zu bestätigen, und der König versprach, sich der päpstlichen Weisung zu fügen,[34] was er dann allerdings nicht wirklich tat (Robert trennte sich erst 1005 von Bertha, da die Verbindung kinderlos geblieben war).

Für Abbo und seine Abtei war die Reise nach Rom erfolgreich. Er erhielt für Fleury zahlreiche Privilegien.[35]

Eines der Probleme der Äbte von Fleury hatte seit langer Zeit das Kloster La Réole in der Gascogne dargestellt, das seit dem 7. Jahrhundert zu Fleury gehörte, zeitweilig aber verlassen gewesen war. Gegen Ende des 10.

---

[32] Vgl. z.B. die Auseinandersetzung um Saint Martin mit dem Erzbischof von Tours, Abbo auf Seiten von St. Martin, Gerbert auf seiten des Erzbischofs von Tours. Vgl. Cousin, 1954, S. 160f.; Riché, 1987, S. 145f.

[33] PL 139, 471-508.

[34] In einem Brief an Gregor V. berichtet Abbo dem Papst von dieser Unterredung (PL 139, 419 D).

[35] Vgl. Cousin, 1954, S. 128.

Jahrhunderts war es jedenfalls wieder besiedelt, die Mönche leisteten aber gegen alle Versuche der Äbte von Fleury, dort Reformen durchzuführen, erbitterten Widerstand.[36] 1004 unternahm Abbo eine erste Reise ins Kloster La Réole und ließ dort eine kleine Gruppe von Mönchen aus Fleury zurück, die die Reform einleiten sollten. Diese Mönche, die auch als „Fremde" und Eindringlinge betrachtet wurden, konnten sich jedoch nicht durchsetzen und kehrten schon bald nach Fleury zurück. Noch im selben Jahr unternahm Abbo mit einer Gruppe von Mönchen seiner Abtei eine zweite Reise in dieses Kloster, an der auch sein Biograph Aimoin teilnahm. Während Abbo im Kreuzgang saß und sich mit Kalenderberechnungen beschäftigte,[37] brach ein gewaltsam geführter Streit zwischen Franken und Gasconen aus, wobei Abbo tödlich verletzt wurde und noch am selben Tag (13. November) starb.[38]

---

[36] Die Gründe solchen Widerstandes sind nicht immer leicht festzustellen. Es handelte sich nicht immer um die von den zeitgenössischen Geschichtsschreibern der Reformäbte behauptete „Sittenlosigkeit" der Mönche. Man muß daran erinnern, daß sich auch die Mönche von Fleury 931 gegen Abt Odo von Cluny, der auf Wunsch des Grafen Lisiard während einer Abtvakanz Fleury reformieren sollte, zunächst mit Waffengewalt zur Wehr gesetzt hatten. Vgl. Cousin, 1954, S. 44f. Es ging häufig um den Streit über verschiedene Observanzen, d.h., die Mönche verteidigten ihre bisher geltenden Ordnungen und Gebräuche gegen die neuen *Consuetudines* der Reformer.

[37] PL 139, 430 D: *quasdam computi ratiunculas dictitans.*

[38] Diesen Ereignissen um La Réole, die zum Tod Abbos führten, widmet Aimoin, PL 139, 406 B - 414 A, einen ausführlichen Bericht.

II. DIE HANDSCHRIFTEN

A Orléans, Bibliothèque municipale, cod. 277 (233), pp. 74-77. X. Jahrhundert. Pergament, 295 x 220 mm. In zwei Kolumnen geschrieben, am unteren Seitenrand jedoch jeweils einige (drei bis fünf) Zeilen in einer Kolumne, vermutlich später (aber von demselben Schreiber) hinzugefügt. Hervorgehobene Wörter in Capitalis. *A* trägt die von Dom Chazal um 1720 durchgeführte Paginierung. [1]
Durch Wassereinwirkung sind größere Teile unlesbar. Die Handschrift ist in einem so schlechten Zustand, daß sie nicht mehr zugänglich gemacht werden kann. (Die kritische Edition mußte daher nach dem Mikrofilm erstellt werden.)

L Leiden, Bibliotheek der Rijksuniversiteit, lat. 139 B, fol. 17r-30r. X.-XI. Jahrhundert. In einer Kolumne geschrieben. Incipit, Explicit und hervorgehobene Wörter in Capitalis.

P Paris, Bibliothèque Nationale, lat. 6638, fol. 1va-4rb. Pergament, 230 x 192 mm. X.-XI. Jahrhundert. In zwei Kolumnen geschrieben.

Alle drei Handschriften stammen aus Fleury. *A* blieb in Fleury und kam nach der Französischen Revolution in die Städtische Bibliothek von Orléans. *L* gehörte zu jenen Codices, die Pierre Daniel (1530-1603/4) sich als Verwalter von Fleury unrechtmäßig angeeignet hatte. Nach dem Tod Daniels ging ein Teil dieser Handschriften, darunter auch *L*, in den Besitz von Paul Petau (1568-1614) über. Dessen Sohn Alexander verkaufte einen Großteil dieser Codices an die Königin Christine von Schweden, der Rest, darunter *L*, blieb in Holland. [2] *L* wurde 1760 von der Bibliothek Leiden erworben. Auf welchem Weg *P* nach Paris gelangte, ist nicht bekannt, ebenso gibt es keine Nachricht darüber, wann und wo der erste Teil der Handschrift verloren ging.
Die drei Handschriften sind in der sog. Abbo-Schrift geschrieben. [3] Es handelt sich dabei um „eine enge, steile und vor allem scharfgezogene Schrift". [4] Kennzeichnend für diese Schrift sind auch zwei Abkürzungen angelsächsischer Herkunft: „÷" für *est* und „н" für *enim*. [5] Die für die Abbo-Schrift auch charakteristische Variante für *est* in der Form „-.", die sich auch z.B. in der Handschrift Paris, Bibliothèque Nationale, nouv. acq. 1611,

---

[1] Vgl. Mostert, 1989, S. 40.
[2] Mostert, 1989, S. 30f. u. S. 89.
[3] Mostert, 1989, S. 89 (BF 275), S. 163 (BF 747), S. 213 (BF 1089). Zu *P* vgl. auch Pellegrin, 1988, S. 96.
[4] B. Bischoff, *Paläographie des römischen Altertums und des abendländischen Mittelalters*, Berlin, 2. Aufl. 1986, S. 166. Vgl. Van de Vyver, 1935, S. 132 u. S. 139; Pellegrin, 1988, S. 156.
[5] Vgl. Pellegrin, 1988, S. 168, Anm. 4.

findet,[6] wird sowohl in *L* als auch in *P* verwendet. In manchen dieser in der Abbo-Schrift geschriebenen Handschriften finden sich Initialen, die mit Geflechten und stilisierten Tieren in romanischem Stil verziert sind.[7] Eine solche Initiale findet sich z.B. zu Beginn des auf *P* folgenden Textes des *Peri hermeneias* des Apuleius. Zu Beginn des *A* vorausgehenden Textes der *Categoriae* des Aristoteles findet sich auf p. 62 eine stilistisch ähnliche Verzierung, die in der Mitte die Zeichnung eines Kopfes enthält, unter der die Inschrift „ABBO" eingetragen ist.

Die Beziehungen der Handschriften untereinander

(a) Die Beziehung von *A* und *L*

A ist die älteste Handschrift.[8] *L* ist vermutlich direkt von *A* kopiert worden. Besonders aufschlußreich für den engen Zusammenhang der beiden Handschriften ist z.B. die Einfügung *facta conexa* (S. 1[13]), die sowohl in *A* als auch in *L* interlinear hinzugefügt ist. Man kann daher vermuten, daß beide Handschriften in Fleury vorlagen, während Abbo noch Verbesserungen vornahm, die dann in beide Handschriften eingefügt wurden. Einen Hinweis darauf liefert auch das (leider nicht eindeutig entzifferbare) *omnino* auf S. 28[21] unseres Textes, das sowohl in *A* als auch in *L* graphisch an die gleiche Stelle, nämlich an das Ende einer Zeile, gesetzt wurde, wobei es durch einen Strich von der Überschrift in derselben Zeile getrennt wurde. Die meisten der in *A* interlinear oder am unteren Rand ergänzten Wörter und Sätze finden sich jedoch in *L* bereits einfach in den laufenden Text eingefügt. Schwierig ist es allerdings, den Unterschied der beiden Schemata auf S. 4 zu erklären. Das Schema in *A* ist wesentlich umfangreicher, und zwar war es von Anfang an in dieser Form verfaßt, d.h., es liegen dabei keine nachträglichen Erweiterungen vor. Folglich muß es sich bei der Form in *L* um eine gewollte Kürzung handeln, die, wenn wir den eben vorher aufgeführten Zusammenhang der beiden Handschriften voraussetzen, von Abbo selbst so vorgesehen wurde. Ein Grund für diese Kürzung ist weder philologisch aufzufinden, noch auch gibt es einen sachlichen Grund dafür. Eigentlich ist das Schema in *A* sogar wesentlich besser zu verstehen als das in *L*.

In *L* sind jedoch auch einige Korrekturen durchgeführt worden, die sich in *A* nicht finden. So ist z.B. auf S. 32[20] unseres Textes zunächst das unkorrekte *accipiantur* in *L* aus *A* übernommen, dann aber in das korrekte *accipiatur* korrigiert worden. Auf S. 34 ist die falsche Reihenfolge von II und III in *L* zunächst von *A* übernommen, später jedoch durch die am Rand eingetragenen Buchstaben korrigiert worden. Auf derselben Seite 34 ist im

---

[6] Vgl. Mostert, 1989, Nr. BF 1256.
[7] Pellegrin, 1988, S. 169, Anm. 1.
[8] Vgl. Van de Vyver, Einl. zu AB, S. 25.

hypothetischen Syllogismus III zunächst aus *A* das nicht korrekte *non est* in der Konklusion übernommen, dann aber mit Rasur zu *est* korrigiert worden. Es fand also vermutlich nach Fertigstellung der Abschrift von *L* noch ein weiterer Korrekturvorgang statt, wobei jedoch die Korrekturen nicht mehr in *A* rückübertragen wurden.

(b) Die Beziehung von *L* und *P*

Van de Vyver nahm an, daß *P* von *L* kopiert wurde,[9] was gut möglich ist. Anders verhält es sich hingegen mit Van de Vyvers Vermutung, daß der Kopist von *L* und *P* ein und derselbe sei.[10] Van de Vyver begründet diese Auffassung nicht im einzelnen. Eine nähere Analyse liefert jedoch einige aufschlußreiche Fakten, die gegen die These Van de Vyvers sprechen. Sowohl in *A* als auch in *L* wird *assumitur* durchgehend als *assummitur* geschrieben und entsprechend auch *assummuntur*, wogegen *P* immer die richtige Schreibung hat. Dies spricht dagegen, daß *L* und *P* von ein und demselben Schreiber angefertigt wurden. Dieser Einwand kann noch durch weitere Beobachtungen gestützt werden. Auf S. 94 unseres Textes findet sich fünfmal in *L* ein eindeutig falsches *et*, wogegen *P* an all diesen Stellen korrekt *aut* schreibt. Ein und derselbe Kopist beider Handschriften hätte möglicherweise in diesen Fällen eine Rückkorrektur vorgenommen. Weiterhin findet sich auf S. 92[1] unseres Textes in *L* das fehlerhafte *frivolis*, in *P* hingegen das korrekte *frivolus*.

Als Ergebnis halten wir also fest: *L* war möglicherweise die direkte Vorlage für *P*, der Kopist von *P* war aber in der Lage, orthographische und sachliche Irrtümer in *L* zu korrigieren, die Kopisten von *L* und *P* sind also nicht identisch. Es wäre natürlich auch denkbar, daß zwischen *L* und *P* eine weitere Abschrift gelegen hat.[11] In diesem Fall wäre es möglich, daß die Korrekturen (und somit die Abweichungen), die sich in *P* finden, schon in dieser Abschrift durchgeführt worden sind.

---

[9] Einl. zu AB, S. 26.

[10] Ebd.: *recopié ainsi dans P de la même main qui avait exécuté le traité sur les syllogismes hypothétiques dans L.*

[11] Auch Van de Vyver, Einl. zu AB, S. 26, Anm. 1, nimmt aufgrund des Katalogs der Bibliothek von Fleury von 1552 an, daß es noch eine weitere Abschrift möglicherweise beider Traktate gegeben hat.

III. ZUR EDITION

Eine erste Edition des Textes wurde von van de Vyver vorbereitet, dem auch das Verdienst zukommt, diesen Text als eine Schrift Abbos identifiziert zu haben. Van de Vyver starb jedoch 1964 vor Vollendung dieser Edition. Der Text wurde 1966 von R. Raes zusammen mit Abbos Schrift zu den kategorischen Syllogismen herausgegeben. Diese Edition enthält zahlreiche Fehler, häufig fehlen einzelne Worte (was besonders bei dem oft fehlenden *non* sehr sinnstörend ist), und mehrmals fehlen auch ganze Textstellen.[1] Es lag daher nahe, den gesamten Text erneut auf der Grundlage der Handschriften zu bearbeiten.

Die Grundlage der Edition ist *L*. Der Titel wurde jedoch *A* entnommen, da der Titel in *L* eindeutig eine spätere Hinzufügung ist: Da der Traktat über die hypothetischen Syllogismen vor dem über die kategorischen abgefaßt wurde, kann ersterer im ursprünglichen Titel nicht *liber secundus* stehen haben. Auch wäre dieser Titel für den Leser irreführend, da dadurch die Annahme nahegelegt würde, es werde hier nur der zweite Teil einer (systematisch aufgebauten) Schrift veröffentlicht, was in keiner Weise dem Sachverhalt entspricht (vgl. oben die Biographie Abbos).

Im textkritischen Apparat werden ausnahmslos alle Varianten von *A* und *P* aufgeführt. Nicht angegeben werden die durch Wassereinfluß unlesbar gewordenen Stellen in *A*, da die Auflistung all dieser Stellen den kritischen Apparat erheblich erweitert hätte, ohne jedoch einen sachlichen Gewinn zu erbringen. Im Apparat wird immer an erster Stelle die Information zu *L* angeführt, außer an den wenigen Stellen, an denen *A* oder *P* als die eindeutig bessere Lesung in den Text aufgenommen wurde und somit diese Information im textkritischen Apparat an erster Stelle geliefert wird.

In den Auflistungen der hypothetischen Syllogismen werden häufig wechselweise Ordinalzahlen (z.B. „Primus", „II^{us}" usw.) und Kardinalzahlen („III", „IV") verwendet. Häufig beginnt der Schreiber mit Ordinalzahlen, verwendet dann aber bei höheren Zahlen die Kardinalzahlen. In der Edition wurde dies auf Kardinalzahlen hin vereinheitlicht.

Die Beispiele der hypothetischen Syllogismen sind in allen drei Handschriften häufig in einer Zeile geschrieben. Eine graphisch genaue Wiedergabe dieser Schreibweise war in der Edition nicht möglich. Deshalb wurde

---

[1] Die Leistung des sehr verdienten Forschers van de Vyver soll in keiner Weise geschmälert werden. Ob die Edition van de Vyvers bei dessen Tod fast vollendet war, wie in der Vorrede zur posthumen Edition gesagt wird, läßt sich kaum feststellen, und eine Überprüfung, ob vielleicht zahlreiche Fehler erst bei der Drucklegung entstanden sind, wäre eine unfruchtbare Arbeit.

die Schreibweise in drei Zeilen gewählt, da diese das logische Schema am besten wiedergibt.

Die graphische Darstellung der Schemata in Kapitel I und V entspricht genau jener der Handschrift, d.h. auch die Linien finden sich tatsächlich so in der Handschrift. Aus drucktechnischen Gründen war es lediglich erfordert, die Beispielsätze, die sich in der Handschrift immer in einer Zeile befinden, an einigen Stellen auf zwei Zeilen zu verteilen.

Auch die Einfügung der Initialen entspricht genau dem Handschriftenbefund.

Die Einteilung in Kapitel stammt nicht von Abbo. Ein deutlicher Einschnitt liegt nur bei dem von uns als Kap. IX bezeichneten Teil vor, der als einziger eine eigene Überschrift trägt. Die Kapiteleinteilung des großen einleitenden Teils wurde vor allem aus praktischen Gründen vorgenommen, insofern dadurch im Kommentar der Verweis auf bestimmte Abschnitte erleichtert wird.

IV. DIE QUELLEN

Abbos Traktat weist einen deutlichen Einschnitt an jener Stelle auf, an der wir das Kap. IX beginnen lassen. Es ist dies die einzige Stelle, an der wir einer wirklichen Überschrift begegnen: *Quod hypothetici syllogismi septem sunt.* Dieser Einschnitt stellt auch eine sachliche und quellenmäßige Trennung dar. Der erste Teil, also Kap. I - VIII, behandelt Fragen, die sich bei Boethius in *De hypotheticis syllogismis* finden, während der zweite Teil, also Kap. IX, Fragen aufgreift, mit denen sich Boethius im 4. Buch von *In Topica Ciceronis Commentaria* beschäftigt und die in Kurzform von Martianus Capella, Cassiodor und Isidor von Sevilla aufgeführt werden.

1. Die Quellen von Kapitel I - VIII

Es kann kein Zweifel daran bestehen, daß bei Kap. I-V und VII der Text des Boethius die unmittelbare Quelle für Abbo darstellte. Man kann sogar einen Schritt weiter gehen und fragen, welche Handschrift von Boethius' *De hypotheticis syllogismis* Abbo vermutlich zur Verfügung stand. Die Antwort auf diese Frage kann als verhältnismäßig gut gesichert gelten: Es handelt sich dabei um die Handschrift Paris, Bibliothèque Nationale, nouv. acq. 1611, fol. 35r - 51r. Diese Handschrift stammt aus der zweiten Hälfte des 10. Jahrhunderts und wurde im Skriptorium von Fleury angefertigt.[1] (In derselben Handschrift findet sich auf fol. 6r - 10v der früheste Text von Abbos *De syllogismis cathegoricis*, was ein deutlicher Hinweis darauf ist, daß diese Handschrift wahrscheinlich unter der Aufsicht Abbos hergestellt wurde.) Wir sind mit dieser Handschrift vermutlich ganz nahe an jener Stelle, an der dieser Text des Boethius wieder in die Tradition der westlichen Philosophie aufgenommen wurde. Die eben genannte Handschrift weist am Ende des Textes von *De hypotheticis syllogismis* die Subskription auf: *Contra codicem Renati v. s. correxi.*[2] Der hier genannte Martius Novatus Renatus hat nach antiken Berichten kurz nach dem Tod des Boethius dessen Schriften in einem einzigen Kodex zusammengefaßt oder hat ein Exemplar der schon zusammengefaßten Schriften des Boethius bestellt und erworben.[3] Auf welchem Weg und auf wessen Veranlassung dieser Kodex des Renatus im 10. Jahrhundert nach Frankreich kam, ist nicht bekannt. Die eben angeführte Subskription läßt die Vermutung zu, daß der Kodex

---

[1] Van de Vyver, Einleitung zu AB, S. 22f.; Obertello, 1969, S. 160 u. S. 203; Pellegrin, 1988, S. 160; Mostert, 1989, Nr. BF 1256.

[2] Obertello, 1969, S. 160 u. S. 390.

[3] Zu den verschiedenen Hypothesen, wer dieser Renatus gewesen ist und welche Rolle er bei der Erstellung des *Codex Renatus* gespielt hat, vgl. Van de Vyver, 1929, S. 443f.; Obertello, 1969, S. 158-164.

Renatus als Vorlage für die im Skriptorium von Fleury hergestellte Abschrift von *De hypotheticis syllogismis* diente.[4]

Unter den eben angeführten Voraussetzungen und unter Berücksichtigung des weiter oben in der Biographie Abbos Ausgeführten dürfte sich ergeben, daß Abbo sich selbständig mit dem Text des Boethius beschäftigte, und er dabei keine weiteren Texte oder vorausliegenden Bearbeitungen als Zwischenglieder zur Verfügung haben konnte. Dieser Hinweis ist wichtig für die Erklärung jener Stellen, an denen Abbo von der Theorie des Boethius abweicht oder jedenfalls eine andere Darstellungsform wählt (so z.B. gleich zu Beginn des Kap. I, vgl. dazu weiter unten Einleitung V), und ebenso für die Erklärung von Teilen, die eindeutig in den Zusammenhang der hypothetischen Syllogismen gehören, für die aber bei Boethius keine Paralleltexte vorhanden sind. Dies gilt besonders für das Kap. VI, also für die Behandlung der zusammengesetzten disjunktiven hypothetischen Syllogismen. Boethius sagt nur, daß bei den disjunktiven hypothetischen Syllogismen ebenso viele Fälle gebildet werden können wie bei den verbundenen (d.h. also bei den Implikationen).[5] Wenn Abbo nun eine Liste dieser hypothetischen Syllogismen aufführt, müssen wir m.E. annehmen, daß diese von Abbo stammt, d.h., eine Suche nach weiteren Vorlagen und Quellen dürfte müßig sein.[6] Schwer erklärlich dabei ist, daß Abbo sehr häufig nicht die Beispielbegriffe des Boethius verwendet, sondern andere und mitunter weniger deutliche.

Damit ist selbstverständlich nicht gesagt, daß Abbo nicht auch in diesen Kapiteln gelegentlich Material verwendet, das er aus anderen Quellen kennt. Welche Quellentexte zur Logik konnte Abbo außer Boethius' *De hypotheticis syllogismis* noch kennen? Nur die der *logica vetus*, wie Abbo sie etwa in den aus Fleury stammenden Handschriften Leiden 139, Paris, Bibliothèque Nationale, lat. 6638, Orléans 277, zur Verfügung hatte. Besonders wichtig ist auch die Handschrift Orléans 267, die ursprünglich zusammen mit der schon genannten Handschrift Paris, Bibliothèque Nationale, nouv. acq. 1611, einen einzigen Kodex darstellte.[7]

2. Die Quellen von Kapitel IX

Ganz anders ist die Quellenlage für das Kap. IX zu beurteilen. Die Lehre von den sieben grundlegenden hypothetischen Syllogismen gehörte zum Grundbestand der aus der Spätantike überlieferten Logik. Der Ausgangs-

---

[4] Obertello, 1969, S. 163.

[5] Boethius, DHS 876 C; S. 388[57]-390[61].

[6] Dies ist natürlich überhaupt nicht problematisch. Der ausdrückliche Hinweis darauf lohnt sich aber doch, weil der Mediävist normalerweise immer nach weiteren Vorlagen und Quellen sucht und die Behauptung, an einem eindeutigen Ursprungsort angelangt zu sein, sehr häufig rasch widerlegt werden kann.

[7] Vgl. Pellegrin, 1988, S. 160f.

punkt der lateinischen Überlieferung war Ciceros *Topica*.[8] Sie findet sich
dann außer in der ausführlichen Behandlung bei Boethius, *In Topica
Ciceronis Commentaria*,[9] in kürzerer Form bei Martianus Capella, *De
nuptiis Philologiae et Mercurii*,[10] und schließlich in kommentarloser Aufzählung bei Cassiodor, *De artibus ac disciplinis*,[11] und Isidor von Sevilla, *Etymologiae*.[12] Abbo verweist selbst auf Ciceros *Topica* (wobei er sich vermutlich auf den Kommentar des Boethius zu diesem Werk bezieht) und auf
Isidor von Sevilla.[13] Als Quelle für Abbo dürfte Boethius oder eine andere,
unter anderem auf Boethius zurückgehende Vorlage in Frage kommen.
Dies ergibt sich vor allem aus dem aufschlußreichen Unterschied in der
Formulierung der ersten Prämisse des dritten hypothetischen Syllogismus.
Der Beispielsatz für III lautet bei Boethius[14] und bei Abbo:[15]

> *Non si dies est, lux non est.*

Bei Cassiodor[16] und bei Isidor von Sevilla[17] lautet er:

> *Non et dies est et non lucet.*

Bei Martianus Capella finden sich zwei Versionen von III. Die eine stimmt
mit den eben genannten sachlich überein, ist aber mit Hilfe von Variablen
formuliert:

> *Non et primum et non secundum.*[18]

Die andere Version des Martianus Capella ist modal formuliert:

> *Non posse simul hoc esse et illud non esse.*[19]

Die gesamte lateinische Tradition mit Ausnahme von Boethius geht also
von einer negierten Konjunktion aus, während Boethius als einziger eine
negierte Implikation verwendet. Der komplizierte Sachverhalt dieser boethianischen Sonderform wird im Kommentar diskutiert werden. Im vorliegenden Zusammenhang ist nur hervorzuheben, daß Abbo außer Notker
Balbulus (bzw. einem Mönch aus dessen Schule) der einzige (mir bekannte)
Autor des Mittelalters ist, der dieser Form des Boethius folgt, d.h., er muß
entweder direkt mit dem Kommentar des Boethius zu Ciceros *Topica* gearbeitet haben oder mit einer Quelle, die entweder diese Boethius-Sonder-
form kennt oder die die Quelle kennt, aus der auch Boethius diese Sonder-

---

[8]   Cicero, *Topica* XII, 53 - XIV, 56.
[9]   Boethius, ITC 1129 C - 1137 A.
[10] S. 202-206.
[11] PL 70, 1173 A-C. Textidentisch in der Edition Mynors.
[12] PL 82, 148 B-C. Textidentisch in der Edition Lindsay.
[13] S. 100[4,5].
[14] ITC 1136 A.
[15] S. 102[22].
[16] PL 70, 1173 B.
[17] PL 82, 148 B.
[18] S. 205[14].
[19] S. 203[21,22].

form übernommen hat. Abbo hatte jedenfalls sowohl den Text von Ciceros *Topica* als auch den von Boethius' *In Topica Ciceronis Commentaria* in seiner Bibliothek zur Verfügung. In Leiden ist unter der Signatur Voss. Lat. f. 70.I eine aus dem 10. Jahrhundert stammende Handschrift erhalten, die aus Fleury stammt und diese beiden Texte enthält.[20] Der Vergleich der Texte von Abbo und Notker Balbulus liefert einen interessanten Hinweis: Notker unterscheidet deutlich die sieben hypothetischen Syllogismen *secundum boetium* und *secundum ciceronem*,[21] und entsprechend führt er III einmal in der Sonderform des Boethius[22] an und dann in der Form, wie sie bei Cicero vorliegt.[23] Dies zeigt, daß es einem aufmerksamen Leser des Boethius-Kommentars zu Ciceros *Topica* im 10. Jahrhundert durchaus auffallen konnte, daß bei Boethius und Cicero III in verschiedener Weise formuliert und aufgefaßt wurde. Bei Abbo hingegen findet sich keinerlei Hinweis auf diesen doch relevanten Unterschied. Es könnte daher vermutet werden, daß Abbo bei der Abfassung seines Kap. IX gar nicht mit dem Boethius-Kommentar zu Cicero arbeitete, sondern eine andere Quelle verwendete, in der nur die Boethius-Form von III aufgeführt wurde.

Es muß in diesem Zusammenhang auch betont werden, daß zwischen der Verwendung der Boethius-Texte in den Kap. I-VIII und jener in Kap. IX ein erheblicher Unterschied besteht: Während man im ersten Teil den Eindruck haben könnte, Abbo habe den Boethius-Text von *De hypotheticis syllogismis* vor sich liegen und versuche nun, diesen Text für den Schulgebrauch zu bearbeiten, kann man im zweiten Teil keinen bestimmten Boethius-Text aus *In Topica Ciceronis Commentaria* neben den des Abbo zum Vergleich legen, man muß sich vielmehr mit der Feststellung einer sachlichen Nähe begnügen. Die Darstellung Abbos weicht sogar so erheblich von der des Boethius ab, daß die eben schon geäußerte Vermutung nicht von der Hand zu weisen ist, Abbo habe dabei eine uns nicht mehr verfügbare Vorlage verwendet. Abbo muß irgendeine andere Quelle benutzt haben. Sein Verweis auf Eudemus und die anderen griechischen Autoren[24] kann unmöglich auf sein eigenes Studium griechischer Quellen zurückgehen (ganz abgesehen davon, daß auch keine griechischen Quellen erhalten sind, die diese Mitteilungen enthalten). Die entsprechende Nachricht, die Abbo bringt, findet sich weder bei Boethius noch bei Martianus Capella noch bei Cassiodor und auch nicht bei Apuleius, der sich mit dieser Liste allerdings gar nicht befaßt.

Für die griechische Überlieferung gilt wohl weithin, was Galen von den Stoikern (die ja die Hauptzeugen für die Lehre von den „unbeweisbaren" hypothetischen Schlüssen sind) berichtet: Die Stoiker nahmen fünf und

---

[20] Vgl. Pellegrin, 1988, S. 165; Mostert, 1989, S. 93, Nr. BF 302, dort auch der Hinweis, daß diese Handschrift in der sog. Abbo-Schrift geschrieben ist.

[21] Notker, *De syllogismis*, S. 608[22], und S. 610[24].

[22] Ebd. S. 609[9.13] als Regel und S. 609[20-22] in Beispielform.

[23] Ebd. S. 610[10-32].

[24] S. 100[23].

nur fünf solcher Schlüsse an.[25] Und für die Peripatetiker, zu denen Eudemus zählte, gilt sogar, daß sie wahrscheinlich nur vier zuließen, d.h. die
beiden mit einer Implikation und die beiden mit einer Disjunktion, nicht
aber den dritten, dessen erste Prämisse aus einer negierten Konjunktion
besteht.[26] Abbos Bericht setzt aber voraus, daß auch die Griechen schon
sieben solcher Schlüsse behandelten. M. und W. Kneale nehmen an, daß es
schon vor der Zeit Ciceros eine möglicherweise griechische Handbuchliste
der hypothetischen Schlüsse gab, in der bereits sieben hypothetische Syllogismen aufgeführt wurden.[27] Sie rekonstruieren diese Liste auch; die von
Abbo den Griechen zugeschriebene Liste der sieben hypothetischen Syllogismen deckt sich jedoch nicht mit der von den Kneales rekonstruierten.
Abbo nimmt für die hypothetischen Syllogismen IV und VII für die lateinische und die griechische Tradition wesentlich verschiedene Formen an
und meint auch, daß für die beiden Traditionen für die gesamte Gruppe IV
- VII jeweils verschiedene Voraussetzungen gelten. Einzelheiten dazu werden ebenfalls im Kommentar behandelt werden.

Die Herkunft dieser von Abbo mitgeteilten Nachrichten ist nun völlig
unklar. Abbo muß diese Nachrichten aus irgendeiner uns nicht bekannten
Quelle übernommen haben.[28] Unter dieser Annahme kann man dann mit
der Möglichkeit rechnen, daß auch andere Teile des Kap. IX, für die keine
Paralleltexte bei Boethius vorhanden sind, in dieser Quelle enthalten sein
könnten.

In diesem Zusammenhang ist auch zu erwähnen, daß der Beispielsatz: *Si
sol super terram est, dies est*[29] in genau dieser Form bei Boethius nicht nach-
weisbar ist. Wohl aber findet er sich so in den *Annotationes in Martianum*
des Johannes Scotus Eriugena (vgl. Kommentar zur Stelle). Da dieser Beispielsatz jedoch möglicherweise häufig verwendet wurde, läßt sich aus dem
genannten Befund m.E. noch nicht ableiten, daß Abbo den Text des Johannes Scotus Eriugena kannte.

Meine Vermutung lautet also folgendermaßen: Abbo verfügte für das
gesamte Kapitel IX, das er auch mit einer eigenen Überschrift einführt,
über eine uns nicht mehr zur Verfügung stehende oder jedenfalls der For-
schung bisher nicht bekannte Quelle. Diese Quelle selbst kann in verschiedener Form gedacht werden: (1) Es könnte sich um eine spätantike lateini-

---

[25] Galen, *Institutio logica* XIV, 3; Übers. Mau S. 18.

[26] Vgl. Galen, *Institutio logica* III, 1, und XIV, 10-11; Übers. Mau S. 3 und S. 19. Vgl. auch
Barnes, 1985, S. 567.

[27] Kneale, 1975, S. 180. Vgl. D'Onofrio, 1986, S. 244.

[28] Auch bei Avicenna, der die griechische Tradition gut kennt und der die hypothetischen
Syllogismen innerhalb der peripatetischen Tradition behandelt, findet sich (jedenfalls in den
bisher übersetzten Texten, die arabischen sind mir nicht zugänglich) kein Hinweis auf eine
solche griechische Überlieferung. Avicenna, *Remarks and Admonitions*, S. 145-147, führt die
hypothetischen Syllogismen, die I, II, IV und V entsprechen, in der üblichen Form auf, die
Textstelle, die sich auf III beziehen könnte, ist unklar. Von weiteren Syllogismen ist nicht die
Rede.

[29] S. 88[17-18].

sche Quelle handeln, in der peripatetische Diskussionen über die sog. „Unbeweisbaren" aus der griechischen Überlieferung wiedergegeben werden. In diesem Fall könnte man sogar daran denken, daß auch die boethianische Sonderform von III schon in dieser peripatetischen Diskussion vorhanden gewesen ist. Der Hinweis auf Isidor von Sevilla[30] müßte unter dieser Voraussetzung erst später (möglicherweise auch von Abbo selbst) hinzugefügt worden sein. (2) Es könnte sich aber auch um eine spätere Quelle handeln, die zwar wie (1) auf spätantike peripatetische Diskussionen zurückgreift, die aber auch schon die boethianische Sonderform berücksichtigt (dann ist es allerdings nicht recht erklärlich, warum bei der Aufzählung der lateinischen Tradition Boethius nicht genannt wird). Nimmt man an, daß der Hinweis auf Isidor von Sevilla schon ursprünglich in diesem Quellentext vorhanden war, so käme man mit der Datierung auf das 7. Jahrhundert als *terminus ante quem non*. Nun ist aber Isidor von Sevilla selbst schon ein Zeuge für das geringe Interesse an Fragen der Logik und für die geringen diesbezüglichen Kenntnisse zu seiner Zeit. Es legt sich also m.E. die Annahme von (1) eher nahe.

Man könnte gegen die Annahme der Existenz einer solchen Quelle einwenden, daß doch Boethius ausdrücklich sagt, er habe bei den Lateinern keine Schrift zu den hypothetischen Syllogismen gefunden.[31] Diese Bemerkung darf man jedoch nicht überschätzen, es ist kaum anzunehmen, daß Boethius wirklich alle lateinischen und griechischen Traktate, die zu seiner Zeit zur Verfügung standen, kannte.[32]

---

[30] S.100[5].
[31] Boethius, DHS 831 C; S. 206[22-23].
[32] Vgl. Barnes, 1985, S. 562.

V. EINIGE GRUNDPROBLEME IN ABBOS TRAKTAT

1. Begriffs- und Aussagenlogik

Abbo lag bei der Abfassung des ersten Teils seines Traktats ohne Zweifel der Text von Boethius, *De hypotheticis syllogismis*, vor. Nehmen wir einmal an, Abbo habe den Text des Boethius „richtig" verstanden. Zwingend ist diese Annahme ganz und gar nicht, da zwischen der Abfassung der beiden Traktate immerhin ein Zeitabstand von etwa 450 Jahren liegt und außerdem keine sich mit den hier behandelten Lehren beschäftigende Schultradition bestand. Nehmen wir aber doch - m.E. zu Recht - an, Abbo habe den Traktat des Boethius „richtig", d.h. den Intentionen des Boethius entsprechend, verstanden. Dann könnte es sich nahelegen, das Instrumentarium der modernen Interpretationen des Traktats des Boethius einfach auf den Text Abbos anzuwenden, um dessen „System" zu rekonstruieren. Leider ist dieser Weg nicht gangbar, da er voraussetzen würde, daß die Interpretation des Traktats des Boethius und das darin zur Anwendung kommende Instrumentarium im großen und ganzen gesichert wären. Dies ist aber keineswegs der Fall. Dürr ging von einer aussagenlogischen Interpretation dieses Traktats aus, van den Driessche korrigierte und modifizierte zwar diese Interpretation, stellte sie in grundsätzlicher Hinsicht aber nicht in Frage, und Bochenski folgte den genannten Autoren.[1] Demgegenüber behauptet Ch. Martin, bei Boethius liege keinerlei Aussagenlogik der Art vor, wie sie in der modernen Logik konzipiert wird, was Dürr und van den Driessche als gesichert angesehen hatten.[2] Es legt sich daher nahe, den Text Abbos ohne die Voraussetzung einer bestimmten Interpretation des boethianischen Textes zu analysieren.[3] Ob die Ergebnisse dieser Analyse, die ständig mit dem Text des Boethius arbeiten muß, auch eine kohärente „Theorie" des hypothetischen Syllogismus bei Boethius liefern, ist damit noch nicht entschieden.

Im folgenden sollen einige Kennzeichen der Logik Abbos hervorgehoben werden, deren Kenntnis das Verständnis des Textes erleichtert.

Die Konzeption der Logik, die Abbos Traktat über die hypothetischen Syllogismen zugrunde liegt, ist dem modernen Leser nur schwer zugänglich. Es handelt sich um eine Logik von Aussagen, die jedoch nichts mit einer modernen Aussagenlogik zu tun hat. Dies wird ganz deutlich durch die Feststellung, daß die grundlegenden logischen Operatoren der Folge-

---

[1] Dürr, 1938 u. 1951; van den Driessche, 1949; Bochenski, 1968, S. 106-109.
[2] Martin 1991, S. 279.
[3] Ich bin allerdings der Auffassung, daß eine genauere Analyse der Texte des Boethius gegen die Interpretation Dürrs und für die Martins sprechen würde.

beziehung und der Disjunktion in ihrer Funktion begründet und festgelegt sind durch Begriffsbeziehungen der Aussagen, zu deren Verknüpfung sie verwendet werden. Das heißt: *Weil* eine bestimmte Beziehung der Begriffe von zwei (oder mehreren) Aussagen besteht, *deshalb* gilt ein bestimmter aussagenverknüpfender Operator. Dies bedeutet wiederum, daß hier von Aussagenvariablen nur in einer ganz spezifischen (der modernen Verwendung geradezu widersprechenden) Form gesprochen werden kann. Verwenden wir z.B. eine Zeichenfolge wie $a \rightarrow b$ für: „Aus der Aussage a folgt mit Notwendigkeit die Aussage b", so dürfen wir für a und b nicht beliebige Aussagen substituieren, sondern eben nur solche, in denen eine Begriffsbeziehung vorliegt, die eine Folgebeziehung begründet. Man kann dies auch so formulieren: Hat Abbo eine Aussagenverknüpfung vor sich, die wir als $a \rightarrow b$, $a \rightarrow \neg b$, $a \vee b$ usw. formalisieren können, so fragt sich Abbo immer sofort: Wie muß die Begriffsbeziehung von a zu b aussehen, damit $a \rightarrow b$ u. s .w. wahr ist? Damit z.B. $a \rightarrow b$ wahr ist, müssen also die entsprechenden Prädikatsbegriffe A und B in einer Weise aufeinander bezogen sein, daß sich eine Folgebeziehung ergibt. Gilt z.B. die Begriffsbeziehung $A \subset B$, also etwa „*homo* ist Unterbegriff zu *animal*", so gilt $(X \in A) \rightarrow (X \in B)$, und deshalb gilt $a \rightarrow b$. Es sind also nicht Wahrheitswerte, sondern Begriffsbeziehungen der zugrundeliegenden Aussagen, die festlegen, wann eine Aussagenverknüpfung wahr ist. Man kann diese Folgebeziehung dann sehr wohl mit Wahrheitswerten in Beziehung bringen, also z.B.: Wenn $a \rightarrow b$ gilt, so muß gelten $\mathbf{U}(a \wedge \neg b)$; letzteres ist dann zwar eine notwendige, nicht aber eine hinreichende Bedingung für die Geltung von $a \rightarrow b$.

Mit den eben besprochenen Fragen hängt auch das Problem zusammen, wie die von Boethius und von Abbo verwendeten Variablen, d.h. die Buchstaben (bei Boethius Minuskeln, bei Abbo Majuskeln),[4] zu interpretieren sind. Sind es Zeichen für Aussagen oder für Begriffe? Wahrscheinlich muß die Antwort lauten: Dies ist eine Frage, die sich Boethius und mit ihm Abbo überhaupt nicht gestellt haben. A bzw. a wird von ihnen entweder für das Prädikat einer einfachen Aussage genommen, also z.B. *homo*, oder für die entsprechende einfache Aussage, also *est homo*.[5] Dies führt bei Boethius auch zu einer (für uns) ganz eigenartigen Terminologie. Boethius kennt eine Unterscheidung *propositio/terminus*, diese deckt sich aber nicht einfach mit der uns geläufigen von „Aussage/Begriff". Nehmen wir z.B. Boethius, DHS 839 B; S. 234[24-25] (Boethius bezieht sich hier auf die erste

---

[4] In unserem Kommentar werden Minuskeln für Aussagen und Majuskeln für Begriffe verwendet. Dies hat selbstverständlich nichts zu tun mit dem graphischen Unterschied von Minuskelschreibung und Majuskelschreibung bei Boethius und Abbo.

[5] Bochenski, 1968, S. 106, stellt richtig fest, daß bei Boethius wie schon bei Theophrast der Status der Variablen nicht klar ist, d.h., so, wie sie aufgestellt werden, können sie ebensogut Klassen- wie Aussagenvariablen sein. Dann aber fügt Bochenski hinzu, daß wir die Variablen bei Boethius als Aussagenvariablen verstehen müssen, da - nach Bochenski - Boethius durchgehend (*constantly*) Aussagenfunktionen für die Variablen substituiere. Aber genau dies stimmt m.E. einfach nicht.

Prämisse eines Schlusses der ersten Figur, der sich bei Abbo in Kap. III auch findet):

> „si est *a*, est *b*, et si est *b*, est *c*"; igitur *b* in utrisque numeratur, et sunt tres quidem termini hi, „est *a*", „est *b*", „est *c*" [...].

> „wenn (er) *a* ist, ist (er) *b*, und wenn (er) *b* ist, ist (er) *c*"; folglich wird *b* in beiden aufgezählt, und es gibt freilich diese drei Begriffe, „(er) ist *a*", „(er) ist *b*", „(er) ist *c*" [...].

Hier wird *terminus* für einen Satz, nämlich für *est a* usw., gebraucht. Man kann noch fragen, warum wir *est homo* mit „(er) ist Mensch" wiedergeben und nicht mit dem im boethianischen Kontext durchaus auch möglichen „(ein) Mensch existiert". Die hier angenommene (und auch der Übersetzung des Abbo-Textes zugrunde liegende) Form legt sich aus Gründen der Einheitlichkeit nahe, da in der Disjunktion *aut a est, aut b est* mit der üblichen Substitution *sanus*/„gesund" für *a* und *aeger*/„krank" für *b* nur die Wiedergabe „entweder er ist gesund, oder er ist krank" sinnvoll ist (und nicht diese: „entweder ein Gesunder existiert, oder ein Kranker existiert").

Wofür aber steht *a*? Die Antwort darauf ergibt sich aus dem Beispiel, das Boethius, DHS 856 D; S. 306[60-61], für die weiter oben genannte Prämisse anführt:

> si est homo, animal est, et si est animal, erit corpus animatum.

> wenn (er) Mensch ist, ist (er) Lebewesen, und wenn (er) Lebewesen ist, wird (er) beseelter Körper sein.

Hier wird also eindeutig für *a* usw. ein Begriff substituiert, nämlich *homo* usw. Auch an zahlreichen anderen Stellen (vgl. z.B. DHS 853 B; S. 278[60]: *sit a homo, b animatum, c animal*) gilt dasselbe. Und in solchen Zusammenhängen spricht Boethius häufig einfach von *b terminus* usw., vgl. z.B. ebd. S. 278[57-58]: *rursus idem b terminus possit esse etiam cum non est c*, also: „weiterhin kann der Begriff *b* sein, auch wenn (er) nicht *c* ist", was Boethius dann ebd. S. 278[61-62] so erläutert: *animatum enim praeter animal esse potest*, also etwa: „es kann nämlich Beseeltes geben, das nicht Lebewesen ist". Wovon spricht Boethius hier: vom Begriff „Beseeltes", vom tatsächlich existierenden Beseelten, oder von der Aussage „(er) ist Beseeltes" (die wahr sein kann, ohne daß die Aussage „(er) ist Lebewesen" wahr ist)? Die Antwort wird wohl wie oben lauten müssen: In erster Linie ist der Begriff gemeint, dies schließt aber nicht aus, daß auch die entsprechende Aussage gemeint sein kann, in der dieser Begriff als Prädikat fungiert, und es schließt ebenso nicht aus, daß das diesem Begriff entsprechende Ding bzw. der dieser Aussage entsprechende Sachverhalt gemeint ist. Das eben angeführte Beispiel *homo-animal-animatum* wird auch bei Abbo, S. 10[11-16], diskutiert, und bei Abbo liegt dieselbe Mehrdeutigkeit wie bei Boethius vor.

2. Das logische Grundschema

Als Ausgangspunkt soll das Schema in Kap. I genommen werden. Dabei legt sich allerdings der Weg über das Schema in Kap. V, in dem die disjunktiven Aussagen behandelt werden (in dem auch das Schema aus Kap. I wieder aufgenommen wird), nahe, da hier der Paralleltext des Boethius die Struktur der Einführung der Aussagenverknüpfungen sehr gut deutlich werden läßt.[6] Darüber hinaus bietet dieser Weg die Möglichkeit, eine begründete Vermutung dafür vorzulegen, wie Abbo zu dem Schema in Kap. I, zu dem es keinen entsprechenden Paralleltext bei Boethius gibt, gelangt sein könnte. Der Text des Boethius, der nun im folgenden herangezogen werden soll, findet sich ganz am Ende des Traktats *De hypotheticis syllogismis*. Er behandelt die disjunktiven Aussagen und ihre Beziehung zu den verbundenen Aussagen, also den Folgebeziehungen. Abbos Schema in Kap. I entspricht nun genau den Ergebnissen dieses abschließenden Textes des Boethius. Man kann also vermuten, daß Abbo, bevor er seinen eigenen Traktat niederschrieb, den Traktat des Boethius bis ganz zu Ende durchgearbeitet hatte und er somit die Ergebnisse, die sich dort finden, in den Beginn seines Traktats übernehmen und dort systematisch einarbeiten konnte.

Die vier grundlegenden Begriffsbeziehungen (und die Zeichen für diese)

$A \subset B$ Unterbegriff - Oberbegriff oder: Ursache - Wirkung
      Beispiele: „Mensch" - „Lebewesen", „Sonne" - „Licht"
$A \supset B$ Oberbegriff - Unterbegriff oder: Wirkung - Ursache
      Beispiel: „Lebewesen" - „Mensch", „Licht" - „Sonne"
$A \phi B$ Gegensatz, der aber eine oder mehrere weitere Möglichkeiten
      zuläßt
      Beispiel: „weiß" - „schwarz"
$A \Phi B$ Gegensatz, bei dem (bei vorausgesetztem geeignetem Subjekt)
      immer eines von beiden zutreffen muß
      Beispiel: „gesund" - „krank"

Die vier grundlegenden Aussagenverknüpfungen

(1) $a \rightarrow b, \neg a \vee b \Leftarrow A \subset B$
Abbo Kap. V: conexae I, disiunctae III
Boethius, DHS 876 A; S. 386[29-32]:

---

[6] Die Rückführbarkeit der disjunktiven Aussagen auf implikative war eine These der peripatetischen Tradition. Vgl. Galen, *Institutio logica* III, 5; Übers. Mau S. 4; Avicenna, *The Propositional Logic*, S. 173 u. S. 198.

Ea vero propositio quae dicit: „aut non est *a*, aut est *b*", in his quae sibi ad-
haerent proponi potest, et a minoribus ad maiora contendit, sed est similis ei
propositioni conexae quae dicit: „si est *a*, est *b*".

Jene Aussage aber, die sagt: „entweder er ist nicht *a*, oder er ist *b*", kann bei
jenen ausgesagt werden, die einander anhaften, und sie strebt von den Unter-
geordneten zu den Übergeordneten, sie ist aber ähnlich jener verbundenen
Aussage, die sagt: „wenn er *a* ist, ist er *b*".

D.h.: Die Aussage $\neg a \lor b$ gilt für Aussagen, bei denen $A \subset B$ (*a minoribus
ad maiora*) vorliegt, und bei diesen gilt aus demselben Grund $a \rightarrow b$.
Boethius, DHS 876 A; S. 388[36-37], erläutert weiter zu diesem Fall:

[...] sive autem negaretur *a*, sive affirmaretur *b*, nihil necessarium videbatur
accidere.

[...] sei es aber, daß *a* negiert wird, sei es, daß *b* bejaht würde, schien nichts
Notwendiges zu folgen.

Boethius führt dafür die Begriffe „Mensch" und „Lebewesen" als Beispiele
an. Man kann sich das Begriffsverhältnis an einem Diagramm verdeutlichen:[7]

A		nicht A	
	B		nicht B

A = *Mensch*, *B* = *Lebewesen*

Dieses Diagramm gilt ebenso für die entsprechenden Aussagen. Tatsächlich
folgt aus $\neg a$ nichts, da dies mit *b* und mit $\neg b$ vereinbar ist; ebenso folgt aus
b nichts, da dies mit *a* und mit $\neg a$ vereinbar ist. Damit ist jedoch auch klar,
daß in $\neg a \lor b$ keine exklusive Disjunktion vorliegt, da in einer solchen $\neg a$
$\land b$ nicht zutreffen dürfte, d.h. unmöglich sein müßte. Dieser Sachverhalt
muß ausdrücklich betont werden, da sowohl Boethius als auch Abbo an
verschiedenen Stellen den Eindruck erwecken, als würden sie das „oder"
(*aut*) der Disjunktion immer als exklusiv ansehen. Dies ist jedoch nicht der
Fall. Auch in der stoischen Tradition war eine solche inklusive Disjunktion bekannt. Galen sagt von dieser: „Bei einigen Urteilen bleibt aber noch
die Möglichkeit offen, daß mehrere oder alle Teilaussagen wahr sind und
nicht nur eine, notwendigerweise aber mindestens eine darin wahr sein
muß. Einige nennen solche Urteile „Quasi-Disjunktionen", da die (echten)
Disjunktionen nur eine wahre Teilaussage enthalten."[8] Nehmen wir zwei

---

7 Ich verwende hier aus hermeneutischen Überlegungen heraus bewußt nicht die bekannten Venn-Diagramme, da bei diesen Nicht-Zutreffendes bzw. Unmögliches ausgestrichen
werden muß, was nicht der Vorstellungsweise mittelalterlicher Autoren zu entsprechen
scheint. Die verwendeten Diagramme orientieren sich an den von Leibniz zur Darstellung von
Begriffsverhältnissen verwendeten Liniendiagrammen. Leibniz war vermutlich auch in seinen
figürlichen Darstellungen ziemlich nahe an den Intentionen mittelalterlicher Logiker.
8 Galen, *Institutio logica* V, 1; Übers. Mau S. 5f.

Begriffe A und B, denen die Aussagen a und b entsprechen, so gilt in diesem Fall für $a \vee b$:

a	b	$a \vee b$
w	w	**M**
f	f	**U**

(2) $\neg a \rightarrow \neg b, a \vee \neg b \Leftarrow A \supset B$
Abbo Kap V: conexae IV, disiunctae II
Boethius, DHS 875 C; S. 386[12-16]:

> Item ea propositio per quam ita proponitur: „aut est a, aut non est b", dicitur quidem de sibimet adhaerentibus, proponiturque in his propositionibus quae ad minora de maioribus tendunt, similisque est ei propositioni conexae quae enuntiat: „si non est a, non est b".

> Ebenso wird jene Aussage, durch die so ausgesagt wird: „entweder er ist a, oder er ist nicht b", freilich von solchen gesagt, die einander anhaften, und sie wird bei jenen Aussagen ausgesagt, die zu den Untergeordneten von den Übergeordneten aus streben, und sie ist ähnlich jener verbundenen Aussage, die ausspricht: „wenn er nicht a ist, ist er nicht b".

D.h.: Die Aussage $a \vee \neg b$ gilt für Aussagen, bei denen $A \supset B$ vorliegt (*ad minora de maioribus*), und bei diesen gilt aus demselben Grund $\neg a \rightarrow \neg b$.

Boethius, DHS 875 C; S. 386[20-22], erläutert weiter zu diesem Fall (ganz entsprechend dem in (1) Gesagten):

> [...] sive autem a affirmaretur, sive b negaretur, nulla erat in conclusione necessitas.

> [...] sei es, daß a behauptet, sei es, daß b negiert wird, ergab sich im Schlußsatz keine Notwendigkeit.

Boethius führt dafür die Begriffe „Lebewesen" und „Mensch" als Beispiele an. Man kann sich das Begriffsverhältnis wiederum an einem Diagramm verdeutlichen:

A		*nicht A*
B	*nicht B*	

$A = Lebewesen, B = Mensch$

Dieses Diagramm gilt ebenso für die entsprechenden Aussagen. Tatsächlich folgt aus a nichts, da dies mit b und mit $\neg b$ vereinbar ist; ebenso folgt aus $\neg b$ nichts, da dies mit a und mit $\neg a$ vereinbar ist. Da hier also a und $\neg b$ vereinbar sind, liegt auch hier keine exklusive, sondern eine inklusive Disjunktion vor.

(3) $\neg a \rightarrow b, a \vee^\bullet b \Leftarrow A \Phi B$

Abbo Kap. V: conexae III, disiunctae I

Boethius, DHS 873 D - 874 C; S. 380[61]-382[67] (zitiert nach PL):

> Quarum quidem ea quae [...] proponit „aut est *a* aut est *b*", in his tantum dici potest in quibus alterum eorum esse necesse est, velut in contrariis medietate carentibus, similisque est ei propositioni quae dicit: „si non est *a*, est *b*". Quae enim proponit: „aut est *a*, aut est *b*", id intelligit, neque simul utraque esse posse, et si unum non fuerit, consequi ut sit alterum.

> Von diesen freilich kann jene, die [...] aussagt, daß „entweder er ist *a*, oder er ist *b*", nur bei jenen ausgesagt werden, bei denen es notwendig ist, daß eines von beiden ist, so wie bei denjenigen Konträren, die eines Mittleren entbehren, und sie ist ähnlich jener Aussage, die sagt: „wenn er nicht *a* ist, ist er *b*". Jene nämlich, die aussagt: „entweder ist er *a*, oder er ist *b*", gibt dies zu verstehen, daß beide nicht zugleich sein können, und daß, wenn eines nicht ist, folgt, daß das andere ist.

D.h.: Die Aussage $a \vee^\bullet b$ gilt für Aussagen, bei denen $A \Phi B$ vorliegt (*in contrariis medietate carentibus*), und aus demselben Grund gilt $\neg a \rightarrow b$.

Boethius führt als Beispiel für solche Begriffe, die kein Mittleres haben können, die Begriffe „gesund" und „krank" an. Man kann sich das Begriffsverhältnis wiederum an einem Diagramm verdeutlichen:

A	*nicht A*
nicht B	*B*

A = gesund, B = krank

Bei dieser Begriffslage gibt es vier Schlüsse, wie Boethius, DHS 874 D; S. 382[75-78], ausdrücklich feststellt:

> Nam si haec propositio sit: „si non est *a*, est *b*", sive non sit *a*, erit *b*; sive sit *a*, non erit *b*; sive non sit *b*, erit *a*; sive sit *b*, non erit *a*. In propositione quoque disiunctiva idem est.

> Wenn nämlich die Aussage diese ist: „wenn er nicht *a* ist, ist er *b*", dann (gilt): wenn er nicht *a* ist, wird er *b* sein; und wenn er *a* ist, wird er nicht *b* sein; und wenn er nicht *b* ist, wird er *a* sein; und wenn er *b* ist, wird er nicht *a* sein. Auch in der disjunktiven Aussage liegt dasselbe vor.

D.h.: Wenn $A \Phi B$ vorliegt, gilt nicht nur $\neg a \rightarrow b$ bzw. $\neg b \rightarrow a$, sondern auch $a \rightarrow \neg b$ bzw. $b \rightarrow \neg a$. Da hier also sowohl $\neg a \rightarrow b$ als auch $b \rightarrow \neg a$ gilt, liegt faktisch eine Äquivalenz vor, d.h. $\neg a \Leftrightarrow b$ bzw. $a \Leftrightarrow \neg b$.

Die hier gebrauchte Disjunktion ist eindeutig und ausdrücklich exklusiv (*neque simul utraque esse posse*; vgl. Zitat weiter oben). Ebenso fordert sie, daß eines der Glieder wahr sein muß (*in quibus alterum eorum esse necesse est*; ebd.). Man kann dies in folgender Weise symbolisieren:

$A \Phi B \Rightarrow \mathbf{U}(a \wedge b)$ und $\mathbf{U}(\neg a \wedge \neg b)$.

In der stoischen Aussagenlogik wird diese die „vollkommen ausschließende Disjunktion" genannt, von der z.B. Galen sagt, daß bei dieser die Sätze „weder zugleich wahr noch zugleich falsch sein können".[9]

Man kann dies auch in folgender Weise schematisieren:

a	b	$a \vee^\bullet b$
w	w	U
f	f	U

Es muß jedoch nochmals betont werden, daß weder Boethius noch Abbo den eben aufgeführten und symbolisierten logischen Zusammenhang als eine Festlegung auffassen, durch die unmittelbar konträre Aussagen durch modal verstärkte Wahrheitswerte adäquat und ausreichend definiert wären. Sie betrachten ihn vielmehr als Beschreibung eines vorgefundenen logischen Sachverhalts, für dessen korrekte Beschreibung die aufgeführten Bedingungen zwar notwendigerweise zutreffen müssen, durch die der logische Sachverhalt aber keineswegs in hinreichender Weise beschrieben, erklärt und definiert ist. Bei Boethius und Abbo liegt folgender aristotelischer Gedanke zugrunde:[10] In einer sinnvoll geordneten Sprache müssen Prädikatsbegriffe geeigneten Subjektsbegriffen zugeordnet sein. Also kann z.B. „gesund" und „krank" nur Menschen, Tieren oder Pflanzen zugeordnet werden. In diesem Fall muß immer mit Notwendigkeit einer der beiden Begriffe zutreffen. Nur wenn man diese Begriffe auf ein ungeeignetes Subjekt anwenden würde, z.B. auf den Stein, ergäbe es sich, daß keines der beiden zuträfe. Da in der Logik jedoch eine sinnvoll geordnete Sprache vorausgesetzt wird (in der also *category mistakes* ausgeschlossen sind), muß bei Begriffen, die kein Mittleres haben, immer einer zutreffen, und somit muß gelten: $U(\neg a \wedge \neg b)$.

(4) $a \to \neg b, \neg a \vee \neg b \Leftarrow A \phi B$
Abbo Kap. V: conexae II, disiunctae IV
Boethius, DHS 875 A; S. 382[85]-384[90]:

> Item ea propositio disiunctiva quae proponit: „aut non est a, aut non est b", fit quidem de his quae quolibet modo simul esse non possunt, etiamsi non alterum eorum necesse sit esse, similisque est ei propositioni conexae per quam ita proponatur: „si est a, non est b".

> Ebenso wird freilich jene disjunktive Aussage, die aussagt: „entweder ist er nicht a, oder er ist nicht b", aus solchen gebildet, die nicht auf irgendeine Weise zugleich sein können, wenn auch nicht eines von den beiden mit Notwendigkeit ist, und sie ist ähnlich jener verbundenen Aussage, durch die so ausgesagt wird: „wenn er a ist, ist er nicht b."

---

[9] Galen, *Institutio logica* XIV, 5; Übers. Mau S. 18.
[10] Aristoteles, *Categoriae* 10, 12 a 1-25 u. 12 b 27 - 13 a 3.

D.h.: Die Aussage $\neg a \lor \neg b$ gilt für Aussagen, bei denen $A \oslash B$ vorliegt, und aus demselben Grund gilt $a \to \neg b$.

Es handelt sich hier wie im vorausgegangenen Fall um konträre Aussagen (*de his quae quolibet modo simul esse non possunt*), bei denen aber im Unterschied zum vorausgegangenen Fall nicht gilt, daß eine von beiden zutreffen muß (*etiamsi non alterum eorum necesse sit esse*). Wird hier von konträren Aussagen gesprochen, so muß man sich klarmachen, daß dabei nicht $\neg a$ und $\neg b$ von Boethius und Abbo als konträre Aussagen angesehen werden, sondern a und b. Wenn also im Sinn von Boethius und Abbo gesagt wird, daß im Fall (4) eine exklusive Disjunktion vorliegt, so bezieht sich dies auf $a \lor° b$, nicht aber auf $\neg a \lor \neg b$. Man kann sich die hier gemeinte exklusive Disjunktion (in ihrem Unterschied zu der eben vorher in (3) gezeigten) in folgender Weise verdeutlichen:

$A \oslash B \Rightarrow \mathbf{U}(a \land b)$ und $\mathbf{M}(\neg a \land \neg b)$.

Boethius, DHS 875 B; S. 384[97-98], erläutert zu diesem Fall:

> Sive autem non esset a, non necesse erat esse vel non esse b; sive non esset b, non necesse erat esse vel non esse a.

> Sei es aber, daß er nicht a ist, so war es nicht notwendig, daß er b ist oder nicht ist; sei es aber, daß er nicht b ist, so war es nicht notwendig, daß er a ist oder nicht ist.

Boethius führt als Beispiel für Begriffe, die ein Mittleres haben können, die Begriffe „weiß" und „schwarz" an. Man kann sich dieses Begriffsverhältnis wiederum an einem Diagramm verdeutlichen:

A		*nicht A*	
	nicht B		B

$A = weiß, B = schwarz$

In der stoischen Logik wird dies eine „unvollständig ausschließende Disjunktion" genannt, von der z.B. Galen sagt, daß bei dieser die Sätze „zwar nicht zugleich wahr sein, wohl aber zugleich falsch sein können".[11]

a	b	$a \lor° b$
w	w	$\mathbf{U}$
f	f	$\mathbf{M}$

Zusammenfassung

Man kann sich nun die grundlegenden Begriffsbeziehungen und die daraus resultierenden Folgebeziehungen und Disjunktionen von Aussagen in

---

[11] Galen, *Institutio logica* XIV, 5; Übers. Mau S. 18.

einem Schema verdeutlichen, das die Schemata in Kap. I und Kap. V zusammenfaßt:

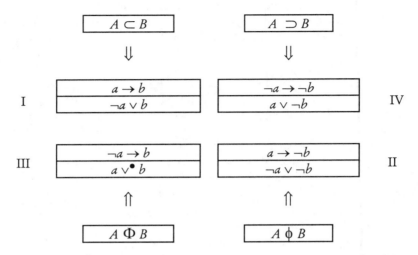

Alle logischen Beziehungen, die in diesem Diagramm dargestellt sind, finden sich bereits bei Boethius. Abbo ordnet sie bloß in seine beiden quadratischen Schemata (vgl. S. 4 u. 52) zusammen und findet jeweils für den
oberen und den unteren Block eine Bezeichnung. Es legte sich für Abbo
nahe, die beiden unteren Blöcke, die aus Widersprechenden (*repugnantia*)
bestehen, als „Konträre" zu bezeichnen, er brauchte also nur einen Namen
für die Zusammenfassung der beiden oberen Blöcke zu finden, die bei Boethius durch *a minoribus ad maiora* und *ad minora de maioribus* gekennzeichnet sind. Er wählte dafür mit eindeutiger Bezugnahme auf die „Folge
der Natur" (*naturae consequentia*; dieser Ausdruck findet sich schon bei
Boethius[12]) die Bezeichnung „Folgende" (*consequentes*). Zur besseren Übersichtlichkeit geben wir hier das Schema aus Kap. V wieder (ohne Beispielsätze), in dem auch das Schema aus Kap. I enthalten ist. Das folgende
Schema entspricht genau dem weiter oben aufgeführten:

---

[12] Z.B. Boethius, DHS 835 C-D; S. 218^59-220^74; ITC 1124 D. Interessant ist auch Dunchad,
Glossae in Martianum, S. 35: *Condicionalis id est connaturalis.* Ähnlich, und vermutlich von
Dunchad übernommen, Johannes Scottus, *Annotationes in Marcianum*, S. 89: *hypothetica, id
est conditionalis vel connaturalis.* Der Ausdruck *connaturalis* findet sich jedoch bei Abbo in
diesem Zusammenhang nicht.

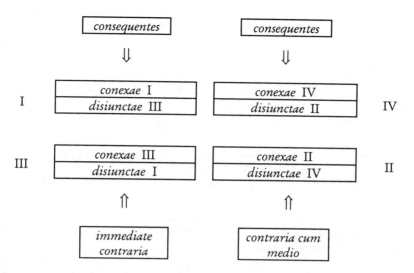

Das bei Boethius in gewisser Weise vorausgesetzte und bei Abbo zugrundeliegende Einteilungsschema gehörte zum Grundbestand spätantiker Eintei-
lungen. So heißt es z.B. bei Galen: [13]

> Es gibt nämlich drei Arten von (verknüpften) Sachverhalten: erstens das ge-
> genseitige Ausschließen bei niemals zugleich wahrseienden, zweitens die
> Konsequenz bei solchen, die immer zusammen wahr sind, drittens das bald
> zugleich Wahr-Sein, bald nicht, von solchen, die weder in notwendiger Kon-
> sequenz zueinander noch im gegenseitigen Ausschließen stehen. Diese bilden
> das konjunktive Urteil.

Wenn wir die dritte Art zunächst unberücksichtigt lassen (sie wird dann in
Kap. II bei Abbo relevant), so haben wir hier mit „Konsequenz" und
„gegenseitigem Ausschließen" genau das bei Abbo verwendete Einteilungsschema.

Dieses an *conexio* und *repugnantia* orientierte Einteilungsschema findet
sich z.B. auch bei Augustinus:[14]

> Docuit me, si cuius eorum, quae per conexionem modo proposui, pars an-
> tecedens assumpta fuerit, trahere necessario id, quod annexum est, ea vero,
> quae per repugnantiam vel disiunctionem a me sunt enuntiata, hanc habere
> naturam, ut cum auferuntur cetera, sive unum sive plura sint, restet aliquid,
> quod eorum ablatione firmetur.

> Sie (sc. die Dialektik) lehrte mich, daß, wenn bei jenen, die ich eben mit einer
> Verbindung ausgesagt habe, der vorangehende Teil angenommen wird, er
> notwendigerweise das, was angefügt ist, nach sich zieht, daß aber jene, die mit
> einem Widersprechen oder einer Disjunktion von mir ausgesprochen worden
> sind, jene Natur haben, daß, wenn die übrigen weggenommen werden, sei

---

[13] Galen, *Institutio logica* XIV, 7; Übers. Mau S. 19.
[14] Augustinus, *Contra Academicos* III, 13, 29; *Corpus Scriptorum Ecclesiasticorum*, Series
Latina XXIX, S. 52[17-23].

dies nun eines oder vieles, irgendetwas übrig bleibt, was durch deren Wegnahme bekräftigt wird.

Abbo kannte sicher nicht den Text von Galen und kaum den von Augustinus; er rekonstruierte eine naheliegende Einteilung aus den ihm bekannten Texten des Boethius.

Die Disjunktion ebenso wie die Implikation, d.h. die verbundene Aussage, werden bei Abbo nicht definitorisch über Wahrheitswerte eingeführt. Wenn man überhaupt von Wahrheitswerten sprechen will, so müssen diese als Modalitäten aufgefaßt werden, wobei sich zeigt, daß die verschiedenen logischen Verknüpfungen nur dort eindeutige, notwendige (nicht hinreichende!) Bedingungen der Wahrheit liefern, wo festgelegt wird, was nicht der Fall sein darf, d.h. was unmöglich ist. Dabei wird auch deutlich, daß die unmittelbare Kontrarietät bzw. die streng ausschließende Disjunktion mehr Verbote als die anderen Verknüpfungen ausspricht und deshalb auch mehr Schlußmöglichkeiten liefert (es sind dies jene Gruppen hypothetischer Syllogismen, bei denen Abbo stets hervorhebt, daß sich dort im Vergleich zu den anderen Gruppen doppelt so viele Schlüsse ergeben). Die verschiedenen Verknüpfungen lassen sich in folgender Weise in Hinsicht auf das jeweils Verbotene festlegen:

a	b	$a \rightarrow b$	$a \vee b$	$a \vee^{\circ} b$	$a \vee^{\bullet} b$
w	w			U	U
w	f	U			
f	w				
f	f		U		U

Die hinreichenden Bedingungen der Implikation wie der Disjunktion ergeben sich in ihrer Funktion jedoch erst dort, wo gefragt wird, welche Begriffsbeziehungen zur Wahrheit einer aus zwei kategorischen Aussagen bestehenden hypothetischen Aussage vorausgesetzt werden. Und dabei entspricht es, wie Abbo selbst sagt (Kap. V, S. 54[20]), dem häufigeren Gebrauch (*usus frequentior*), Disjunktionen durch Aussagen mit widersprechenden Begriffen zu erläutern, so wie man bei den verbundenen Aussagen (den Implikationen) häufiger an Aussagen mit Begriffen aus dem Bereich der natürlichen Folge (*consequentia naturalis*) denkt.

Für einen mittelalterlichen Interpreten war es vermutlich - anders als für einen modernen wie Dürr - ganz offensichtlich, daß die Grundformen der Aussagen bei Boethius sofort auf die Begriffsbeziehungen hin analysiert werden müssen, aufgrund derer sie wahr sind. Dieselben Festlegungen für die Begriffsbeziehungen, die für die vier Folgerungen bei Abbo[15] getroffen werden, finden sich auch später bei Abaelard, ohne daß für einen histori-

---

[15] Es geht hier um die Grundformen in den beiden großen Schemata weiter oben im Text, nicht um die vier Möglichkeiten der Aussagenverknüpfung der Tabelle, die in den beiden Schemata vorausgesetzt, mit diesen aber nicht einfach identisch sind.

schen Zusammenhang zwischen beiden irgendwelche Hinweise bestehen. Beide entwickeln prinzipiell Voraussetzungen, die bei Boethius vorhanden sind, bei diesem aber im Traktat *De hypotheticis syllogismis* erst bei der Behandlung der disjunktiven Aussagen in aller Deutlichkeit aufgestellt werden.[16] Abaelard führt die vier Formen der verbundenen Aussagen bei Boethius ein und interpretiert diese sofort in folgender Weise:[17]

> Harum autem quatuor consequentiarum natura constitutionis breviter est distinguenda. Quarum quidem due, prima videlicet et quarta, in eadem terminorum materia consistunt atque inter sibimet adherentia aut que simul naturaliter sint, vere tantum inveniuntur, secunda vero inter omnia disparata, idest que sibi convenire non possunt, vera recipitur; tertia vero tantum inter hec que medio carent.

> Von diesen vier Folgerungen ist aber die Natur ihrer Konstitution kurz zu unterscheiden. Von diesen bestehen nämlich zwei, und zwar die erste und die vierte, in ein und derselben Materie der Begriffe, und sie werden nur bei solchen, die einander anhaften oder die natürlicherweise zusammen sind, als wahr gefunden; die zweite aber wird als wahr aufgefaßt zwischen allen Disparaten, das heißt zwischen solchen, die untereinander nicht übereinkommen können; die dritte aber nur zwischen jenen, die eines Mittleren entbehren.

Ob diese Aufstellung begriffslogischer Wahrheitsbedingungen für die ersten Prämissen hypothetischer Syllogismen, wie sie bei Boethius und bei seinen späteren mittelalterlichen Interpreten vorgenommen wird, der ursprünglichen stoischen Theorie der hypothetischen Syllogismen entspricht, ist natürlich eine ganz andere Frage.[18]

In den beiden Schemata wurden die in Abbos Text in Kap. V getrennt aufgeführten Schemata zusammengefaßt. Diese Zusammenfassung legt sich nahe, ist aber nicht ganz unproblematisch. Mit ihr scheint es klar zu sein, daß die beiden Formeln, die jeweils innerhalb eines Blocks stehen, als äquivalent angesehen werden müssen, was ja auch dem in moderner Logik geübten Leser keinerlei Probleme aufgibt. Die Frage ist nur: Haben Boethius und Abbo die jeweiligen hypothetischen Aussagen verbundener (implikativer) und disjunktiver Art wirklich als äquivalent begriffen? Die Frage muß schon deshalb gestellt werden, weil bereits öfter zur Diskussion gestellt wurde, ob die stoische Logik die Äquivalenzen von Implikationen und Disjunktionen gekannt hat. Diese Frage wurde z.B. von Bochenski eindeutig bejahend beantwortet,[19] von Mates mit einem Fragezeichen versehen,[20] während Frede die Auffassung vertritt, die Stoiker hätten eine solche Identifikation gar nicht vornehmen können. Ich meine, daß Frede recht hat, wenn er sagt: „Denn die Arten von nicht-einfachen Aussagen sollten nicht durch die Wahrheitsbedingungen, sondern durch die für sie charakteristische Konjunktion bestimmt werden, und die Tatsache, daß

---

[16] Anders in *De differentiis topicis*, vgl. dazu weiter unten Einleitung IV.
[17] Abaelard, *Dialectica* IV, S. 498³²-499³.
[18] Vgl. dazu aber weiter unten Einleitung VI.
[19] Bochenski, 1951, S. 92.
[20] Mates, 1953, S. 55-57.

zwei Aussagen dieselben Wahrheitsbedingungen haben, sollte noch kein
hinreichender Grund für ihre Identifikation sein."[21] Es kann in diesem
Zusammenhang aber auch darauf verwiesen werden, daß innerhalb der
peripatetischen Tradition die Äquivalenz von Implikationen und Disjunktionen vermutlich ausdrücklich diskutiert und anerkannt wurde. Avicenna, der aus dieser Tradition heraus arbeitet, kann dafür als Zeuge gelten.[22]

Wie aber liegt die Situation bei Abbo und Boethius? In den weiter oben
angeführten Zitaten von Boethius wird jeweils gesagt, daß die Form der
Disjunktion mit jener der verbundenen Aussage *similis* sei. Der Ausdruck
similis bedeutet nun zunächst „ähnlich", kann aber schon im klassischen
Latein so viel wie „gleich" bedeuten. Abbo sagt, daß alle diese Formen,
wenn es notwendig ist, wechselweise ineinander umgewandelt werden
können (*si necesse sit omnes alternatim in se possint transfundi*; S. 54[21-22]).
Und ganz ähnlich sagt er, daß die verbundenen in die entsprechenden disjunktiven (und umgekehrt) wegen ihrer Reziprozität (*per reciprocationem*;
S. 56[5]) übergehen können.[23] Abbo hat also das *similis* des Boethius im
Sinne von „gleichwertig" interpretiert. Wir können auch hier wieder über-
prüfen, wie Abaelard - vermutlich ganz unabhängig von Abbo - diesen
Sachverhalt interpretiert hat. Abaelard spricht in diesem Zusammenhang
von einer Regel der wechselweisen Gleichwertigkeit der verbundenen und
der disjunktiven Aussagen (*regula equipollentie coniunctarum et disi-
unctarum adinvicem*)[24]. Abaelard interpretiert Boethius also genau so wie
Abbo. Den Grund dieser Gleichwertigkeit findet Abaelard darin, daß die
entsprechenden verbundenen und disjunktiven Aussagen aus derselben
Materie der Begriffe (*in eadem itaque terminorum materia*) bestehen.[25] Ganz
ähnlich greift Abbo bei der Erläuterung der Möglichkeit der Umformung
auf die Ordnung der Begriffe zurück (S. 56[14]), d.h., ein und dieselbe Begriffslage kann mit Hilfe von Konjunktionen wiedergegeben werden, so
daß die eine Form der Aussage in die andere umgewandelt werden kann.

Bisher wurde nur von der Implikation, der Disjunktion und der wechselweisen Umwandlung der einen in die andere gesprochen. Weder die
Konjunktion noch die entsprechenden Umformungen derselben in Implikation bzw. Disjunktion wurden aufgeführt. Sowohl Boethius als auch

---

[21] Frede, 1974, S. 103.

[22] Avicenna, *Remarks and Admonitions*, S. 89: *In a like manner you say, „It is non day,
except if the sun is out," by which you mean that whenever it is day, then the sun is out. And this
statement gives definiteness to the meaning. You also say, „It is not day, or the sun is out". This is
close (in meaning) to that. And you also say, „This number does not have an even square, when it is
odd." This is of the same force as the statement, „Either this number does not have an even square,
or it is not odd".*

[23] Ob Abbo die Begriffe *transfundi* und *per reciprocationem* selbständig für diesen Zusammenhang eingeführt hat oder ob er dafür eine Vorlage hatte, wäre interessant zu wissen.
Wie an anderen Stellen liegt auch hier m.E. eine eigene Leistung Abbos vor.

[24] Abaelard, *Dialectica* IV; S. 530[14]. Ganz ähnlich sprechen die Boethius-Kommentare
München, Clm 14458, fol. 81v-82r, und Clm 14779, fol. 85v-86r, von *equipollentia*.

[25] Abaelard, *Dialectica* IV, S. 531[16].

Abbo gehen von einem Grundschema aus, in dem die Konjunktion von Aussagen keine Rolle spielt. In den Kapiteln I-VIII von Abbos Traktat, die dem Traktat *De hypotheticis syllogismis* des Boethius entsprechen, werden keine Prämissen von hypothetischen Syllogismen aufgeführt, die in ihrer Grundform aus einer Konjunktion bestehen. Dies ist auch verständlich, da ja aus einer bejahten Konjunktion, also $a \wedge b$, in jedem Fall - und d.h. ohne weitere Prämisse - sowohl a als auch b folgt. D.h., ein Argument der Form $(a \wedge b) \wedge a \therefore b$ ist gar kein hypothetischer Syllogismus im Sinne des Boethius oder Abbos, da die zweite Prämisse, also a, gar nicht erfordert ist, um b zu folgern. Anders liegt der Fall bei einer verneinten Konjunktion, also $\neg(a \wedge b)$. Ob eine solche verneinte Konjunktion als Prämisse eines hypothetischen Schlusses verwendet werden kann, war bei den Stoikern umstritten.[26] Boethius führt jedoch in *In Ciceronis Topica Commentaria* ebenso wie Abbo in Kap. IX im Rahmen der Grundformen der hypothetischen Syllogismen mit VI und VII zwei Schlüsse mit einer aus einer negierten Konjunktion bestehenden Prämisse ein. Die Uneinheitlichkeit der beiden boethianischen Traktate in bezug auf die systematische Verwendung der Konjunktion wird von Abbo in seinem Traktat in den beiden Teilen, Kap. I-VIII und Kap. IX, reproduziert.

Im Rahmen seines Grundschemas verwendet aber Abbo ebenso wie Boethius Konjunktionen, die als unmöglich gelten. Faktisch, und bei II und III auch ganz ausdrücklich, entsprechen dem Grundschema folgende, als unmöglich behauptete Konjunktionen:

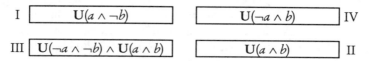

$$\text{I} \quad \boxed{\quad \mathbf{U}(a \wedge \neg b) \quad} \qquad \boxed{\quad \mathbf{U}(\neg a \wedge b) \quad} \quad \text{IV}$$

$$\text{III} \quad \boxed{\mathbf{U}(\neg a \wedge \neg b) \wedge \mathbf{U}(a \wedge b)} \qquad \boxed{\quad \mathbf{U}(a \wedge b) \quad} \quad \text{II}$$

Abbo arbeitet also mit diesen Bestimmungen, er stellt aber kein auf (negierten) Konjunktionen basierendes Schema auf. Der Grund dafür ist in den Texten des Boethius zu suchen, wo die Konjunktion auch keine systematische Rolle spielt. (Ein Spezialfall wird weiter unten in 3. besprochen werden.) Dies gilt jedenfalls für Boethius' *De hypotheticis syllogismis*. Etwas anders sieht die Situation in Boethius' *In Topica Ciceronis Commentaria* aus. Dort spricht er auch von einer *copulativa coniunctio*,[27] wobei der Kontext zeigt, daß er dabei an die Konjunktion denkt, die in den sog. „unbeweisbaren" hypothetischen Schlüssen verwendet wird. Gleich im Anschluß stellt Boethius aber (zwar nicht ganz kohärent in diesem Zusammenhang, wohl aber in Übereinstimmung mit seiner Grundkonzeption) wiederum fest, daß alle hypothetischen Aussagen entweder durch

---

[26] Vgl. z.B. Galen, *Institutio logica* XIV, 11; Übers. Mau S. 19.
[27] Boethius, ITC 1131 A.

Implikation (*connexio*) oder durch Disjunktion (*disiunctio*) entstehen.[28] Der innerlogische Anhaltspunkt für diese Grundkonzeption dürfte darin liegen, daß es für eine affirmative konjunktive Aussage keine begrifflichen Regeln gibt, wann eine solche Aussage wahr ist; sie könnte also nur durch Wahrheitswerte definiert werden, genau dies ist aber eben für Boethius zu wenig. Die Konjunktion von zwei Aussagen sagt eben nicht mehr als die einzelnen Aussagen, d.h., sie ergibt keine hypothetische Aussage im Sinne einer „zusammengesetzten" Aussage, sondern ist nur die Zusammenfügung von zwei kategorischen Aussagen.

Der Ausgangspunkt von nur zwei grundlegenden logischen Verknüpfungen, der Implikation und der Disjunktion, dürfte aus der peripatetischen Logik stammen und auf einer prinzipiell von der stoischen Logik verschiedenen Konzeption der Logik beruhen. Die Stoiker gingen von einer linguistischen Analyse der in der Sprache vorgefundenen Partikel aus, während die Peripatetiker von der realen Verknüpfung der Dinge ausgingen, und eine solche reale Verknüpfung (und nicht ein bloßes Nebeneinander) wird eben nur durch die Implikation oder die Disjunktion wiedergegeben.[29] Wir könnten also sagen, daß Abbo mit seinem Schema in Kap. V sehr gut die peripatetische „Philosophie der Logik" zum Ausdruck bringt.

3. Der topische Hintergrund des Grundschemas

Derselbe interpretatorische Grundgedanke, der eben mit dem Hinweis auf die begriffslogischen Wahrheitsbedingungen erläutert wurde, kann auch von einer anderen Seite her als bei Boethius und bei Abbo tatsächlich vorliegend aufgewiesen werden. Abbo beginnt seinen Traktat mit dem schon ausführlich diskutierten Schema, das auch (metasprachlich, was aber der Darstellungsweise der mittelalterlichen Logik weithin entspricht) in folgender Weise durch Kennzeichnung der hypothetischen Aussagen dargestellt werden kann:

I	affirmativ - affirmativ		negativ - negativ	IV
III	negativ - affirmativ		affirmativ - negativ	II

Dieser Ausgangspunkt bei Abbo entspricht genau einem in Boethius' *De differentiis topicis* als Beginn eines neuen Abschnitts deutlich gekennzeichneten Text. DDT 1178 D:

---

[28] Boethius, ITC 1131 B. Vgl. auch Kommentar, Anm. 1. Daß Boethius in ITC auch Fragen (und Lösungen) aus der stoischen Logik aufnimmt, wird man wohl nur schwer bestreiten können, vgl. Stump, 1987 u. 1988. Dies ist durchaus mit der Interpretation von Martin, 1991, zu vereinbaren, der (mit Kritik an Stump) feststellt, daß Boethius im Grunde auch in ITC nicht stoische, sondern peripatetische Logik betreibt.

[29] Barnes, 1984, S. 284, Anm. 2.

Nunc igitur de conditionalibus quaestionibus tractandum est, quarum quidem
alia constat ex affirmativis duabus, alia ex duabus negativis, alia ex affirmatione et negatione, alia ex negatione et affirmatione.

Jetzt ist daher über die konditionalen Fragen zu handeln, von denen freilich
die eine aus zwei bejahenden (Aussagen) besteht, eine andere aus zwei vernei-
nenden, eine andere aus einer Bejahung und einer Verneinung, eine andere
aus einer Verneinung und einer Bejahung.

Im folgenden fragt Boethius dann nach den *loci*, d.h. nach den topischen
Beziehungen, die jede der vier „konditionalen Fragen" zu gültigen machen.
Abbos Verfahren ist dasselbe. Die konditionale Aussage wird von Abbo
mit Boethius auch als verbundene Aussage (*conexa*) bezeichnet. Diese ist
durch die Konjunktion „wenn" (*si*) gekennzeichnet, die Abbo als „kausale
Konjunktion" charakterisiert (S. 2⁹). Auch in diesem Punkt folgt Abbo
dem Sprachgebrauch des Boethius.[30] Was Abbo darunter genauer versteht,
wird vielleicht am ehesten deutlich in Kap. V (S. 52¹²⁻¹⁴): Eine verbundene
Aussage „besteht aus Begriffen, von denen der eine die Ursache für das Sein
oder Nichtsein des anderen ist". Einige Zeilen später wird „kausal" noch
ausdrücklich durch „Wirkursache" und „Bewirktes" interpretiert (S. 52¹⁶⁻¹⁸),
wobei zwischen dem im Antezedens und dem im Konsequens zum Ausdruck Gebrachten eine „Fortsetzung" (*continuatio*) und eine „Folge der
Natur" (*naturae consequentia*) besteht. Eine solche Folge der Natur liegt
dann vor, wenn im Konsequens etwas ausgesagt wird, das immer in dem
enthalten ist, was im Antezedens ausgesagt wird, ohne daß dabei eine Zeitordnung besteht, oder sie liegt dann vor, wenn ein solcher Zusammenhang
ausgedrückt wird, bei dem eine Zeitordnung mitgegeben ist (S. 2¹⁵⁻¹⁶). Entscheidend ist aber, wie schon gesagt, immer, daß der (Prädikats-)Begriff des
Antezedens Ursache für Sein oder Nichtsein und somit für Bejahung oder
Verneinung des (Prädikats-)Begriffs des Konsequens ist.

Eine fortsetzende bzw. kausale Konjunktion (*coniunctio continuativa et
causalis*) liegt nach Abbo auch dort vor, wo unvereinbare Begriffe zur Anwendung kommen (S. 52²³-54³), wo also ein Widerspruch konträrer Begriffe
(*contrariorum repugnantia*) besteht. Im Unterschied zum vorher besprochenen Fall ist hier der (Prädikats-)Begriff des Antezedens nicht Grund für
das Sein, sondern für das Nichtsein des (Prädikats-)Begriffs des Konsequens.
Auch diese Beziehung bezeichnet Abbo als „kausal", auch wenn er weiß,
daß man hier eher vorsichtig mit diesem Ausdruck sein muß, so daß er
recht vage formuliert, solche Aussagen enthielten gleichsam gewisse Ursachen (*quasi implicitas quibusdam causis*, S. 54⁵).

Daß die Geltung dieser Folgebeziehungen auf Regeln der Topik beruht,
erwähnt Abbo zwar (S. 76²⁹⁻³⁰ und S. 78¹⁹), ob er damit allerdings einen
prinzipiellen und systematischen Begründungszusammenhang zum Aus-

---

[30] Vgl. Boethius, ITC 1140 C; an dieser Stelle allerdings in PL irrtümlich *casualem* statt
causalem, richtig in Orelli, S. 362, 43. - Die spätere mittelalterliche Logik wird dann zwischen
konditionaler und kausaler Aussage deutlich unterscheiden. Vgl. z.B. Ockham, *Summa logicae*
II, 30, ed. Ph. Boehner, G. Gál, St. Brown, St. Bonaventure, 1974, S. 346²¹⁻²³.

druck bringen will, läßt sich aufgrund dieser Stellen nicht mit Sicherheit feststellen. Faktisch arbeitet Abbo jedoch in deutlich ersichtlicher Weise mit topischen Beziehungen, wenn er die Geltung einer Konditionalaussage begründen will. Wenn er zeigen will, wann eine immer bestehende Beziehung zwischen zwei affirmativen Aussagen, also $a \to b$, vorliegt, so verweist er auf Gattung, (spezifische) Differenz, Proprium und Definition (S. $2^{16\text{-}17}$). Dabei hebt Abbo hervor, daß Gattung und Differenz jeweils in der zweiten Aussage (*secundo loco*) stehen, Proprium und Definition aber in der ersten oder zweiten Aussage, also an beliebiger Stelle (*ubicumque*) stehen können. Dies entspricht dem, was Boethius in *De differentiis topicis*, 1179 A, zu Konditionalaussagen sagt, die aus zwei affirmativen Aussagen bestehen:

> Nam ut praecedat aliquid et aliud consequatur, in his fere rebus evenire solet quas paulo superius commemoravi. Speciem quippe sequitur genus, vel differentia, vel diffinitio, vel proprium, vel inseparabile accidens. Item proprium ac diffinitionem sequitur species, proprium vero sequitur differentia et diffinitio, et diffinitionem sequitur proprium vel differentia.

> Denn daß etwas vorausgeht, und etwas anderes folgt, pflegt in der Regel bei jenen Dingen einzutreffen, die ich eben vorher erwähnt habe. Der Art nämlich folgt die Gattung oder die Differenz oder die Definition oder das Proprium oder das untrennbare Akzidens. Ebenso folgt dem Proprium und der Definition die Art, dem Proprium aber folgt die Differenz und die Definition, und der Definition folgt das Proprium oder die Differenz.

In ganz ähnlicher Weise behandelt Boethius die Form II, d.h. $a \to \neg b$. Für Argumente dieser Form fordert Boethius in DDT 1180 A:

> Ita ut propositam affirmationem negatio comitetur, aut diversa erunt genera, aut diversae species, aut contraria, aut privantia, aut quolibet alio modo sibi invicem inconvenientia.

> Damit also eine Negation eine ausgesagte Affirmation begleite, werden es entweder verschiedene Gattungen sein oder verschiedene Arten oder Konträre oder Beraubende oder solche, die auf irgendeine Weise untereinander Nichtübereinstimmende sind.

Ganz entsprechend heißt es ebd. von III,[31] d.h. von $\neg a \to b$:

> Ut autem negationem affirmatio consequatur [...], fieri non potest, nisi in his contrariis quae medio carent, et quorum alterum semper inesse necesse est.

> Daß aber auf eine Negation eine Affirmation folge [...], kann nicht geschehen außer bei Konträren, die eines Mittleren entbehren und bei denen es notwendig ist, daß immer eines von beiden (dem Subjekt) inne ist.

Boethius konstruiert also den Übergang von a zu $\neg b$ und von $\neg a$ zu b unter Heranziehung des logischen Ortes der Gegensätze (*locus ab oppositis*). Abbo folgt ihm auch in diesem Punkt.

Vielleicht kann man behaupten, Abbo habe einen guten Blick für systematische Zusammenhänge gehabt. Er baute die für seine Darstellung der hypothetischen Syllogismen erforderlichen Elemente aus der Topik direkt

---

[31] In DDT 1180 A wird wegen der anderen Reihenfolge diese Form als vierte bezeichnet.

in seinen Traktat ein. Der Sache nach wird Abaelard denselben Weg gehen, wenn er in der *Dialectica* die Behandlung der Topik vor die der hypothetischen Syllogismen einordnet. Für einen mittelalterlichen Autor, der sich mit diesen Traktaten des Boethius befaßte, legte sich dieser Weg offensichtlich unmittelbar nahe.

Man darf dabei jedoch nicht übersehen, daß durch Boethius - in der Nachfolge zu Cicero in dessen *Topica* - eine nicht unwesentliche Inkohärenz in die Theorie der *loci* eingedrungen war, die die Schwierigkeit einer deutlicheren Unterscheidung von Begriffs- und Aussagenlogik für mittelalterliche Logiker zwar nicht begründete, die aber eben auch in keiner Weise hilfreich war, diese Schwierigkeit zu überwinden. In Ciceros *Topica* werden neben den *loci*, die auf Begriffsbeziehungen beruhen, auch die bekannten drei logischen Örter *ab antecedentibus*, *a consequentibus* und *a repugnantibus* eingeführt, in die und im Anschluß an die die stoische Lehre von den „Unbeweisbaren" eingebaut wird.[32] Diese letztere wird dann von Boethius zwar nur in *In Topica Ciceronis Commentaria* ausführlich und vollständig behandelt, die drei genannten *loci* finden sich jedoch auch in der für die mittelalterliche Logik faktisch wichtiger gewordenen Schrift *De differentiis topicis* des Boethius.[33] Diese logischen Örter sind nicht durch Begriffsbeziehungen, sondern durch Beziehungen von Aussagen definiert. Boethius hat zwar im Prinzip die begrifflichen Möglichkeiten für eine klare Unterscheidung der beiden Gruppen von logischen Örtern zur Verfügung, so, wenn er an einer Stelle zur Unterscheidung der *contraria*, *privantia* und *relativa* von den *contradictoria* die sachlich weiterführende Unterscheidung der beiden Gruppen von Gegensätzen in solche, die sich auf Satzteile (*partes orationis*) beziehen, und solche, die sich auf ganze Sätze beziehen,[34] einführt, was man also auf eine Logik der Begriffe und eine Logik der Aussagen beziehen könnte. Boethius zieht diese Unterscheidung aber nicht zu einer prinzipiellen Unterscheidung der beiden Arten von logischen Örtern heran. Er sieht jedoch andererseits, daß die genannten drei *loci* in enger Beziehung zu bestimmten *loci* stehen, die sich auf Begriffe beziehen. Besonders aufmerksam wird er auf diese Frage in bezug auf den *locus a repugnantibus* einerseits und den *locus a contrariis* andererseits. Wenn er die beiden jedoch gegenüberstellt, ordnet er sie gleichsam auf derselben Ebene ein und versucht so, vergleichend (und ohne sonderlichen Erfolg) irgendwelche Unterschiede zu finden.[35] Eine klare Feststellung, daß es in diesem Fall konträre Begriffe, also Satzteile (*partes orationis*) sind, die die Beziehung von Sätzen (*orationes*) begründen, was in diesem Fall heißt, es ergeben sich widersprechende Aussagen (*repugnantes*), findet sich bei Boethius nicht.

---

[32] Cicero, *Topica* XII, 53 - XIV, 57.
[33] Boethius, DDT 1198 B - 1199 A u. 1203 C.
[34] Boethius, ITC 1120 B-C.
[35] Vgl. z.B. Boethius, DDT 1200 B.

In der boethianischen Topik gibt es also durchaus Ansatzpunkte für eine Unterscheidung in eine Logik der Begriffe und eine Logik der Aussagen, diese Unterscheidung wird aber bei Boethius nicht als Aufbauprinzip seiner Topik verwendet. Auch in *De hypotheticis syllogismis* zieht Boethius immer wieder Elemente aus der Topik heran, ohne aber eine prinzipielle Verbindung der beiden Traktate herzustellen. Sieht man diese Schwierigkeiten, so wird man sagen dürfen, daß Abbo mit seiner Konstruktion der zwei Schemata (vgl. weiter oben) eine durchaus brauchbare Zusammenordnung von Elementen aus der boethianischen Topik im Zusammenhang der Analyse der hypothetischen Syllogismen vorgenommen hat.

4. Die *cum*-Konjunktion

Weiter oben wurde gesagt, daß bei Abbo wie bei Boethius die Konjunktion keinen systematischen Stellenwert hat. Es gibt allerdings einen Sonderfall bei Boethius wie bei Abbo, in dem eine zusammengesetzte Aussage, die faktisch einer Konjunktion gleichkommt, in systematisch relevanter Weise verwendet wird, in tatsächlich verwirrender Weise aber als konditionale Aussage bezeichnet wird. (Es handelt sich dabei um die durch *cum* verknüpften Aussagen in Kap. II, IV und VI in Abbos Traktat.) Dürr nahm an, daß dieses *cum* mit *si* gleichbedeutend sei, und er mußte dementsprechend alle Schlüsse bei Boethius, die jenen von IX-XVI bei Abbo im Kap. II entsprechen, für ungültig erklären.[36] Man muß allerdings zugeben, daß Boethius selbst Anlaß gegeben hat, eine solche irrtümliche Interpretation vorzunehmen. In DHS lesen wir, daß *si* und *cum* dasselbe bedeuten (*idem significare*). Man muß aber den ganzen Satz heranziehen, um zu verstehen, was hier gemeint ist. Boethius, DHS 835 B-C; S. 218[51-59], sagt:

> Sed quoniam dictum est idem significare „*si*" coniunctionem et „*cum*", quando in hypotheticis propositionibus ponitur, duobus modis conditionales fieri possunt: uno secundum accidens, altero ut habeant aliquam naturae consequentiam. Secundum accidens hoc modo, ut cum dicimus: „*cum ignis calidus sit, coelum rotundum est*". Non enim quia ignis calidus est, coelum rotundum est, sed id haec propositio designat, quia quo tempore ignis calidus est, eodem tempore coelum quoque rotundum est. Sunt autem aliae quae habent ad se consequentiam naturae.

> Da aber gesagt wurde, daß die Konjunktion *wenn* und *gleichzeitig mit* dasselbe bedeutet, wenn sie in hypothetischen Aussagen gesetzt wird, können Konditionalaussagen auf zwei Weisen entstehen: auf die eine Weise gemäß dem Akzidens, auf die andere Weise so, daß sie (sc. die Aussagen) irgendeine Folge der Natur aufweisen. Gemäß dem Akzidens auf diese Weise, wenn wir z.B. sagen: *gleichzeitig damit, daß das Feuer warm ist, ist der Himmel rund.* Nicht nämlich weil das Feuer warm ist, ist der Himmel rund; vielmehr bezeichnet diese Aussage dies, weil zu der Zeit, zu der das Feuer warm ist, zu derselben Zeit der Himmel auch rund ist. Es gibt aber andere (Aussagen), die untereinander eine Folge der Natur aufweisen.

---

[36] Dürr, 1951, S. 23 u. S. 37f.

Bei diesem *cum* soll also nur die Wahrheit der Gleichzeitigkeit von zwei Sachverhalten ausgedrückt werden. Auch Avicenna, der wie Boethius seine Unterscheidungen aus peripatetischer Tradition heraus entwickelt, verwendet eine genau diesem *cum* entsprechende Konjunktion (arabisch *mata*), die von Maróth ausdrücklich jener des Boethius an die Seite gestellt wird.[37] Auch Al-Farabi verwendet ein Schema, das dem des Boethius *si sit a, cum sit b, est c* entspricht, wobei auch hier das dem *cum* entsprechende arabische *mata* die logische Funktion einer Konjunktion hat.[38]

Abaelard kommentiert das temporale *cum* in ganz ähnlicher Weise:[39]

> Nunc autem coniunctarum ipoteticarum naturalium speciebus diligenter pertractatis ad eas quas *temporales* Boetius appellat et ex quibus compositas ipoteticas iungit, transeamus. Tres namque conditionalium propositionum species fecit, coniunctas scilicet tam naturales quam temporales atque disiunctas. De naturalibus vero superius egimus, nunc vero de temporalibus in proximo disputandum est. In his autem, ut dictum est, nulla natura consecutionis attenditur, sed sola comitationis societas, ut videlicet simul sit utrumque, sive absque se esse omnino valeant, sive alterum exigat alterum.

> Da wir die Arten der verbundenen natürlichen hypothetischen (Aussagen) gründlich behandelt haben, gehen wir jetzt zu jenen über, die Boethius *zeitliche* nennt und aus denen er die zusammengesetzten hypothetischen Aussagen zusammenfügt. Er erstellte nämlich drei Arten von Konditionalaussagen, nämlich die verbundenen, einerseits die natürlichen, andererseits die zeitlichen, und die disjunktiven. Die natürlichen haben wir weiter oben besprochen, nun aber ist im weiteren über die zeitlichen zu sprechen. In diesen aber wird, wie vorher[40] gesagt wurde, keinerlei Natur eines Folgens erwartet, sondern einzig eine Gemeinschaft des Begleitens, so daß freilich beides zugleich ist, sei es, daß (die Teile) ganz und gar so gelten können, daß sie unabhängig voneinander sind, sei es, daß der eine (Teil) den anderen erfordert.

Abaelard stellt also ausdrücklich fest, daß das temporale *cum* der zusammengesetzten hypothetischen Aussagen nicht als Folgerungsbeziehung aufgefaßt werden darf, sondern nur als „Gemeinschaft des Begleitens", d.h., es handelt sich hier um eine Konjunktion von Aussagen.[41] Dieses temporale *cum*[42] ist daher nicht mit *si* synonym oder äquivalent, sondern mit *et*. Daher hat nach Abaelard die Aussage:

> *Cum Socrates est animatus, est homo*

die gleiche Bedeutung wie:

---

[37] Avicenna, *The Propositional Logic*, S. 38; Maróth, 1989, S. 41-44 u. S. 74.

[38] Maróth, 1989, S. 176. Allerdings hätte es Maróth hier auffallen müssen, daß er damit von Dürrs Boethius-Interpretation (die er nirgends in Frage stellt) in entscheidender Weise abweicht und statt dessen der Interpretation van den Driessches nahe kommt, die er aber offensichtlich nicht kennt.

[39] *Dialectica* IV, S. 481^15-23. Auf diese Stelle (mit Bezug auf eine ältere Ausgabe) hat van den Driessche, 1949, S. 302, hingewiesen.

[40] Abaelard, *Dialectica* IV, S. 472^26-29.

[41] Dies stellt auch der Editor der Ausgabe von Abaelards *Dialectica*, L. M. de Rijk, in der Einleitung, S. L und S. LI, fest. Vgl. auch Maróth, 1989, S. 200f.

[42] Das temporale *cum* fordert im klassischen Latein eine Verbalform mit dem Konjunktiv. Im mittelalterlichen Latein findet sich jedoch das *cum* temporale auch mit nachfolgendem Indikativ. Z.B. verwendet Abaelard, *Dialectica* IV, S. 511f., bei ein und derselben syntaktischen Form einmal den Konjunktiv und dann den Indikativ.

Socrates est simul animatum et homo.[43]

Schon vor Abaelard analysierte Abbo ein solches *cum* in klar erkennbarer Weise als temporales *cum*, d.h. im Sinne von „gleichzeitig mit" oder „während". Vgl. Kap. IV (S. 48[16] und S. 48[29]), wo die Aussage:

Si est homo, cum sit animatum, est rationale

interpretiert wird durch die gleichbedeutende Aussage:

Dum homo est, et animatum et rationale est.

Wenn daher bei Boethius und bei Abbo von einer zusammengesetzten Aussage gesprochen wird, die aus einer kategorischen und einer konditionalen besteht, so ist damit streng genommen gesagt, daß eine kategorische Aussage in ein Bedingungsverhältnis zu einer hypothetischen, hier aber konjunktiven Aussage gesetzt wird.[44] Es bleibt allerdings zunächst das terminologische Problem, daß Abbo hier konjunktive Aussagen als konditionale bezeichnet. Es ist jedoch darauf zu verweisen, daß Abbo am Ende der Behandlung dieser Gruppe von hypothetischen Syllogismen diese als zusammengesetzt aus einer prädikativen und einer hypothetischen (*ex praedicativa et hypothetica*, vgl. S. 16[23-24]) bezeichnet. Dies entspricht genau der Formulierung bei Boethius.[45] Der Ausdruck *propositio hypothetica* ist jedoch nicht synonym mit *propositio conditionalis*. Die Terminologie ist allerdings weder bei Boethius noch bei Abbo einheitlich und eindeutig. Man muß dabei jedoch auf die terminologische Unsicherheit verweisen, die sich bei der lateinischen Wiedergabe des griechischen *ypothetikos* ergab, d.h., Boethius setzte vermutlich häufig einfach *conditionalis* dort, wo (in seiner griechischen Vorlage?) von einer hypothetischen Aussage die Rede war. Spätere Autoren des Mittelalters verwendeten dann in kohärenter Weise *propositio hypothetica* (oft auch „*ypotetica*" geschrieben) ganz allgemein als Bezeichnung für eine aus zwei kategorischen Aussagen zusammengesetzte Aussage, so daß also „hypothetische Aussage" der Oberbegriff für die konditionale, die kopulative (d.h. konjunktive) und die disjunktive Aussage ist.[46]

Außer dem eben angeführten terminologischen Problem bleibt ein sachliches Problem, das möglicherweise auch bei der Erklärung der genannten sonderbaren Terminologie berücksichtigt werden sollte. Das bei Boethius und Abbo verwendete *cum*, das mit „gleichzeitig mit" wiedergegeben wurde, ist nämlich bei Boethius und Abbo in dem spezifischen Zusammenhang der Zusammensetzung einer kategorischen mit einer hypothetischen = konjunktiven Aussage noch anders aufzufassen, als es eine „normale" Konjunktion erwarten ließe. Eine solche Konjunktion, wie sie

---

[43] Abaelard, *Dialectica* IV, S. 487[36-40].

[44] In diesem Punkt unterscheidet sich die vorliegende Interpretation von der van den Driessches, 1949, S. 303f.; dieser interpretiert bei Boethius jeweils das Konsequens als Implikation, also als $b \rightarrow c$, und nur die Negation derselben als Konjunktion, also als $b \wedge \neg c$.

[45] Boethius, DHS 849 B; S. 276[28-29], u. 851 C; S. 284[47].

[46] Vgl. z.B. Petrus Hispanus, *Summule logicales* I, ed. L.M. de Rijk, Assen 1972, S. 8[26] - 9[5].

auch dem temporalen *cum* mit dem boethianischen Beispiel „*das Feuer ist warm* und *der Himmel ist rund*" entspricht, läßt sich nur durch Wahrheitswerte definieren. Dies ist schon stoische Tradition. Selbst jene Interpreten der stoischen Logik, die sonst der Behauptung der Definition der logischen Funktoren durch Wahrheitswerte zurückhaltend gegenüberstehen, wissen natürlich genau (wie schon die Stoiker selbst), daß eine solche Konjunktion nur dadurch definiert werden kann, daß gesagt wird, beide Aussagen müssen wahr sein, damit die Konjunktion wahr ist, und das heißt eben: Definition durch Wahrheitswerte.[47] Die Voraussetzung dafür, daß es keine Möglichkeit gibt, die Konjunktion anders als durch Wahrheitswerte zu definieren, liegt darin, daß die beiden Aussagen in keinerlei inhaltlicher Beziehung zueinander stehen. Dies ist aber bei den bei Boethius und Abbo durch *cum* verbundenen Aussagen nicht der Fall. Abbo betont (S. 10[11-16]) ganz entsprechend zu Boethius,[48] daß in diesen *cum*-Aussagen der erste Prädikatsbegriff den zweiten nicht einschließen darf. Was damit genauer gemeint ist, zeigen die gewählten Beispielbegriffe, die ganz eindeutig dem Porphyrianischen Baum entstammen:

$$
\begin{array}{ll}
Beseeltes & B \\
\mid & \\
Lebewesen & C \\
\mid & \\
Mensch & A
\end{array}
$$

Abbo und Boethius legen also die Bedingung für das hier verwendete *cum* begriffslogisch so fest:

Es darf nicht zutreffen: $B \subset C$.

Wie wichtig die begriffslogischen Voraussetzungen dieser zusammengesetzten hypothetischen Syllogismen für Boethius sind, zeigt die Tatsache, daß er sie einzeln für alle von ihm behandelten Fälle aufführt.[49] Da diese Bedingungen in allen Fällen strukturell gleich sind und sich nur durch die jeweiligen Negationen unterscheiden, genügt es, die Bedingungen von I aufzuführen:[50]

(1) *b quidem possit esse etiam praeter a* $\mathbf{M}(B, nicht\ A)$

(2) *si tamen a fuerit, b non esse non possit* $\mathbf{U}(A, nicht\ B)$

(3) *rursus idem b terminus possit esse etiam cum non est c*

                                                    $\mathbf{M}(B, nicht\ C)$

(4) *nec sit necesse ut b posito sit etiam c* $\neg\mathbf{N}$(wenn B, dann C)

---

[47] Vgl. Frede, 1974, S. 96.

[48] Boethius, DHS 849 C-D; S. 276[41]-278[53].

[49] Dürr, 1951, S. 36f., übergeht diese Bedingungen ausdrücklich mit der nicht recht verständlichen Bemerkung *that we regard them as not properly speaking a part of our theory.*

[50] Boethius, DHS 849 D; S. 278[56-60].

Die vorliegenden Begriffslagen können wiederum in einem Diagramm verdeutlicht werden:

A		nicht A	
	B		nicht B
	C		nicht C

A = *Mensch*, B = *Beseeltes*, C = *Vernünftiges* (Abbo)
= *Lebewesen* (Boethius)[51]

Die genannten begriffslogischen Bedingungen haben ihre genaue Entsprechung in der aussagenlogischen Formulierung:

(1) $\mathbf{M}(b \wedge \neg a)$
(2) $\mathbf{U}(a \wedge \neg b)$
(3) $\mathbf{M}(b \wedge \neg c)$
(4) $\neg(b \to c)$

Die Notwendigkeit (*necesse*) in (4) ist in „$\to$" enthalten, das eine notwendige Folgebeziehung zum Ausdruck bringt.

Der erste der zusammengesetzten hypothetischen Syllogismen kann in folgender Form wiedergegeben werden:

(I) $[a \to (b \wedge c)] \wedge a \therefore b \wedge c$.

Entsprechend können II-VIII gebildet werden.

Problematisch sind jedoch die hypothetischen Syllogismen IX-XVI. Die Negation der Form *cum sit B, est C* (und analoge Formen mit verschiedenen Negationen) warf besondere Probleme auf. Dürr[52] ging davon aus, daß der erste zusammengesetzte Syllogismus des Boethius folgende Form habe: $a \to (b \to c)$, und er meinte, daß Boethius als Negation des Konsequens anstelle von $\neg(b \to c)$ die Form $b \to \neg c$ setzte, da Boethius diese beiden irrtümlicherweise für äquivalent gehalten habe. Van den Driessche[53] analysiert den ersten hypothetischen Syllogismus mit der Negation des Konsequens (= Abbo IX) in folgender Weise: $\{[a \to (b \to c)] \wedge (b \wedge \neg c)\} \to \neg a$. Van den Driessche gelangte auf diese Weise zwar mit $b \wedge \neg c$ zu einer korrekten Negation von $b \to c$, in seiner Interpretation wird aber das *cum* des Textes in jeweils verschiedener Weise interpretiert, ohne daß dafür im Text ein Anhaltspunkt gegeben wäre.

Die von mir vorgeschlagene Lösung besagt: Boethius (und mit ihm Abbo) nimmt tatsächlich an, daß für den von ihm vorgelegten „Kalkül" gilt, daß $\neg(b \wedge c)$ und $b \wedge \neg c$ äquivalent sind. Dies gilt aber nur für Aussagen, die ganz bestimmte Begriffslagen bearbeiten. Boethius und Abbo denken im Rahmen von Begriffsbeziehungen, die nach dem Porphyrianischen

---

[51] Abbo verändert gelegentlich die Begriffsbeispiele gegenüber Boethius, ohne daß dadurch die Begriffsbeziehungen verändert werden.
[52] Dürr, 1938, S. 166.
[53] Van den Driessche, 1949, S. 303f.

Baum geordnet sind. Ein Gattungsbegriff wird dort durch Artbegriffe unterteilt, von denen der eine jeweils eine spezifische Differenz enthält, die genau das Gegenteil der spezifischen Differenz der anderen Art besagt. Also:

B	
C	nicht C

Die Frage eines *nicht B* steht hier überhaupt nicht zur Diskussion. Man muß das Schema der Begriffslagen gegenüber dem weiter oben angeführten also eigentlich einschränken in folgender Form:

A	nicht A
B	
C	nicht C

Hier ist es sofort ersichtlich, daß alles, was nicht *B* und *C* ist, *B* und *nicht C* ist. D.h.: Jedes *B* ist entweder *C* oder *nicht C*. In den Argumenten, in denen also *cum*-Aussagen negiert werden, ist jeweils eine nicht explizit gemachte Voraussetzung und ein nicht explizit gemachtes Argument mitenthalten. Die Voraussetzung lautet:

$$(b \wedge c) \vee^\bullet (b \wedge \neg c),$$

und das nicht explizit gemachte Argument lautet:

$$(b \wedge c) \vee^\bullet (b \wedge \neg c)$$
$$\frac{\neg (b \wedge c)}{b \wedge \neg c.}$$

Die Meinung, es würde hier doch sehr viel vorausgesetzt, trifft vermutlich weder für Boethius noch für Abbo zu. Was wir heute in komplizierter Weise formalisiert als Voraussetzungen einführen, stellten möglicherweise für Boethius und Abbo solche Selbstverständlichkeiten dar, daß sie gar nicht daran dachten, sie zu explizieren.

Der gesamte Schluß IX aus Abbos Kap. II müßte also in folgender Weise aufgefaßt werden: (IX) Vorausgesetzt: $(b \wedge c) \vee^\bullet (b \vee \neg c)$, gilt:

$$[a \to (b \wedge c)] \wedge (b \wedge \neg c) \therefore \neg a.$$

Entsprechend können X-XVI gebildet werden. Die hier aufgeführte Voraussetzung gilt nicht nur für IX-XVI, sondern ebenso für I-VIII, sie ist aber in letzteren nicht für den Nachweis der Gültigkeit des hypothetischen Schlusses erfordert.

Auch in der mittelalterlichen Philosophie war es jedoch nicht unbedingt erfordert, mit solchen Voraussetzungen zu arbeiten. Abaelard will, in ausdrücklicher Absetzung von der Auffassung des Boethius, nicht zulassen, daß die Negation von $b \wedge c$ durch $b \wedge \neg c$ wiedergegeben wird. Deshalb stellt Abaelard gegenüber Boethius, der nur den zweiten Teil der tempora-

len Aussage negiert (*in destructione temporalis consequentie Boetius consequenti tantum ipsius negationem apponens*), fest:[54]

> Unde in omnium temporalium destructionibus toti temporali negationem
> esse preponendam confirmavimus.
>
> Deshalb haben wir ausdrücklich festgestellt, daß bei der Zerstörung (d.h. der
> Verneinung) aller zeitlichen Aussagen die Negation der gesamten zeitlichen
> Aussage vorangestellt werden muß.

Der ganze hypothetische Syllogismus (der dem Syllogismus IX Abbos in
Kap. II entspricht) lautet daher bei Abaelard:[55]

Si est homo, cum est animatum est animal	$a \to (b \land c)$
Sed non cum est animal est animatum	$\neg(b \land c)$
Ergo non est homo	$\neg a.$

Es ist offensichtlich, daß Abaelard[56] durch die Eliminierung der Voraussetzung des Boethius und durch die entsprechende Änderung der Stellung der
Negation einen allgemeineren „Kalkül" entwickelt als Boethius und somit
auch einen, der den Forderungen der modernen Logik mehr entgegen-
kommt.

Auch wenn, wie gezeigt, für diese boethianischen hypothetischen Syllogismen eine philologisch und logisch kohärente Deutung gegeben werden
kann, bleibt doch die Frage, was Boethius mit seiner Beschränkung dieser
Syllogismen auf ganz bestimmte Begriffslagen eigentlich beabsichtigte. Eine
klare Antwort auf diese Frage ist bisher nicht möglich. Man könnte jedoch
daran denken, daß es sich bei all diesen zusammengesetzten Syllogismen
möglicherweise um „Bewegungsregeln" innerhalb des Porphyrianischen
Baumes handelt. Und man sollte dabei nicht vergessen, daß wir es hier mit
einem Stück peripatetischer Logik zu tun haben, dessen weiterer Kontext
wahrscheinlich nicht mehr rekonstruierbar ist.

---

[54] Abaelard, *Dialectica* IV, S. 507³·⁷.
[55] Abaelard, *Dialectica* IV, S. 506¹², u. S. 507¹·².
[56] Der Abaelard-Schüler Wilhelm von Lucca vertritt in seiner *Summa dialectice artis*, S.
219 (Nr. 12.29), die Auffassung Abaelards; er kennt zwar auch die andere, d.h. die boethianische, lehnt sie aber ab.

ABBO VON FLEURY

DE SYLLOGISMIS HYPOTHETICIS

ÜBER DIE HYPOTHETISCHEN SYLLOGISMEN

Text und Übersetzung

Conspectus siglorum

A	Codex Aurelianensis, Orléans, Bibliothèque municipale, cod. 277 (233), pp. 74-77
A^c	manus quae correxit *A*
A^m	manus quae scripsit in margine *A*
L	Codex Leidensis, Leiden, Bibliotheek der Reijksuniversiteit, lat. 139 B, fol. 17r-30r
L^c	manus quae correxit *L*
L^m	manus quae scripsit in margine *L*
P	Codex Parisiensis, Paris, Bibliothèque Nationale, lat. 6638, fol. 1va-4rb
P^c	manus quae correxit *P*

]	scripsi(t)
⟨...⟩	inserui
(?)	lectio incerta
add.	addit
exp.	expunxit
interlin.	inter lineas
om.	omittit

In der Kopfzeile des lateinischen Textes werden die Blattzahlen der Leidener Handschrift angegeben. Das Ende jeder Folioseite ist jeweils im Text durch den Balken | gekennzeichnet.

INCIPIT LIBELLUS DE PROPOSITIONIBUS HYPOTHETICIS[1] ET MULTIPLICIBUS HYPOTHETICORUM SYLLOGISMORUM MODIS[2]

⟨CAPITULUM PRIMUM⟩

Conditionalium propositionum multiplex est varietas et mira subtilitas, quoniam earum aliae sunt ex duabus cathegoricis, aliae ex tribus, aliae ex quattuor propositionibus. Quae autem ex duabus constant, ad comparationem reliquarum dicuntur simplices hypotheticae, et tunc conexae, cum habent *si*, quae est coniunctio causalis. Cumque ipsae sint simplices IIII conditionales, et duae constant ex naturae consequentia, duae vero ex contrariorum repugnantia, numquam ex contrariis facta conexa conditionalis utrasque cathegoricas affirmabit vel negabit, sicut nec ex naturae consequentia facta conexa[3] alteram sine altera affirmabit vel negabit.

Quapropter si naturae consequentia sit, id proponitur, vel quod semper inest, vel quod ex tempore. Semper autem inest quicquid per genus, differentiam, proprium et diffinitionem in conditione profertur. Sed genus et differentiam conditionalis utrasque cathegoricas affirmans secundo loco semper suscipit; proprium vero et diffinitionem ubicumque placuerit. Quicquid etiam conditionali[4] ex tempore inest, id aliquando natura posterius est, cum prius dicatur, ut: *Si peperit, cum viro concubuit.* Post concubitum est enim partus, quamquam conditionaliter prius dicatur. Aliquando sicut est in ordine,[5] ita profertur, ut: *Si superbus est, odiosus est.* Superbiendo enim quis litigat, ut odium incurrat.[6] Igitur, quocumque modo se habeat conditionalis propositio conexa constans utrisque affirmativis in naturae consequentia, si convertatur, numquam nisi utrisque provenit negativis; nec aliunde origo utriusque negativae descendit. Rursus si ea, quae ex contrariis fit, repugnantia per conexionem conditio fiat, semper altera erit affirmativa, altera negativa, sed tunc semper prior est affirmativa, cum

---

[1] hypotheticis] hyppotheticis *sic saepe A L*
[2] Incipit ... modis] *A* Liber secundus de propositionibus et syllogismis hypotheticis *L*
[3] facta conexa] *interlin.* L^c A^c
[4] conditionalis] conditionale *L A*
[5] ordine] ordine naturae *A*
[6] si superbus... incurrat] *in rasura* L^c si cum viro concubuit, tunc virginitatem perdidit. Concubendo enim agitur ut virginitas perdatur *A*

ES BEGINNT DAS KLEINE BUCH ÜBER DIE HYPOTHETISCHEN AUSSAGEN UND ÜBER DIE VIELFACHEN WEISEN DER HYPOTHETISCHEN SYLLOGISMEN

KAPITEL I

Vielfach ist die Verschiedenheit und wunderbar die Feinheit der konditionalen Aussagen,[1] weil die einen von ihnen aus zwei kategorischen Aussagen bestehen, andere aus drei, wieder andere aus vier. Jene aber, die aus zweien bestehen, werden zum Vergleich mit den übrigen einfache hypothetische Aussagen genannt,[2] und sie werden dann verbunden genannt, wenn sie *wenn* aufweisen, was eine kausale Konjunktion ist. Da es vier einfache konditionale Aussagen gibt,[3] und zwei aus einer Folge der Natur bestehen,[4] zwei aber aus einem Widerspruch von Konträren,[5] wird eine verbundene konditionale Aussage, die aus Konträren hergestellt ist, niemals beide kategorischen Aussagen bejahen oder verneinen, so wie auch jene verbundene Aussage, die aus einer Folge der Natur hergestellt ist, nicht die eine ohne die andere bejahen oder verneinen wird.[6]

Deshalb wird, wenn eine Folge der Natur gegeben ist, das vorgelegt, was entweder immer inne ist, oder was aufgrund der Zeit(ordnung inne ist).[7] Immer aber ist inne, was durch die Gattung, durch die Differenz, durch das Proprium und durch die Definition in einem Bedingungsverhältnis vorgelegt wird.[8] Die konditionale Aussage behauptet aber die Gattung und die Differenz immer an zweiter Stelle,[9] wobei sie die beiden kategorischen Aussagen bejaht; das Proprium und die Definition aber (behauptet sie), wo immer es belieben wird.[10] Was immer auch einer konditionalen Aussage aufgrund der Zeit(ordnung) inne ist, das ist manchmal der Natur nach später, obwohl es früher ausgesagt wird, z.B.: *Wenn sie geboren hat, hat sie mit einem Mann geschlafen.*[11] Nach dem Beischlaf nämlich erfolgt die Geburt, obwohl diese in der Bedingungsform früher ausgesagt wird. Manchmal wird etwas so vorgetragen, wie es der Ordnung entspricht, z.B.: *Wenn er hochmütig ist, ist er hassenswert.* Durch hochmütiges Verhalten nämlich befindet sich jemand in Streit, so daß er sich den Haß zuzieht.[12] Deshalb geht, wie auch immer sich eine konditionale verbundene Aussage verhält, die aus zwei affirmativen Aussagen in einer Folge der Natur besteht, niemals, wenn diese (Aussage) umgekehrt wird, eine andere als eine aus zwei negativen (bestehende) Aussage hervor; und nicht von anderswo rührt der Ursprung der beiden negativen Aussagen her.[13] Wiederum: Wenn jener Widerspruch, der aus Konträren entsteht, durch Verbindung zu einer

propositio est ex mediatis contrariis vel disparatis,[7] ut subiecta descriptio manifestabit.[8]

CONEXA	Si homo est, animal est	EX CONSEQUENTIBUS	Si animal non est, homo non est
PROPOSITIO	Si sanus non est, aeger est	EX CONTRARIIS	Si albus est, niger non est

5 | Haec quadrata formula quodammodo similis habetur illi, quae ex cathegoricis propositionibus in[9] *Periermeniis* legitur. Nam ut illa quattuor est propositionum, scilicet conditionalium et idcirco consequentiam vel repugnantiam demonstrantium, prius quidem directim utrisque affirmativis facientium primum syllogismorum modum, postea utrisque negativis per
10 affirmativarum conversionem constituentium quartum. Quas utrasque propositiones ideo consequentes vocavi, quoniam, sicut utraeque affirmativae conversae faciunt utrasque negativas, ita utraeque negativae conversae faciunt utrasque affirmativas. Deinde sub his sunt aliae propositiones[10] constantes ex oppositis vel contrariis, vel ex his quae ad se referri non pos-
15 sunt. Quarum prior subaffirmativa constans inmediatis contrariis, id est medio carentibus, facit tertium hypotheticorum[11] syllogismorum modum; altera vero existens ex mediatis contrariis, id est medium habentibus, est subnegativa, quae modum constituit secundum. Est autem subaffirmativa vel subnegativa[12] dicta, eo quod subtus alteram sit affirmativa vel negativa.
20 Et quamquam ex inmediatis contrariis possit fieri subnegativa, ex mediatis contrariis et ex his quae ad se non referuntur, numquam fit subaffirmativa.

Isti sunt igitur quattuor hypotheticorum syllogismorum modi, qui ita ex simplicibus propositionibus praedictis fiunt, si prior pars hypotheticae assumatur sicut in propositione posita habetur. Quattuor quoque alii fient
25 modi, si sequens pars hypotheticae assumatur contrario modo, quam in propositione posita habetur, ut prior pars contrario modo concludatur.[13]

---

7 vel disparatis] *in marg. cum signo insertionis* L^m
8 *Lectio incerta in A:*

Si homo est, animal est	CONSEQUENTES	Si animal non est, homo non est
AFFIRMATIVA		NEGATIVA
DIRECTIM		CONVERSIM
IMMEDIATA		MEDIATA
Si sanus non est, aeger est	OPPOSITA VEL CONTRARIA	Si albus est, niger non est
SUBAFFIRMATIVA		SUBNEGATIVA

9 in] *A* im *L*
10 propositiones] propositioones *L*
11 hypotheticorum] hyppoteticorum *sic saepe L*
12 subnegativa] negativa *L* sub *add. interlin.* L^c
13 ut ... concludatur] *interlin.* A^c

Bedingung wird, dann wird immer die eine (Aussage) affirmativ, die andere negativ sein; aber dann ist die erste immer affirmativ, wenn die Aussage aus mittelbar Konträren oder Disparaten[14] besteht,[15] wie es die untenstehende Beschreibung offenkundig machen wird.

	Wenn er Mensch ist, ist er Lebewesen	AUS FOLGENDEN	Wenn er nicht Lebewesen ist, ist er nicht Mensch
VERBUNDENE			
AUSSAGE	Wenn er nicht gesund ist, ist er krank	AUS KONTRÄREN	Wenn er weiß ist, ist er nicht schwarz

Dieses quadratische Schema verhält sich in gewisser Weise ähnlich wie jenes aus kategorischen Aussagen, das man in *Peri Hermeneias* nachlesen kann.[16] Es besteht nämlich wie jenes aus vier Aussagen,[17] allerdings aus konditionalen Aussagen, die somit eine Folge oder einen Widerspruch anzeigen, zunächst freilich direkt,[18] wobei beide Aussagen affirmativ sind, die den ersten Modus der Syllogismen herstellen, nachher durch die Umkehrung der affirmativen Aussagen, so daß beide Aussagen negativ sind, die den vierten (Modus) herstellen. Ich habe deshalb jene beiden Aussagen „folgend" genannt, weil, so wie die beiden affirmativen, werden sie umgekehrt, die beiden negativen herstellen, ebenso die beiden negativen, werden sie umgekehrt, die beiden affirmativen herstellen. Weiterhin sind unterhalb von diesen[19] andere Aussagen, die aus Entgegengesetzten oder Konträren bestehen, oder aus solchen, die nicht aufeinander bezogen werden können. Von diesen stellt die erstere, die subaffirmative, die aus unmittelbar Konträren besteht, das heißt aus solchen, die eines Mittleren entbehren, den dritten Modus der hypothetischen Syllogismen her; die andere aber, die aus mittelbar Konträren besteht, das heißt aus solchen, die ein Mittleres haben,[20] ist die subnegative, die den zweiten Modus herstellt.[21] Sie wird aber „subaffirmativ" bzw. „subnegativ" genannt deshalb, weil die affirmative bzw. die negative Aussage unter der anderen steht.[22] Und obwohl aus den unmittelbar Konträren eine subnegative hergestellt werden kann, wird niemals aus den mittelbar Konträren und aus jenen, die nicht aufeinander bezogen sind, eine subaffirmative hergestellt.

Dies sind also die vier Modi der hypothetischen Syllogismen, die so aus den vorher genannten einfachen Aussagen entstehen, wenn der erste Teil der hypothetischen Aussage so angenommen wird, wie er in der Aussage als gesetzt sich vorfindet.[23] Es werden auch vier andere Modi entstehen, wenn der folgende Teil der hypothetischen Aussage auf gegenüber der Weise, wie er in der Aussage als gesetzt sich vorfindet, konträre Weise angenommen wird, so daß der erste Teil auf konträre Weise erschlossen wird.[24] Die ersten vier (Modi) aber werden als durch sich erkannt und voll-

Sed primi quattuor dicuntur per se cogniti et perfecti, reliqui quattuor indigentes probationis, licet omnes aliquam suggerant vim necessitatis.

Denique excepta tertia propositione, in omnibus aliis, si sequens pars hypotheticae ita ut est in propositione posita, aut prior contrario modo quam est[14] assumatur, nil necessarium concluditur.

SUNT ERGO HI MODI SUPERIUS DESIGNATI

PRIMUS
Si homo est, animal est.
Atqui homo est.
Animal igitur est.

10 SECUNDUS
Si albus est, niger non[15] est.
Atqui albus est.
Niger igitur non est.

TERTIUS
Si sanus non est, aeger est.
Atqui sanus non est.
15 Aeger igitur est.

VEL:
Si sanus non est, aeger est.
Atqui sanus est.
Aeger igitur non est.

20 QUARTUS
Si animal non est, homo non est.
Atqui animal non est.
Homo igitur non est. |

POST HOS IIII PERFECTOS SEQUUNTUR ALII IIII INPERFECTI

25 PRIMUS
Si homo est, animal est.
Atqui animal non est.
Homo igitur non est.

SECUNDUS
Si albus est, niger non est.
Atqui niger est.
30 Albus igitur non est.

TERTIUS
Si sanus non est, aeger est.
Atqui aeger non est.

---

14 aut ... est] *interlin.* A^c
15 non] *interlin.* A^c

kommen bezeichnet, die übrigen vier als solche, die eines Beweises be-dür-fen, obwohl alle eine bestimmte Kraft der Notwendigkeit nahelegen.[25]

Schließlich wird, ausgenommen die dritte Aussage, in allen anderen nichts Notwendiges geschlossen, wenn der folgende Teil der hypotheti-schen Aussage so angenommen wird, wie er in der Aussage gesetzt ist, oder der erste Teil auf konträre Weise gegenüber der Weise, wie er (in der Aus-sage gesetzt) ist, (angenommen wird).

DIES SIND ALSO DIE OBEN ANGEGEBENEN MODI[26]

I   Wenn er Mensch ist, ist er Lebewesen.
Und er ist Mensch.
Folglich ist er Lebewesen.

II   Wenn er weiß ist, ist er nicht schwarz.
Und er ist weiß.
Folglich ist er nicht schwarz.

III   Wenn er nicht gesund ist, ist er krank.
Und er ist nicht gesund.
Folglich ist er krank.

Oder:
Wenn er nicht gesund ist, ist er krank.
Und er ist gesund.
Folglich ist er nicht krank.

IV   Wenn er nicht Lebewesen ist, ist er nicht Mensch.
Und er ist nicht Lebewesen.
Folglich ist er nicht Mensch.

NACH DIESEN IIII VOLLKOMMENEN (MODI) FOLGEN ANDERE IIII UNVOLLKOMMENE (MODI)[27]

I   Wenn er Mensch ist, ist er Lebewesen.
Und er ist nicht Lebewesen.
Folglich ist er nicht Mensch.[28]

II   Wenn er weiß ist, ist er nicht schwarz.
Und er ist schwarz.
Folglich ist er nicht weiß.

III   Wenn er nicht gesund ist, ist er krank.
Und er ist nicht krank.

Sanus igitur est.

VEL:
Si sanus non est, aeger est.
Atqui aeger est.
Sanus igitur non est.

QUARTUS   Si animal non est, homo non est.
Atqui homo est.
Animal igitur est.

Tertia propositio semper geminos syllogismos, ut aspicis, producit, quod
terminorum inmediata contrarietate contigit pervenire.

Folglich ist er gesund.

Oder:
Wenn er nicht gesund ist, ist er krank.
Und er ist krank.
Folglich ist er nicht gesund.

IV Wenn er nicht Lebewesen ist, ist er nicht Mensch.
Und er ist Mensch.
Folglich ist er Lebewesen.

Die dritte Aussage bringt immer zweifache Syllogismen hervor, wie du
siehst; dies muß wegen der unmittelbaren Kontrarietät der Begriffe eintre-
ten.

⟨CAPITULUM SECUNDUM⟩

Igitur tam ex his quam ex aliis simplicium propositionum seu syllogismorum modis facillime datur intelligi quid in reliquis debeat observari, in
5   quibus, cum sint propositiones plurimae compositae, octo sunt quae ex
praedicativa conditionalique subsistunt, quarum prior, praedicativa scilicet,
quater uno ordine affirmabitur et rursus quater infirmabitur. Conditionales
vero eisdem subiciuntur, eo ordine, quo eas superius in syllogismis disposu-
imus, ut primo sint utraeque affirmativae, secundo subnegativa, tertio
10   subaffirmativa, postremo utraeque negativae.

Cavendaque est vis necessitatis in conditionalibus compositis. Nam si
dicatur: *Si homo est, cum animal sit, animatum est,* nihil haec conditio
necessitatis advehit, quoniam si homo non esset, tamen cum animal sit,
animatum esset. Si vero dicatur: *Si homo est, cum animatum sit, animal est,*
15   id conditio ostendit, quod tunc animatum animal sit, cum homo, vel tale
aliquid fuerit.

Animadvertendumque est in his propositionibus, ubi praedicativam hypothetica, vel hypotheticam praedicativa sequitur, quod cum sint tres termini sequentis vel praecedentis hypotheticae, primus terminus cum sua
20   affirmatione vel negatione[1] talis semper debet constitui, qui sua significatione[2] valeat complecti verissime extremum terminum negative et affirmative. Sicque fit ut tertius terminus causa sit, quare reliqui duo conditionaliter possint proferri. Nam aliter trium terminorum composita hypothetica
est superflua.[3]

25   Ex huiusmodi ergo propositionibus fiunt XVI syllogismi,[4] quorum VIII
sic colliguntur. Prior enim praedicativa, dum ut est in conditione posita
assumitur,[5] sequens hypothetica et ipsa ut est concluditur. Rursus alii VIII
fiunt, quia si ultima pars hypotheticae contrario modo, | quam est in con-
ditione, assumatur, praedicativa contrario modo, quam est posita, concludi-
30   tur. Et quoniam fastidium fuit eadem saepius scribendo repetere, cum exemplis et pro exemplis litteras placuit ponere et ordinare.

---

1   cum sua affirmatione vel negatione] cum sua affirmatione aut negatione *interlin. A*[c]
2   sua significatione] *interlin. A*[c]
3   Animadvertendumque ... superflua] *in infima pagina A*[m]
4   syllogismi] sillogismi *L sic aliquoties*
5   assumitur] assummitur *A L sic semper*

KAPITEL II

Folglich ergibt sich sowohl aus diesen als auch aus den anderen Modi der einfachen Aussagen oder Syllogismen ganz leicht die Einsicht in das, was bei den übrigen beachtet werden muß, bei denen, da zahlreiche Aussagen zusammengesetzt sind, es acht gibt, die aus einer prädikativen und einer konditionalen Aussage bestehen, deren erste, nämlich die prädikative, viermal in einer Ordnung behauptet und wiederum viermal abgestritten wird.[1] Die konditionalen Aussagen aber werden diesen in jener Ordnung hinzugefügt, in der wir sie oben in den Syllogismen angeordnet haben, so daß an erster Stelle die beiden affirmativen Aussagen stehen, an zweiter Stelle die subnegative (Aussage), an dritter die subaffirmative und an letzter die beiden negativen Aussagen.

Man muß bei den zusammengesetzten konditionalen Aussagen achtgeben auf die Kraft der Notwendigkeit. Denn wenn gesagt wird: *Wenn er Mensch ist, ist er gleichzeitig damit, daß er Lebewesen ist, Beseeltes*, dann bringt diese Bedingung nichts an Notwendigkeit hinzu, weil, wenn er nicht Mensch wäre, er dennoch Beseeltes wäre, falls er Lebewesen ist. Wenn aber gesagt wird: *Wenn er Mensch ist, dann ist er gleichzeitig damit, daß er Beseeltes ist, Lebewesen*, dann zeigt die Bedingung, daß dann ein Beseeltes ein Lebewesen ist, wenn es Mensch oder etwas solches ist.[2]

Und[3] es ist bei den Aussagen, in denen eine hypothetische Aussage einer prädikativen oder eine prädikative einer hypothetischen folgt, zu beachten, daß, weil drei Begriffe der folgenden bzw. der vorausgehenden hypothetischen Aussage vorliegen, als erster Begriff mit seiner Bejahung oder Verneinung immer ein solcher aufgestellt werden muß, der mit seiner Bezeichnung wirklich in der Lage ist, den letzten Begriff affirmativ oder negativ zu umfassen.[4] Und so ergibt es sich, daß der dritte Begriff die Ursache ist, warum die beiden übrigen auf konditionale Weise vorgebracht werden können.[5] Denn sonst ist die aus drei Begriffen zusammengesetzte hypothetische Aussage überflüssig.

Aus Aussagen dieser Art entstehen folglich XVI Syllogismen, von denen VIII auf diese Weise zusammengestellt werden. Während nämlich die erste, die prädikative, so angenommen wird, wie sie in der Bedingung gesetzt ist, wird die folgende, die hypothetische, so erschlossen, wie sie ist. Es ergeben sich wiederum andere VIII, weil, wenn der letzte Teil der hypothetischen Aussage auf konträre Weise gegenüber jener in der Bedingung angenommen wird, die prädikative Aussage auf konträre Weise gegenüber jener, wie sie gesetzt ist, erschlossen wird. Und da es mühselig war, dasselbe öfters im Schreiben zu wiederholen, schien es angebracht, mit den Beispielen und für die Beispiele Buchstaben zu setzten und anzuordnen.

SUNT ERGO HI MODI XVI VEL POTIUS XX

I　　Si homo est A, cum sit animatum B, est rationale C.
　　Atqui est A.
　　Cum igitur sit B, est C.

5　　Vel ita et erit:
VIIII　Si est A, cum sit B, est C.
　　Atqui cum sit B, non est C.
　　Non est igitur A.

II　　Si homo est A, cum sit animatum B, non est inrationale C.
10　Atqui est A.
　　Cum igitur sit B, non est C.

　　Vel ita et erit:
X　　Si est A, cum sit B, non est C.
　　Atqui cum sit B, est C.
15　Non est igitur A.

III　Si homo est A, cum non sit inanimatum B, est rationale C.
　　Atqui est A.
　　Cum igitur non sit B, est C.

　　Vel ita et erit:
20　XI　Si est A, cum non sit B, est C.
　　Atqui cum non sit B, non est C.
　　Non est igitur A.

IIII　Si homo est A, cum non sit inanimatum B,[6] non est inrationale C.
　　Atqui est A.
25　Cum igitur non sit B, non est C.

　　Vel ita et erit:
XII　Si est A, cum non sit B, non est C.
　　Atqui cum non sit B, est C.

---

[6]　B] *interlin.* A^c

ES GIBT ALSO DIESE XVI ODER EHER XX MODI[6]

I   Wenn er Mensch/A ist, dann: gleichzeitig damit, daß er Beseeltes/B
ist, ist er Vernünftiges/C.
Und er ist A.
Folglich: gleichzeitig damit, daß er B ist, ist er C.

Oder es wird auch so sein:

VIIII Wenn er A ist, dann: gleichzeitig damit, daß er B ist, ist er C.
Und gleichzeitig damit, daß er B ist, ist er nicht C.
Folglich ist er nicht A.

II   Wenn er Mensch/A ist, dann: gleichzeitig damit, daß er Beseeltes/B
ist, ist er nicht Nicht-Vernünftiges/C.[7]
Und er ist A.
Folglich: gleichzeitig damit, daß er B ist, ist er nicht C.

Oder es wird auch so sein:

X   Wenn er A ist, dann: gleichzeitig damit, daß er B ist, ist er nicht C.
Und gleichzeitig damit, daß er B ist, ist er C.
Folglich ist er nicht A.

III   Wenn er Mensch/A ist, dann: gleichzeitig damit, daß er nicht Unbe-
seeltes/B ist, ist er Vernünftiges/C.
Und er ist A.
Folglich: gleichzeitig damit, daß er nicht B ist, ist er C.

Oder es wird auch so sein:

XI   Wenn er A ist, dann: gleichzeitig damit, daß er nicht B ist, ist er C.
Und gleichzeitig damit, daß er nicht B ist, ist er nicht C.
Folglich ist er nicht A.

IIII Wenn er Mensch/A ist, dann: gleichzeitig damit, daß er nicht Unbe-
seeltes/B ist, ist er nicht Nicht-Vernünftiges/C.
Und er ist A.
Folglich: gleichzeitig damit, daß er nicht B ist, ist er nicht C.

Oder es wird auch so sein:

XII Wenn er A ist, dann: gleichzeitig damit, daß er nicht B ist, ist er
nicht C.
Und gleichzeitig damit, daß er nicht B ist, ist er C.

Non est igitur A.

V   Si animatum non est A, cum sit inrationale B, est insensibile C.
Atqui non est A.
Cum igitur sit B, est C.[7]

5   Vel ita et erit:
XIII   Si non est A, cum sit B, est C.
Atqui cum sit B, non est C.
Est igitur A.[8]

Vel:
10   Si non est A, cum sit B, est C.
Atqui est A.
Cum igitur sit B, non est C. PRIMUS.

Vel:
Si non est A, cum sit B, est C.
15   Atqui cum sit B, est C.
Non est igitur A.[9] SECUNDUS.

VI   Si animatum non est A, cum sit inrationale B, non est sensibile C.
Atqui non est A.
Cum igitur sit B, non est C.

20   Vel ita et erit:
XIIII   Si non est A, cum sit B, non est C.
Atqui cum sit B, est C.
Est igitur A.

VII   Si sanum non est A, cum non sit insensibile B, est aegrum C.
25   Atqui non est A.
Cum igitur non sit B, est C.

Vel ita et erit:
XV   Si non est A, cum non sit B, est C.
Atqui cum non sit B, non est C.
30   Est igitur A.

---

7   C] scilicet ut lapis *add.* L^m
8   A] scilicet ut canis *add.* L^m
9   A] scilicet ut lapis *add.* L^m

Folglich ist er nicht A.

V   Wenn er nicht Beseeltes/A ist, dann: gleichzeitig damit, daß er Nicht-Vernünftiges /B ist, ist er Nicht-Sinnenhaftes/C.
Und er ist nicht A.
Folglich: gleichzeitig damit, daß er B ist, ist er C.

Oder es wird auch so sein:
XIII   Wenn er nicht A ist, dann: gleichzeitig damit, daß er B ist, ist er C.
Und gleichzeitig damit, daß er B ist, ist er nicht C.
Folglich ist er A.

Oder: der erste (Syllogismus)
Wenn er nicht A ist, dann: gleichzeitig damit, daß er B ist, ist er C.
Und er ist A.
Folglich: gleichzeitig damit, daß er B ist, ist er nicht C.

Oder: der zweite (Syllogismus)
Wenn er nicht A ist, dann: gleichzeitig damit, daß er B ist, ist er C.
Und gleichzeitig damit, daß er B ist, ist er C.
Folglich ist er nicht A.

VI   Wenn er nicht Beseeltes/A ist, dann: gleichzeitig damit, daß er Nicht-Vernünftiges/B ist, ist er nicht Sinnenhaftes/C.
Und er ist nicht A.
Folglich: gleichzeitig damit, daß er B ist, ist er nicht C.

Oder es wird auch so sein:
XIIII Wenn er nicht A ist, dann: gleichzeitig damit, daß er B ist, ist er nicht C.
Und gleichzeitig damit, daß er B ist, ist er C.
Folglich ist er A.

VII   Wenn er nicht Gesundes/A ist, dann: gleichzeitig damit, daß er nicht Nicht-Sinnenhaftes/B ist, ist er Krankes/C.
Und er ist nicht A.
Folglich: gleichzeitig damit, daß er nicht B ist, ist er C.

Oder es wird auch so sein:
XV   Wenn er nicht A ist, dann: gleichzeitig damit, daß er nicht B ist, ist er C.
Und gleichzeitig damit, daß er nicht B ist, ist er nicht C.
Folglich ist er A.

Vel:
Si non est A, cum non sit B, est C.
Atqui est A.
Cum igitur non est B, non est C. PRIMUS.

5   Vel:
Si non est A, cum non sit B, est C.
Atqui cum non sit B, est C.
Non est igitur A. SECUNDUS.

VIII   Si animatum non est A, cum non sit rationale B, non est sensibile C.
10   Atqui non est A.
Cum igitur non sit B, non est C.

Vel ita et erit:
XVI   Si non est A, cum non sit B, non est C.
Atqui cum non sit B, est C.
15   Est igitur A.[10]

Quinta propositio, sicut et septima, non propter complexionis naturam,
sed propter terminorum inmediatam contrarietatem quattuor syllogismos
colligit, quia, ut superius | diximus, ex huiusmodi contrariis propositioni-
20 bus factis, utcumque volueris, concludis. Quippe in his se invicem consti-
tuunt vel perimunt, in quibus contingit fieri alterum. Nam quaedam sunt
in quibus eorum est neutrum.
    Sciendum quoque, quod quaecumque propositio componitur ex praedi-
cativa et hypothetica, huius hypotheticae prior pars ita assumitur, ut in
25 propositionibus habetur. Cum haec ita sint, octo superioribus totidem
inferiores propositiones subiunguntur, quae hoc a superioribus differunt,
quod ex conditionali et praedicativa subsistunt. Primus enim terminus ut
superius, quater astruitur[11] quaterque destruitur; reliqui duo pro simplicium ordine disponuntur affirmative vel negative, servata in omnibus tri-
30 bus terminis conditionis necessitate. Et quia ex his quoque XVI fiunt syllogismi, sic prior tota hypothetica[12] assumitur, ut sequens praedicativa

---

[10] A] scilicet ut canis *add.* L^m
[11] astruitur] L^c *per rasuram ex* astruuntur L
[12] tota hypothetica] hypothetica tota A

Oder: der erste (Syllogismus)
Wenn er nicht A ist, dann: gleichzeitig damit, daß er nicht B ist, ist
er C.
Und er ist A.
Folglich: gleichzeitig damit, daß er nicht B ist, ist er nicht C.

Oder: der zweite (Syllogismus)
Wenn er nicht A ist, dann: gleichzeitig damit, daß er nicht B ist, ist
er C.
Und gleichzeitig damit, daß er nicht B ist, ist er C.
Folglich ist er nicht A.

VIII Wenn er nicht Beseeltes/A ist, dann: gleichzeitig damit, daß er nicht
Vernünftiges/B ist, ist er nicht Sinnenhaftes/C.
Und er ist nicht A.
Folglich: gleichzeitig damit, daß er nicht B ist, ist er nicht C.

Oder es wird auch so sein:
XVI Wenn er nicht A ist, dann: gleichzeitig damit, daß er nicht B ist, ist
er nicht C.
Und gleichzeitig damit, daß er nicht B ist, ist er C.
Folglich ist er A.

Die fünfte ebenso wie die siebente Aussage umfaßt, nicht wegen der Natur
der Verknüpfung, sondern wegen der unmittelbaren Kontrarietät der Begriffe vier Syllogismen, denn du wirst, wie wir weiter oben gesagt haben,
aus Aussagen, die aus konträren Aussagen dieser Art hergestellt sind,
schließen, wie auch immer du willst. Denn bei jenen, in denen eines von
beiden zutreffen muß, stellen sich (die Aussagen) gegenseitig auf oder ent-
kräften einander gegenseitig.[8] Denn es gibt einige, bei denen keines von
beiden zutrifft.[9]

Man muß auch wissen, daß bei einer beliebigen Aussage, die aus einer
prädikativen und einer hypothetischen Aussage zusammengesetzt wird, der
erste Teil dieser hypothetischen Aussage so angenommen wird, wie er in
den Aussagen vorliegt. Da sich dies so verhält, werden den acht weiter
oben stehenden Aussagen ebensoviele weiter unten stehende Aussagen
hinzugefügt, die darin von den weiter oben stehenden unterschieden sind,
daß sie aus einer konditionalen und einer prädikativen Aussage bestehen.
Der erste Begriff nämlich wird wie weiter oben viermal aufgestellt und
viermal aufgehoben; die übrigen zwei werden entsprechend der Ordnung
der einfachen (Aussagen) affirmativ oder negativ angeordnet, wobei die
Notwendigkeit der Bedingung bei allen drei Begriffen erhalten bleibt.[10]
Und weil auch aus diesen XVI Syllogismen entstehen, wird in der Weise
die ganze hypothetische Aussage als erste angenommen, so daß die

concludatur; rursus praedicativa ita contrario modo assumitur, ut hypotheticae ultima pars contrario modo concludatur.

SUNT ERGO HI MODI XVI VEL POTIUS XX

I   Si cum sit animatum A, est sensibile B, est animal C.
5   Atqui cum sit A, est B.
           Est igitur C.

           Vel ita et erit:
VIIII   Si cum sit A, est B, est C.
           Atqui non est C.
10   Cum igitur sit A, non est B.

II   Si cum sit animatum A, est insensibile B, non est animal C.
           Atqui cum sit A, est B.
           Non est igitur C.

           Vel ita et erit:
15   X   Si cum sit A, est B, non est C.
           Atqui est C.
           Cum igitur sit A, non est B.

III   Si, cum sit animatum A, non est insensibile B, est animal C.
           Atqui cum sit A, non est B.
20   Est igitur C.

           Vel ita et´erit:
XI   Si cum sit A, non est B, est C.
           Atqui non est C.
           Cum igitur sit A, est B.

25   ⟨Vel:⟩
           Si, cum sit A, non est B, est C.
           Atqui est C.
           Cum igitur sit A, non est B.

           ⟨Vel:⟩
30   Si, cum sit A, non est B, est C.

prädikative Aussage als folgende erschlossen wird; wiederum wird die prädikative Aussage in der Weise auf konträre Weise angenommen, daß der letzte Teil der hypothetischen Aussage auf konträre Weise erschlossen wird.[11]

ES GIBT ALSO DIESE XVI ODER EHER XX MODI[12]

I   Wenn er gleichzeitig damit, daß er Beseeltes/A ist, Sinnenhaftes/B ist, ist er Lebewesen/C.
Und gleichzeitig damit, daß er A ist, ist er B.
Folglich ist er C.

Oder es wird auch so sein:
VIIII   Wenn er gleichzeitig damit, daß er A ist, B ist, ist er C.
Und er ist nicht C.
Folglich: gleichzeitig damit, daß er A ist, ist er nicht B.

II   Wenn er gleichzeitig damit, daß er Beseeltes/A ist, Nicht-Sinnenhaftes/B ist, ist er nicht Lebewesen/C.
Und gleichzeitig damit, daß er A ist, ist er B.
Folglich ist er nicht C.

Oder es wird auch so sein:
X   Wenn er gleichzeitig damit, daß er A ist, B ist, ist er nicht C.
Und er ist C.
Folglich: gleichzeitig damit, daß er A ist, ist er nicht B.

III   Wenn er gleichzeitig damit, daß er Beseeltes/A ist, nicht Nicht-Sinnenhaftes/B ist, ist er Lebewesen/C.
Und gleichzeitig damit, daß er A ist, ist er nicht B.
Folglich ist er C.

Oder es wird auch so sein:
XI   Wenn er gleichzeitig damit, daß er A ist, nicht B ist, ist er C.
Und er ist nicht C.
Folglich: gleichzeitig damit, daß er A ist, ist er B.

Oder:
Wenn er gleichzeitig damit, daß er A ist, nicht B ist, ist er C.
Und er ist C.
Folglich: gleichzeitig damit, daß er A ist, ist er nicht B.

Oder:
Wenn er gleichzeitig damit, daß er A ist, nicht B ist, ist er C.

Atqui cum sit A, est B.
Non est igitur C.

IIII Si, cum sit animatum A, non est sensibile B, non est animal C.
Atqui cum sit A, non est B.
5 Non est igitur C.

Vel ita et erit:
XII Si, cum sit A, non est B, non est C.
Atqui est C.
Cum igitur sit A, est B.

10 V Si, cum non sit inanimatum A, est insensibile B, est inrationale C.
Atqui cum non sit A, est B.
Est igitur C.

Vel ita et erit:
XIII Si, cum non sit A, est B, est C.
15 Atqui non est C.
Cum igitur non sit A, non est B.

VI Si, cum non sit inanimatum A, est insensibile B, non est rationale C.
Atqui cum non sit A, est B.
Non est igitur C.

20 Vel ita et erit:
XIIII Si, cum non sit A, est B, non est C.
Atqui est C.
Cum igitur non sit A, non est B. |

VII Si, cum non sit inanimatum A, non est sensibile B, est inmobile C.
25 Atqui, cum non sit A, non est B.
Est igitur C.

Vel ita et erit:
XV Si, cum non sit A, non est B, est C.
Atqui non est C.
30 Cum igitur non sit A, est B.

Und gleichzeitig damit, daß er A ist, ist er B.
Folglich ist er nicht C.

IIII   Wenn er gleichzeitig damit, daß er Beseeltes/A ist, nicht Sinnenhaftes/B ist, ist er nicht Lebewesen/C.
Und gleichzeitig damit, daß er A ist, ist er nicht B.
Also ist er nicht C.

Oder es wird auch so sein:
XII   Wenn er gleichzeitig damit, daß er A ist, nicht B ist, ist er nicht C.
Und er ist C.
Folglich: gleichzeitig damit, daß er A ist, ist er B.

V   Wenn er gleichzeitig damit, daß er nicht Unbeseeltes/A ist, Nicht-Sinnenhaftes/B ist, ist er Nicht-Vernünftiges/C.
Und gleichzeitig damit, daß er nicht A ist, ist er B.
Folglich ist er C.

Oder es wird auch so sein:
XIII   Wenn er gleichzeitig damit, daß er nicht A ist, B ist, ist er C.
Und er ist nicht C.
Folglich: gleichzeitig damit, daß er nicht A ist, ist er nicht B.

VI   Wenn er gleichzeitig damit, daß er nicht Unbeseeltes/A ist, Nicht-Sinnenhaftes/B ist, ist er nicht Vernünftiges/C.
Und gleichzeitig damit, daß er nicht A ist, ist er B.
Folglich ist er nicht C.

Oder es wird auch so sein:
XIIII   Wenn er gleichzeitig damit, daß er nicht A ist, B ist, ist er nicht C.
Und er ist C.
Folglich: gleichzeitig damit, daß er nicht A ist, ist er nicht B.

VII   Wenn er gleichzeitig damit, daß er nicht Unbeseeltes/A ist, nicht Sinnenhaftes/B ist, ist er Unbewegtes/C.
Und gleichzeitig damit, daß er nicht A ist, ist er nicht B.
Folglich ist er C.

Oder es wird auch so sein:
XV   Wenn er gleichzeitig damit, daß er nicht A ist, nicht B ist, ist er C.
Und er ist nicht C.
Folglich: gleichzeitig damit, daß er nicht A ist, ist er B.

Vel:
Si, cum non sit A, non est B, est C.
Atqui est C.
Cum igitur non sit A, non est B.

5   Vel:
Si, cum non sit A, non est B, est C.
Atqui cum non sit A, est B.
Non est igitur C.

VIII   Si, cum non sit inmobile A, non est rationale B, non est homo C.
10   Atqui cum non sit A, non est B.
Non est igitur C.

Vel ita et erit:
XVI   Si, cum non sit A, non est B, non est C.
Atqui est C.
15   Cum igitur non sit A, est B.

Tertia propositio, sicut et septima, syllogismos IIII colligit, ducta ratione ex inmediatis contrariis. Contraria vero Cicero nuncupat quaecumque opposita Aristoteles vocat. Sunt ergo privatio et habitus contraria, quae aliquando inveniuntur inmediata, ut inter animatum et inanimatum nihil est
20   medium, cum quaedam sint quae nec iusta nc iniusta possint.

Oder:
Wenn er gleichzeitig damit, daß er nicht A ist, nicht B ist, ist er C.
Und er ist C.
Folglich: gleichzeitig damit, daß er nicht A ist, ist er nicht B.

Oder:
Wenn er gleichzeitig damit, daß er nicht A ist, nicht B ist, ist er C.
Und gleichzeitig damit, daß er nicht A ist, ist er B.
Folglich ist er nicht C.

VIII Wenn er gleichzeitig damit, daß er nicht Unbewegliches/A ist, nicht
Vernünftiges /B ist, ist er nicht Mensch/C.
Und gleichzeitig damit, daß er nicht A ist, ist er nicht B.
Folglich ist er nicht C.

Oder es wird auch so sein:
XVI   Wenn er gleichzeitig damit, daß er nicht A ist, nicht B ist, ist er
nicht C.
Und er ist C.
Folglich: gleichzeitig damit, daß er nicht A ist, ist er B.

Die dritte Aussage umfaßt ebenso wie die siebente vier Syllogismen, wobei
die Begründung aus den unmittelbar Konträren her geholt wird.[13] Konträre
aber nennt Cicero jene, die Aristoteles Entgegengesetzte nennt.[14] Konträre
sind folglich die Privation und der Habitus, die manchmal als unmittelbar
(Konträre) vorgefunden werden,[15] wie es z.B. zwischen Beseeltem und
Unbeseeltem kein Mittleres gibt, während es solche gibt, die weder gerecht
noch ungerecht genannt werden können.

⟨CAPITULUM TERTIUM⟩

De cetero propositiones sunt inspiciendae hypotheticae, quae trium fi-
gurarum disponuntur ordine, subsistentes ex duarum hypotheticarum
5　compositione. Quae scilicet hypotheticarum compositio semper fit, sicut
in coniugationibus cathegoricis, per repetitionem unius termini, qui procul
dubio causa existit, qua sibi respondent duo reliqui termini ad rationem
assumptionis et conclusionis. Nam duae propositiones a se divisae et omnino terminis diversae numquam valent ad unum syllogismum faciendum
10　terminos coniungere. Porro, cathegoricis syllogismis hypothetici figuraliter
facti etiam in hoc similes sunt, quia cathegorici illationem faciunt in prima
figura ex propositionis[1] alterius subiecto et alterius praedicato, in secunda
ex utriusque subiecto, in tertia ex utriusque praedicato; hypothetici quoque
assumptionem et conclusionem faciunt in prima figura ex propositionis
15　alterius non subiecto, sed praecedenti, et alterius consequenti, in secunda ex
utriusque consequenti, in tertia ex utriusque praecedenti.[2]

　　Est autem prima figura, quotiens secunda hypothetica prioris extremum
terminum suum primum constituit, quomodocumque in priore fuerit, ut
hinc quoque XVI fiant syllogismi. Ceterum per omnia superioribus similes
20　habentur, excepto quod in his nulla est conditionalis assumptio et ob hoc
nec conclusio, siquidem extremi termini soli obnoxii sunt assumptionis et
conclusionis | more simplicium propositionum familiari.

SUNT ERGO HI MODI PRIMAE FIGURAE XVI[3]

I　　Si homo est A, animal est B, et si B est, sensibile est C.
25　　　Atqui A est.
　　　C igitur est.

　　　Vel ita:
　　　Atqui C non est.
　　　Homo igitur non est.

1　propositionis] positionis *L pro add. interlin.* L^c
2　Quae scilicet ... praecedenti] *in infima pagina* A^m
3　XVI] *A om. L*

KAPITEL III

Im weiteren sind die hypothetischen Aussagen zu untersuchen, die in der Zusammensetzung aus zwei hypothetischen Aussagen bestehen, die in der Ordnung der drei Figuren angeordnet werden.[1] Diese Zusammensetzung hypothetischer Aussagen geschieht freilich immer, wie bei den kategorischen Verbindungen, durch die Wiederholung eines Begriffs, der ohne Zweifel als Ursache existiert, durch die sich die beiden übrigen Begriffe in Hinsicht auf die Annahme und die Konklusion entsprechen. Denn zwei Aussagen, die voneinander getrennt und bezüglich der Begriffe ganz und gar verschieden sind, sind niemals geeignet, die Begriffe zur Herstellung eines einzigen Syllogismus zu verbinden. Weiterhin sind den kategorischen Syllogismen die hypothetischen, die in der Weise von Figuren aufgestellt sind, auch insofern ähnlich, als die kategorischen die Ableitung in der ersten Figur aus dem Subjekt der einen und dem Prädikat der anderen Aussage herstellen, in der zweiten Figur aus dem Subjekt von beiden, in der dritten aus dem Prädikat von beiden; die hypothetischen stellen ebenso die Annahme und die Konklusion in der ersten Figur her nicht aus dem Subjekt, sondern aus der vorausgehenden (Aussage) der einen Aussage und aus der nachfolgenden der anderen (Aussage), in der zweiten (Figur) aus der nachfolgenden der beiden, in der dritten (Figur) aus der vorausgehenden der beiden.[2]

Es liegt aber die erste Figur immer dann vor, wenn die zweite hypothetische Aussage den Außenbegriff der ersten als ihren ersten aufstellt, so wie er in der ersten Aussage gestanden hatte, so daß von hier aus auch XVI Syllogismen entstehen. Im übrigen verhalten sie sich den obigen (Syllogismen) in jeder Hinsicht ähnlich, ausgenommen, daß es in diesen keine konditionale Annahme gibt und deshalb auch keine (konditionale) Konklusion, weil nämlich die Außenbegriffe allein maßgebend sind für die Annahme und die Konklusion auf die bekannte Weise der einfachen Aussagen.

ES GIBT ALSO DIESE XVI MODI DER ERSTEN FIGUR[3]

I   Wenn er Mensch/A ist, ist er Lebewesen/B, und wenn er B ist, ist er Sinnenhaftes/C.
Und er ist A.
Folglich ist er C.

Oder so:
Und er ist nicht C.
Folglich ist er nicht Mensch.

II   Si homo est A, animal est B, et si B est, non est insensibile C.
Atqui est A.
Non est igitur C.

Vel:
5   Atqui est C.
Non est igitur A.

III   Si homo est A, non est insensibile B, et si non est B, animatum est
C.
Atqui est A.
10   Est igitur C.

Vel ita:
Atqui non est C.
Non est igitur A.

IIII   Si homo est A, non est insensibile B, et si non est B, inanimatum
15   non est C.
Atqui est A.
Non est igitur C.

Vel ita:
Atqui est C.
20   Non est igitur A.

V   Si animatum non est A, insensibile est B, et si est B, inmobile est C.
Atqui non est A.
Est igitur C.

Vel:
25   Atqui non ⟨est⟩ C.
Est igitur A.

VI   Si animatum non est A, insensibile est B, et si est B, non est mobile
C.
Atqui non est A.
30   Non est igitur C.

Vel ita:
Atqui est C.
Est igitur A.

II   Wenn er Mensch/A ist, ist er Lebewesen/B, und wenn er B ist, ist er nicht Nicht-Sinnenhaftes/C.
Und er ist A.
Folglich ist er nicht C.

Oder:
Und er ist C.
Folglich ist er nicht A.

III   Wenn er Mensch/A ist, ist er nicht Nicht-Sinnenhaftes/B, und wenn er nicht B ist, ist er Belebtes/C.
Und er ist A.
Folglich ist er C.

Oder so:
Und er ist nicht C.
Folglich ist er nicht A.

IIII   Wenn er Mensch/A ist, ist er nicht Nicht-Sinnenhaftes/B, und wenn er nicht B ist, ist er nicht Unbeseeltes/C.
Und er ist A.
Folglich ist er nicht C.

Oder so:
Und er ist C.
Folglich ist er nicht A.

V   Wenn er nicht Beseeltes/A ist, ist er Nicht-Sinnenhaftes/B, und wenn er B ist, ist er Unbewegliches/C.
Und er ist nicht A.
Folglich ist er C.

Oder:
Und er ist nicht C.
Folglich ist er A.

VI   Wenn er nicht Beseeltes/A ist, ist er Nicht-Sinnenhaftes/B, und wenn er B ist, ist er nicht Bewegliches/C.
Und er ist nicht A.
Folglich ist er nicht C.

Oder so:
Und er ist C.
Folglich ist er A.

VII   Si animatum non est A, sensibile non est B, et si non est B, est in-
mobile C.
Atqui non est A.
Est igitur C.

Vel ita:
Atqui non est C.
Est igitur A.

VIII   Si animatum non est A, sensibile non est B, et si B non est, mobile
non est C.
Atqui non est A.
Non est igitur C.

Vel ita:
Atqui est C.
Est igitur A.

In secunda figura demum sunt XVI complexiones syllogismorum, quorum
propositiones ita texuntur, ut prior pars prioris hypotheticae sit prior pars
secundae, contrario tamen modo posita quam in priore fuerat. Assumitur
quoque in VIII syllogismis ex contrario secundus terminus primae, ut concludatur extremus terminus secundae, et e contra in aliis VIII assumitur
extremus terminus secundae ex contrario, ut concludatur secundus terminus primae, ut est omnino.

SUNT ERGO SECUNDAE FIGURAE HI MODI XVI

I[4]   Si sensibile est A, animatum est B, et si A non est, inrationale est C.
Atqui B non est.
Est igitur C.

Vel ita:
Atqui C non est.
Est igitur B.

II   Si sensibile est A, animatum est B, et si non est A, rationale non est
C.
Atqui non est B.
Non est igitur C.

---

4   I] Primus *A*

VII   Wenn er nicht Beseeltes/A ist, ist er nicht Sinnenhaftes/B, und
        wenn er nicht B ist, ist er Unbewegliches/C.
        Und er ist nicht A.
        Folglich ist er C.

        Oder so:
        Und er ist nicht C.
        Folglich ist er A.

VIII   Wenn er nicht Beseeltes/A ist, ist er nicht Sinnenhaftes/B, und
        wenn er nicht B ist, ist er nicht Bewegliches/C.
        Und er ist nicht A.
        Folglich ist er nicht C.

        Oder so:
        Und er ist C.
        Folglich ist er A.

In der zweiten Figur sind nun XVI Verknüpfungen von Syllogismen, deren
Aussagen so verwoben werden, daß der erste Teil der ersten hypothetischen Aussage der erste Teil der zweiten ist, wobei diese aber in konträrer
Weise (gegenüber der Weise) gesetzt wird, wie sie in der ersten Aussage
war.[4] Auch wird bei VIII Syllogismen der zweite Begriff der ersten Aussage
in konträrer Weise angenommen, so daß der Außenbegriff der zweiten
(Aussage) erschlossen wird, und umgekehrt wird in den anderen VIII
(Syllogismen) der Außenbegriff der zweiten Aussage in konträrer Weise
angenommen, so daß der zweite Begriff der ersten Aussage erschlossen
wird, wie ganz (offensichtlich) ist.

ES GIBT ALSO DIESE XVI MODI DER ZWEITEN FIGUR

I   Wenn er Sinnenhaftes/A ist, ist er Beseeltes/B, und wenn er nicht A
        ist, ist er Nicht-Vernünftiges/C.
        Und er ist nicht B.
        Folglich ist er C.

        Oder so:
        Und er ist nicht C.
        Folglich ist er B.

II   Wenn er Sinnenhaftes/A ist, ist er Beseeltes/B, und wenn er nicht A
        ist, ist er nicht Vernünftiges/C.
        Und er ist nicht B.
        Folglich ist er nicht C.

Vel ita:
Atqui est C.
Est igitur B.

III   Si inanimatum est A,[5] rationale non est B, et si A non est, vitale est
5   C.
Atqui est B.
Est igitur C.

Vel ita:
Atqui non est C.
10   Non est igitur B.

IIII   Si inanimatum est A, rationale non est B,[6] et si A non est, invitale
non est C.
Atqui est B.
Non est igitur C

15   Vel ita:
Atqui est C.
Non est igitur B.

V   Si sensibile non est A, inrationale est B, et si est A, animatum est C.
Atqui non est B.
20   Est igitur C.

Vel ita:
Atqui non est C.
Est igitur B.

VI   Si sensibile non est A, inrationale est B, et si est A, inanimatum non
25   est C.
Atqui non est B.
Non est igitur C.

Vel ita:
Atqui est C.
30   Est igitur B.

---

5   est A] *interlin. A^c*
6   B] *interlin. A^c*

Oder so:
Und er ist C.
Folglich ist er B.

III   Wenn er Unbeseeltes/A ist, ist er nicht Vernünftiges/B, und wenn er nicht A ist, ist er Lebendiges/C.
Und er ist B.
Folglich ist er C.

Oder so:
Und er ist nicht C.
Folglich ist er nicht B.

IIII   Wenn er Unbeseeltes/A ist, ist er nicht Vernünftiges/B, und wenn er nicht A ist, ist er nicht Unlebendiges/C.
Und er ist B.
Folglich ist er nicht C.

Oder so:
Und er ist C.
Folglich ist er nicht B.

V   Wenn er nicht Sinnenhaftes/A ist, ist er Nicht-Vernünftiges/B, und wenn er A ist, ist er Beseeltes/C.
Und er ist nicht B.
Folglich ist er C.

Oder so:
Und er ist nicht C.
Folglich ist er B.

VI   Wenn er nicht Sinnenhaftes/A ist, ist er Nicht-Vernünftiges/B, und wenn er A ist, ist er nicht Unbeseeltes/C.
Und er ist nicht B.
Folglich ist er nicht C.

Oder so:
Und er ist C.
Folglich ist er B.

VII   Si animatum non est A, non est vitale[7] B, et si est A, rationale est[8] C.
      Atqui est[9] B.
      Est[10] igitur C.

5   Vel ita:
        Atqui ⟨non⟩ est C.
        ⟨Non⟩ est igitur B.

VIII   Si inanimatum non est A, invitale non est B, et si est A, rationale non est C.
10   Atqui est B.
      Non est igitur C.

        Vel ita:
        Atqui est C.
        Non est igitur B.

15 Tertia figura secundum terminum prioris hypotheticae habet ultimum secundae; qui tamen duo termini in affirmatione vel negatione sunt contrarii, et ipse secundus[11] terminus ut in superioribus primus,[12] quater astruitur quaterque destruitur, ut ex VIII propositionibus XVI syllogismi oriantur. Assumuntur quoque | primi ambarum hypotheticarum termini,
20 quorum, si, ut est alteruter accipiatur,[13] alteruter ex contrario concluditur.

SUNT ERGO TERTIAE FIGURAE HI MODI XVI

A[14] I   Si rationale est B, sensibile est A, et si invitale est C, non est A.
      Atqui est B.
      Non est igitur C.

25   Vel ita:
        Atqui est C.
        Non est igitur B.

---

[7] non est vitale] vitale est *A L, in hoc ultimo exp.* est *et add. interlin.* non est *L*[c]
[8] est] non est *A L*
[9] est] non est *A L*
[10] Est] Non est *A L*
[11] secundus] *L*[m] *et in rasura L*[c] primus *A* secundus (?) *A*[c]
[12] primus] *interlin. L*[c]
[13] accipiatur] *A* accipiantur *L corr. in* accipiatur *L*[c]
[14] A] *L*[m] *sic etiam sequentes litterae* C, B, D, E, F, G, H *L*[m]

VII   Wenn er nicht Beseeltes/A ist, ist er nicht Lebendiges/B, und wenn
        er A ist, ist er Vernünftiges/C.
        Und er ist B.
        Folglich ist er C.

        Oder so:
        Und er ist nicht C.
        Folglich ist er nicht B.[5]

VIII   Wenn er nicht Unbeseeltes/A ist, ist er nicht Unlebendiges/B, und
        wenn er A ist, ist er nicht Vernünftiges/C.
        Und er ist B.
        Folglich ist er nicht C.

        Oder so:
        Und er ist C.
        Folglich ist er nicht B.

Die dritte Figur hat den zweiten Begriff der ersten hypothetischen Aussage
als letzten Begriff der zweiten; allerdings sind diese zwei Begriffe in der
Bejahung oder in der Verninung konträr, und der zweite Begriff selbst wird
so wie in den obigen (Syllogismen) der erste, viermal aufgestellt und viermal aufgehoben, so daß aus den VIII Aussagen XVI Syllogismen entstehen.
Es werden auch die ersten Begriffe der beiden hypothetischen Aussagen
angenommen, von denen, wenn der eine angenommen wird, wie er ist, der
andere in konträrer Weise erschlossen wird.

ES GIBT ALSO DIESE XVI MODI DER DRITTEN FIGUR

A[6] I   Wenn er Vernünftiges/B ist, ist er Sinnenhaftes/A, und wenn er
         Unlebendiges/C ist, ist er nicht A.
         Und er ist B.
         Folglich ist er nicht C.

         Oder so:
         Und er ist C.
         Folglich ist er nicht B.
         Und er ist C.
         Folglich ist er B.

C II Si non est inrationale B, sensibile est[15] A, et si invitale est C, non est A.
Atqui non[16] est B.
Non[17] est igitur C.

5 Vel ita:
Atqui est C.
Est igitur B.

B III Si est[18] rationale B, est sensibile A, et si non est vitale C, non est A.
10 Atqui est B.
Est[19] igitur C.

Vel ita:
Atqui non est C.
Non est igitur B.

15 D IIII Si non est inrationale B, sensibile est A, et si non est vitale C, non est A.
Atqui non est B.
Est igitur C.

Vel ita:
20 Atqui non est C.
Est igitur B.

E V Si inanimatum est B, non est sensibile A, et si rationale est C, est A.
Atqui est B.
25 Non est igitur C.

Vel ita:
Atqui est C.
Non est igitur B.

F VI Si non est animatum B, non est sensibile A, et si rationale est C, est A.
30 Atqui non est B.
Non est igitur C.

---

15 est] *A interlin. L^c*
16 non] *A interlin. L^c*
17 Non] *A om. L*
18 est] *interlin. L^c*
19 est] *non est A est in rasura L^c*

C II Wenn er nicht Nicht-Vernünftiges/B ist, ist er Sinnenhaftes/A,
       und wenn er Unlebendiges/C ist, ist er nicht A.
       Und er ist nicht B.
       Folglich ist er nicht C.

       Oder so:
B III Wenn er Vernünftiges/B ist, ist er Sinnenhaftes/A, und wenn er
       nicht Lebendiges/C ist, ist er nicht A.
       Und er ist B.
       Folglich ist er C.

       Oder so:
       Und er ist nicht C.
       Folglich ist er nicht B.

D IIII Wenn er nicht Nicht-Vernünftiges/B ist, ist er Sinnenhaftes/A,
        und wenn er nicht Lebendiges/C ist, ist er nicht A.
        Und er ist nicht B.
        Folglich ist er C.

        Oder so:
        Und er ist nicht C.
        Folglich ist er B.

E V   Wenn er Unbeseeltes/B ist, ist er nicht Sinnenhaftes/A, und wenn
       er Vernünftiges/C ist, ist er A.
       Und er ist B.
       Folglich ist er nicht C.

       Oder so:
       Und er ist C.
       Folglich ist er nicht B.

F VI Wenn er nicht Beseeltes/B ist, ist er nicht Sinnenhaftes/A, und
       wenn er Vernünftiges/C ist, ist er A.
       Und er ist nicht B.
       Folglich ist er nicht C.

Vel ita:[20]
Atqui est C.
Est igitur B.

5 G VII Si est inanimatum B, non est sensibile A, et si non est inrationale
C, est A.
Atqui est B.
Est igitur C.

Vel ita:
10   Atqui non est C.
Non est igitur B.

H VIII Si non est animatum B, non est sensibile A, et si non est inrationale C, est A.
Atqui non est B.
15   Est igitur C.

Vel ita:
Atqui non est C.
Est igitur B.

Exceptis his,[21] in singulis figuris[22] sunt complexiones XVI quae, quia
20 necessitate carent, syllogismorum rationem non habent nisi per terminorum inmediatam contrarietatem.

---

[20] ita] *A om. L*
[21] his] figuris *add. L exp. L^c*
[22] figuris] *interlin. L^c*

Oder so:
Und er ist C.
Folglich ist er B.

G   VII Wenn er Unbeseeltes/B ist, ist er nicht Sinnenhaftes/A, und wenn
er nicht Nicht-Vernünftiges/C ist, ist er A.
Und er ist B.
Folglich ist er C.

Oder so:
Und er ist nicht C.
Folglich ist er nicht B.

H   VIII Wenn er nicht Beseeltes/B ist, ist er nicht Sinnenhaftes/A, und
wenn er nicht Nicht-Vernünftiges/C ist, ist er A.
Und er ist nicht B.
Folglich ist er C.

Oder so:
Und er ist nicht C.
Folglich ist er B.

Mit Ausnahme von diesen gibt es in den einzelnen Figuren XVI Verknüpfungen, die, weil sie der Notwendigkeit entbehren, nicht unter den Begriff
der Syllogismen fallen,[7] es sei denn aufgrund der unmittelbaren Kontrarietät der Begriffe.[8]

⟨CAPITULUM QUARTUM⟩

Nunc agendum est de propositionibus his, quae constant duabus hypotheticis, et sunt numero XVI, factae ex IIII terminis, quorum primus octies
5   affirmatur, octies rursus infirmabitur. Sub affirmato vero antepenultimus
quater affirmabitur, quaterque negabitur, servata eadam ratione sub primi
negatione. Reliqui duo se habent pro simplicium propositionum modo.
Notandum vero in his quod, cum sint quattuor termini alternatim, etiam
conditionaliter respondent sibi, id est primus tertio et secundus quarto, ita
10 tamen, ut in ambabus hypotheticis per se praecedens terminus contineat
sequentem dupliciter, quia, utcumque praecedens fuerit, possibile est esse et
non esse id, quod consequens debet dici. Unde fit, ut altera hypothetica
alterius causa sit.[1] Assumitur quoque in XVI syllogismis hypothetica
prima, ut concludatur secunda. Et rursus in aliis XVI assumitur secunda
15 contrario modo, quam est ultimus terminus, ut concludatur prima contrario modo quam est terminus qui dictus est antepenultimus. Sed quoniam
inmediatam contrarietatem sequ⟨u⟩ntur quinta, septima, XIII et XV, de
eorum et aliorum exemplis sufficiant, quae breviter quidem, sed cautissime
subscripta sunt. Nam ex his quattuor propositionibus singulae quattuor
20 modos procreant, quoniam ex his, quomodocumque | assumptum fuerit,
conclusio utilis assumptioni deesse non poterit. Siquidem, excoeptis his,
aliae omnes propositiones syllogismorum procreant modos tantum dupli-
ces necessitate magnopere constantes.[2]

I   Si, cum sit homo A,[3] est grammaticus B, cum sit rationalis C, est
25   disciplinatus D.
        Atqui cum sit A, est B.
        Cum igitur sit C, est D.

        Vel ita:
        Atqui cum sit C, non est D.
30   Cum igitur sit A, non est B.

---

[1]   Notandum ... causa sit] *in infima pagina* A*ᵐ*
[2]   *Hic est finis* A
[3]   A] *omnes litterae huiusmodi in propositionibus I-XVI, id est in primis praemissis, interlin.*
      L

KAPITEL IV

Jetzt sind jene Aussagen zu behandeln, die aus zwei hypothetischen Aussagen bestehen,[1] und es sind XVI an der Zahl, die aus IIII Begriffen hergestellt sind, von denen der erste acht Mal behauptet und wiederum acht Mal abgestritten wird. Unter dem Behaupteten aber wird der vorvorletzte vier Mal behauptet und vier Mal verneint, wobei bei der Negation des ersten die gleiche Vorgangsweise beibehalten wird. Die beiden übrigen verhalten sich entsprechend der Weise der einfachen Aussagen. Bei diesen ist aber zu beachten, daß sie, da abwechselnd vier Begriffe vorliegen, einander auch konditional entsprechen, d.h. der erste dem dritten und der zweite dem vierten,[2] jedoch so, daß in beiden für sich genommenen hypothetischen Aussagen der vorausgehende Begriff den nachfolgenden zweifach enthält, weil es, wie auch immer der vorausgehende Begriff war, möglich ist, daß das, was als Folgendes ausgesagt werden soll, ist, und daß es nicht ist.[3] Von da her ergibt sich, daß die eine hypothetische Aussage die Ursache der anderen ist. In den XVI Syllogismen wird auch die erste hypothetische Aussage angenommen, damit die zweite erschlossen wird.[4] In anderen XVI (Syllogismen) wiederum wird die zweite (hypothetische Aussage) auf konträre Weise gegenüber (der Weise), wie der letzte Begriff (gesetzt) ist, angenommen, so daß die erste auf konträre Weise gegenüber (der Weise), wie der Begriff, der der vorvorletzte genannt wurde, erschlossen wird.[5] Da aber die fünfte, siebente, dreizehnte und fünfzehnte Aussage der unmittelbaren Kontrarietät folgen, genügt in Hinsicht auf die Beispiele jener und der anderen, was zwar kurz, aber sorgfältig im folgenden verzeichnet ist. Denn die einzelnen bringen aus diesen vier Aussagen vier Modi hervor, weil ausgehend von diesen, was auch immer das Angenommene war, eine in Bezug auf die Annahme brauchbare Konklusion nicht wird fehlen können.[6] Mit Ausnahme freilich dieser (eben genannten) bringen alle anderen Aussagen nur zweifache Modi von Syllogismen hervor, die mit großer Notwendigkeit Bestand haben.[7]

I   Wenn er gleichzeitig damit, daß er Mensch/A ist, grammatik-
     kundig/B ist, dann ist er gleichzeitig damit, daß er vernünftig/C ist,
     gelehrt/D.[8]
     Und gleichzeitig damit, daß er A ist, ist er B.
     Folglich: gleichzeitig damit, daß er C ist, ist er D.

     Oder so:
     Und gleichzeitig damit, daß er C ist, ist er nicht D.
     Folglich: gleichzeitig damit, daß er A ist, ist er nicht B.

II   Si, cum sit homo A, est grammaticus B, cum sit rationalis C, non est indisciplinatus D.
Atqui cum sit A, est B.
Cum igitur sit C, non est D.

Vel:
Atqui cum sit C, est D.
Cum igitur sit A, non est B.

III   Si, cum sit homo A, est grammaticus B, cum non sit inrationalis C, est disciplinatus D.
Atqui cum sit A, est B.
Cum igitur non sit C, est D.

Vel:
Atqui cum non sit C, non est D.
Cum igitur sit A, non est B.

IIII   Si, cum sit homo A, est grammaticus B, cum non sit inrationalis C, non est indisciplinatus D.
Atqui cum sit A, est B.
Cum igitur non sit C, non est D.

Vel:
Atqui cum non sit C, est D.
Cum igitur sit A, non est B.

V   Si, cum sit homo A, non est grammaticus B, cum sit rationalis C, est inlitteratus D.
Atqui cum sit A, non est B.
Cum igitur sit C, est D.

Vel:
Atqui cum sit C, non est D.
Cum igitur sit A, est B.

Vel:[4]
Atqui cum sit A, est B.
Cum igitur sit C, non est D.

---

[4] Vel] L^{m}

II   Wenn er gleichzeitig damit, daß er Mensch/A ist, grammatik-
kundig/B ist, dann ist er gleichzeitig damit, daß er vernünftig/C ist,
nicht ungelehrt/D.
Und gleichzeitig damit, daß er A ist, ist er B.
Folglich: gleichzeitig damit, daß er C ist, ist er nicht D.

Oder:
Und gleichzeitig damit, daß er C ist, ist er D.
Folglich: gleichzeitig damit, daß er A ist, ist er nicht B.

III   Wenn er gleichzeitig damit, daß er Mensch/A ist, grammatik-
kundig/B ist, dann ist er gleichzeitig damit, daß er nicht nicht-ver-
nünftig/C ist, gelehrt/D.
Und gleichzeitig damit, daß er A ist, ist er B.
Folglich: gleichzeitig damit, daß er nicht C ist, ist er D.

Oder:
Und gleichzeitig damit, daß er nicht C ist, ist er nicht D.
Folglich: gleichzeitig damit, daß er A ist, ist er nicht B.

IIII   Wenn er gleichzeitig damit, daß er Mensch/A ist, grammatik-
kundig/B ist, dann ist er gleichzeitig damit, daß er nicht nicht-ver-
nünftig/C ist, nicht ungelehrt/D.
Und gleichzeitig damit, daß er A ist, ist er B.
Folglich: gleichzeitig damit, daß er nicht C ist, ist er nicht D.

Oder:
Und gleichzeitig damit, daß er nicht C ist, ist er D.
Folglich: gleichzeitig damit, daß er A ist, ist er nicht B.

V   Wenn er gleichzeitig damit, daß er Mensch/A ist, nicht grammatik-
kundig/B ist, dann ist er gleichzeitig damit, daß er vernünftig/C ist,
ungebildet/D.
Und gleichzeitig damit, daß er A ist, ist er nicht B.
Folglich: gleichzeitig damit, daß er C ist, ist er D.

Oder:
Und gleichzeitig damit, daß er C ist, ist er nicht D.
Folglich: gleichzeitig damit, daß er A ist, ist er B.

Oder:
Und gleichzeitig damit, daß er A ist, ist er B.
Folglich: gleichzeitig damit, daß er C ist, ist er nicht D.

Vel:
Atqui cum sit C, est D.
Cum igitur sit A, non est B.

VI   Si, cum sit homo A, non est grammaticus B, cum sit rationalis C,
5   non est litteratus D.
Atqui cum sit A, non est B.
Cum igitur sit C, non est D.

Vel:
Atqui cum sit C, est D.
10   Cum igitur sit A, est B.

VII   Si, cum sit homo A, non est grammaticus B, cum non sit inrationalis
C, est inlitteratus D.
Atqui cum sit A, non est B.
Cum igitur non sit C, est D.

15   Vel:
Atqui cum non sit C, non est D.
Cum igitur sit A, est B.

Vel:[5]
Atqui cum sit A, est B.
20   Cum igitur non sit C, non est D.

Vel:
Atqui cum non sit C, est D.
Cum igitur sit A, non est B.

VIII   Si, cum sit homo A, non est grammaticus B, cum non sit inrationalis
25   C, non est litteratus D.
Atqui cum sit A, non est B.
Cum igitur non sit C, non est D.

---

5   Vel] L^m

Oder:

Und gleichzeitig damit, daß er C ist, ist er D.

Folglich: gleichzeitig damit, daß er A ist, ist er nicht B.

VI   Wenn er gleichzeitig damit, daß er Mensch/A ist, nicht grammatik-
kundig/B ist, dann ist er gleichzeitig damit, daß er vernünftig/C ist,
nicht gebildet/D.

Und gleichzeitig damit, daß er A ist, ist er nicht B.

Folglich: gleichzeitig damit, daß er C ist, ist er nicht D.

Oder:

Und gleichzeitig damit, daß er C ist, ist er D.

Folglich: gleichzeitig damit, daß er A ist, ist er B.

VII   Wenn er gleichzeitig damit, daß er Mensch/A ist, nicht grammatik-
kundig/B ist, dann ist er gleichzeitig damit, daß er nicht nicht-ver-
nünftig/C ist, ungebildet/D.

Und gleichzeitig damit, daß er A ist, ist er nicht B.

Folglich: gleichzeitig damit, daß er nicht C ist, ist er D.

Oder:

Und gleichzeitig damit, daß er nicht C ist, ist er nicht D.

Folglich: gleichzeitig damit, daß er A ist, ist er B.

Oder:

Und gleichzeitig damit, daß er A ist, ist er B.

Folglich: gleichzeitig damit, daß er nicht C ist, ist er nicht D.

Oder:

Und gleichzeitig damit, daß er nicht C ist, ist er D.

Folglich: gleichzeitig damit, daß er A ist, ist er nicht B.

VIII   Wenn er gleichzeitig damit, daß er Mensch/A ist, nicht grammatik-
kundig/B ist, dann ist er gleichzeitig damit, daß er nicht nicht-ver-
nünftig/C ist, nicht gebildet/D.

Und gleichzeitig damit, daß er A ist, ist er nicht B.

Folglich: gleichzeitig damit, daß er nicht C ist, ist er nicht D.

Vel:
Atqui cum non sit C, est D.
Cum igitur sit A, est B.

5   VIIII   Si, cum non sit iniustus A, est grammaticus B, cum sit pius C, est
disciplinatus D.
Atqui cum non sit A, est B.
Cum igitur sit C, est D.

Vel:
10   Atqui cum sit C, non est D.
Cum igitur non sit A, ⟨non⟩ est B.

X   Si, cum non sit iniustus A, est grammaticus B, cum sit pius C, non
est indisciplinatus D.
Atqui cum non sit A, est B.
15   Cum igitur sit C, non est D.

Vel:
Atqui cum sit C, est D.
Cum igitur non est A, non est B.

XI   Si, cum non sit iniustus A, est grammaticus B, cum non sit impius
20   C, est disciplinatus D.
Atqui cum non sit A, est B.
Cum igitur non sit C, est D.

Vel:
Atqui cum non sit C, non est D.
25   Cum igitur non sit A, non est B. |

XII   Si, cum non sit iniustus A, est grammaticus B, cum non sit impius
C, non est indisciplinatus D.
Atqui cum non sit A, est B.
Cum igitur non sit C, non[6] est D.

30   Vel:
Atqui cum non sit C, est D.
Cum igitur non sit A, non[7] est B.

---

6   non] *interlin.* L^c
7   non] *interlin.* L^c

Oder:
Und gleichzeitig damit, daß er nicht C ist, ist er D.
Folglich: gleichzeitig damit, daß er A ist, ist er B.

VIIII Wenn er gleichzeitig damit, daß er nicht ungerecht/A ist, gram-
       matikkundig/B ist, dann ist er gleichzeitig damit, daß er fromm/C
       ist, gelehrt/D.
       Und gleichzeitig damit, daß er nicht A ist, ist er B.
       Folglich: gleichzeitig damit, daß er C ist, ist er D.

       Oder:
       Und gleichzeitig damit, daß er C ist, ist er nicht D.
       Folglich: gleichzeitig damit, daß er nicht A ist, ist er nicht B.

X   Wenn er gleichzeitig damit, daß er nicht ungerecht/A ist, gram-
       matikkundig/B ist, dann ist er gleichzeitig damit, daß er fromm/C
       ist, nicht ungelehrt/D.
       Und gleichzeitig damit, daß er nicht A ist, ist er B.
       Folglich: gleichzeitig damit, daß er C ist, ist er nicht D.

       Oder:
       Und gleichzeitig damit, daß er C ist, ist er D.
       Folglich: gleichzeitig damit, daß er nicht A ist, ist er nicht B.

XI   Wenn er gleichzeitig damit, daß er nicht ungerecht/A ist, gram-
       matikkundig/B ist, dann ist er gleichzeitig damit, daß er nicht un-
       fromm/C ist, gelehrt/D.
       Und gleichzeitig damit, daß er nicht A ist, ist er B.
       Folglich: gleichzeitig damit, daß er nicht C ist, ist er D.

       Oder:
       Und gleichzeitig damit, daß er nicht C ist, ist er nicht D.
       Folglich: gleichzeitig damit, daß er nicht A ist, ist er nicht B.

XII   Wenn er gleichzeitig damit, daß er nicht ungerecht/A ist, gram-
       matikkundig/B ist, dann ist er gleichzeitig damit, daß er nicht un-
       fromm/C ist, nicht ungelehrt/D.
       Und gleichzeitig damit, daß er nicht A ist, ist er B.
       Folglich: gleichzeitig damit, daß er nicht C ist, ist er nicht D.

       Oder:
       Und gleichzeitig damit, daß er nicht C ist, ist er D.
       Folglich: gleichzeitig damit, daß er nicht A ist, ist er nicht B.

XIII Si, cum non sit iniustus A, non est grammaticus B, cum sit pius C, est inlitteratus D.
Atqui cum non sit A, non est B.
Cum igitur sit C, est D.

5

Vel:
Atqui cum sit C, non est D.
Cum igitur non sit A, est B.

⟨Vel:⟩

10 Atqui cum non sit A, est B.
Cum igitur sit C, non est D.

Vel:
Atqui cum sit C, est D.
Cum igitur non sit A, non est B.

15 XIIII Si, cum non sit iniustus A, non est grammaticus B, cum sit pius C, non est litteratus D.
Atqui cum non sit A, non est B.
Cum igitur sit C, non est D.

Vel:

20 Atqui cum sit C, est D.
Cum igitur non sit A, est B.

XV Si, cum non sit iniustus A, non est grammaticus B, cum non sit impius C, est inlitteratus D.
Atqui cum non[8] sit A, non est B.

25 Cum igitur non sit C, est D.

Vel:
Atqui cum non sit C, non est D.
Cum igitur non sit A, est B.

Vel:[9]

30 Atqui cum non sit A, est B.
Cum igitur non sit C, non est D.

---

8 non] interlin. L^c
9 Vel] L^m

XIII   Wenn er gleichzeitig damit, daß er nicht ungerecht/A ist, nicht grammatikkundig/B ist, dann ist er gleichzeitig damit, daß er fromm/C ist, nicht gebildet/D.
Und gleichzeitig damit, daß er nicht A ist, ist er nicht B.
Folglich: gleichzeitig damit, daß er C ist, ist er D.

Oder:
Und gleichzeitig damit, daß er C ist, ist er nicht D.
Folglich: gleichzeitig damit, daß er nicht A ist, ist er B.

Oder:
Und gleichzeitig damit, daß er nicht A ist, ist er B.
Folglich: gleichzeitig damit, daß er C ist, ist er nicht D.

Oder:
Und gleichzeitig damit, daß er C ist, ist er D.
Folglich: gleichzeitig damit, daß er nicht A ist, ist er nicht B.

XIIII Wenn er gleichzeitig damit, daß er nicht ungerecht/A ist, nicht grammatikkundig/B ist, dann ist er gleichzeitig damit, daß er fromm/C ist, nicht gebildet/D.
Und gleichzeitig damit, daß er nicht A ist, ist er nicht B.
Folglich: gleichzeitig damit, daß er C ist, ist er nicht D.

Oder:
Und gleichzeitig damit, daß er C ist, ist er D.
Folglich: gleichzeitig damit, daß er nicht A ist, ist er B.

XV   Wenn er gleichzeitig damit, daß er nicht ungerecht/A ist, nicht grammatikkundig/B ist, dann ist er gleichzeitig damit, daß er nicht unfromm/C ist, nicht gebildet/D.
Und gleichzeitig damit, daß er nicht A ist, ist er nicht B.
Folglich: gleichzeitig damit, daß er nicht C ist, ist er D.

Oder:
Und gleichzeitig damit, daß er nicht C ist, ist er nicht D.
Folglich: gleichzeitig damit, daß er nicht A ist, ist er B.

Oder:
Und gleichzeitig damit, daß er nicht A ist, ist er B.
Folglich: gleichzeitig damit, daß er nicht C ist, ist er nicht D.

Vel:

Atqui cum non sit C, est D.

Cum igitur non est A, non est B.

5   XVI   Si, cum non sit iniustus A, non est grammaticus B, cum non sit
impius C, non est litteratus D.

Atqui cum non sit A, non est B.

Cum igitur non sit C, non est D.

Vel:

10   Atqui cum non sit C, est D.

Cum igitur non sit A, est B.

His XVI propositionibus ordinatis, ex quibus XL syllogismorum modos
contexui, dicendum videtur quod generaliter unaquaeque propositio hypothetica vel simplex vel composita suis proprietatibus sit informata. Quas
15   proprietates in singulis propositionibus maxime innotescit congrua vis
debitae assumptionis. Unde satis sit exemplum huiusmodi in his et in aliis:
Si est homo, cum sit animatum, est rationale. Assumitur: *Atqui est homo.* Ex
qua assumptione certum est animatum esse rationale, quia id unde dubita-
batur, homo constat esse verissime, et necesse est ei alterum confiteri, cui
20   alterum placuerit. Cum enim multa sint animata, quae non sunt rationabi-
lia, tunc tamen auditor animatum rationale esse necessario concedit, cum
conditionis partem, utpote hominem, assumpserit. Aliter quoque eiusdem
propositionis est assumptio in altero syllogismo: *Atqui cum sit animatum,
non est rationale.* Cuius assumptionis ista est ratio, quod tunc homo nullo
25   modo sit, cum auditor id quod est in altera parte compositae conditionis
animatum esse intelligit, sed rationale non credit. Nullum enim animatum
homo erit, nisi rationale fuerit, quamvis dum homo est, et animatum et
rationale est. Cum vero animatum est, | nec hominem, nec rationale esse
necesse est; licet, dum rationale est, concedatur animatum esse necessario,
30   hominem vero non necessario,[10] quippe est quiddam praeter hominem
rationale, quod constat animatum esse. Sicque fit, ut dum uniuscuiuslibet

---

[10] hominem vero non necessario] L^m

Oder:
Und gleichzeitig damit, daß er nicht C ist, ist er D.
Folglich: gleichzeitig damit, daß er nicht A ist, ist er nicht B.

XVI Wenn er gleichzeitig damit, daß er nicht ungerecht/A ist, nicht grammatikkundig/B ist, dann ist er gleichzeitig damit, daß er nicht unfromm/C ist, nicht gebildet/D.
Und gleichzeitig damit, daß er nicht A ist, ist er nicht B.
Folglich: gleichzeitig damit, daß er nicht C ist, ist er nicht D.

Oder:
Und gleichzeitig damit, daß er nicht C ist, ist er D.
Folglich: gleichzeitig damit, daß er nicht A ist, ist er B.

Nachdem diese XVI Aussagen der Ordnung nach aufgestellt wurden, aus denen ich XL Modi von Syllogismen gewebt habe,[9] scheint es erfordert zu sein zu sagen, daß ganz allgemein jede beliebige einfache oder zusammengesetzte hypothetische Aussage durch ihre Eigenschaften in ihrer Form bestimmt ist. Diese Eigenschaften bringt in den einzelnen Aussagen vor allem die angemessene Kraft der erforderten Annahme zur Kenntnis. Somit sei bei diesen wie auch bei den anderen ein Beispiel dieser Art ausreichend: *Wenn er Mensch ist, dann ist er gleichzeitig damit, daß er Beseeltes ist, Vernünftiges.* Es wird angenommen: *Und er ist Mensch.* Aus dieser Annahme ergibt sich mit Gewißheit, daß (irgendein) Beseeltes Vernünftiges ist, weil von dem, worüber gezweifelt wurde, mit höchster Wahrheit feststeht, daß er Mensch ist, und es für den, dem das eine passend erscheinen wird, notwendig ist, das andere zuzugeben. Obwohl es nämlich viele Beseelte gibt, die nicht Vernünftige sind, gesteht der Hörer doch dann mit Notwendigkeit zu, daß (irgendein) Beseeltes Vernünftiges ist, wenn er den Teil der Bedingung, nämlich (daß dieses) Mensch (ist), angenommen hat.[10] Anders ist auch die Annahme (zu) derselben Aussage in einem anderen Syllogismus: *Und gleichzeitig damit, daß er Beseeltes ist, ist er nicht Vernünftiges.* Der Grund dieser Annahme ist der, daß dann (etwas) auf keine Weise Mensch ist, wenn der Hörer von dem, was in dem anderen Teil der zusammengesetzten Bedingung ist, einsieht, daß es Beseeltes ist, aber nicht glaubt, daß es Vernünftiges ist. Kein Beseeltes nämlich wird Mensch sein, wenn es nicht Vernünftiges ist, obwohl es, solange es sich um einen Menschen handelt, sowohl Beseeltes als auch Vernünftiges ist. Wenn es aber Beseeltes ist, ist es weder notwendig, daß es Mensch, noch daß es Vernünftiges ist; obwohl, solange es Vernünftiges ist, zugestanden wird, daß es mit Notwendigkeit Beseeltes ist, nicht aber mit Notwendigkeit Mensch, weil es nämlich etwas Vernünftiges außer dem Menschen gibt, von dem feststeht, daß es Beseeltes ist. Und so geschieht es, daß, während die Begriffe jeder beliebigen Aussage auf direkte oder umgekehrte Weise[11] aufeinander in irgendeiner Weise der

propositionis ad se invicem et directim et conversim conferuntur termini sub quocumque modo affirmationis et negationis, eorum alter alterum nunc constituat, nunc vero perimat, et nonnumquam nec constituat, nec perimat, quamquam tota propositio necessariam conditionem teneat. Satis
5   igitur ostensum esse arbitror, quomodo sit investiganda proprietas cuius-libet hypotheticae propositionis.

Dicendum tamen quod sunt multa aliis communia, quae dum in unam quamlibet rem conveniunt, eam ab aliis omnibus differre faciunt. Nam haec propositio, cuius proprietates quaerere institui, et conexa, et compo-
10 sita, et in eius compositione est hypothetica praedicativae subiecta, nihilque habens negationis, tota est affirmativa. Quibus quatuor[11] differentiarum proprietatibus per collationem terminorum suorum eius solitaria natura ostenditur. De cetero sciendum, quod omnis hypothetica seu simplex sit seu composita, longis quibuslibet ambagibus prolixa, plus minusve duabus
15 partibus constat,[12] quarum altera dicitur antecedens, altera vero conse-quens; et hinc argumenta ducuntur, quae ab antecedentibus et consequenti-bus nominantur. Quapropter in superiori propositione praedicativa est antecedens, et tota hypothetica consequens, licet eius alter terminus ad id agendum sit praecipuus.

---

[11] quatuor] quattuor *L*
[12] constat] careat *L*

Bejahung und Verneinung bezogen werden, der eine von ihnen den anderen einmal aufstellt, ein andermal aufhebt, und manchmal weder aufstellt noch aufhebt, obwohl die gesamte Aussage eine notwendige Bedingung festhält. Ich meine also, daß in genügender Weise gezeigt ist, auf welche Weise die Eigenschaft einer beliebigen hypothetischen Aussage zu untersuchen ist.[12]

Es muß jedoch gesagt werden, daß es viele anderen (hypothetischen Aussagen) gemeinsame (Bestimmungen) gibt, die, während sie in Beziehung auf irgendeine Sache übereinstimmen, bewirken, daß diese von allen anderen unterschieden ist. Denn die Aussage, deren Eigenschaften zu untersuchen ich unternommen habe, ist verbunden und zusammengesetzt, und sie ist in ihrer Zusammensetzung eine hypothetische Aussage, die einer prädikativen hinzugefügt ist, und sie ist ganz affirmativ und enthält nichts von einer Negation. Durch die Eigenschaften der vier Differenzen wird durch den Vergleich ihrer Begriffe deren (d.h. der Aussage) besondere Natur aufgezeigt. Im übrigen muß man wissen, daß jede hypothetische Aussage, sei diese nun einfach oder zusammengesetzt, auch wenn sie durch beliebige ausgedehnte Komplizierung erweitert ist, mehr oder weniger aus zwei Teilen besteht, von denen einer Antezedens, der andere Konsequens genannt wird; und von da aus werden Argumente abgeleitet, die von den Antezedentia und von den Konsequentia her benannt werden. Deshalb ist in der obigen Aussage die prädikative Aussage das Antezedens und die ganze hypothetische Aussage das Konsequens,[13] obwohl der eine Begriff von ihr der hauptsächliche dafür ist, daß dies bewirkt wird.

⟨CAPITULUM QUINTUM⟩

Sed quia de propositionibus hypotheticis, quae per conexionem fiunt, ut
potui, explicavi, consequens videtur de his disserere, quae per disiunctio-
5   nem fiunt conexarum similitudine. Ut ergo earum similitudo dissimilitu-
doque noscatur, describantur prius conexae propositiones simplices, sicut
sunt superius in formula dispositae, eisque subiciantur simplices disiunctivae postmodum exponendae.

I	Si homo est, animal est	CONSEQUENTES	Si animal non est, homo non est	IIII
III	Si sanus non est, aeger est	CONTRARIA	Si albus est, niger non est	II
	SUPERIORES IIII SUNT CONEXAE, TOTIDEM VERO INFERIORES DISIUNCTAE			
I	Aut sanus, aut aeger est	CONTRARIA	Aut albus non est, aut niger non est	IIII
III	Aut homo non est, aut animal est	CONSEQUENTES	Aut animal est, aut homo non est	II

10 | Cur propositiones conexae vel disiunctae dictae sint, quia superius tetigi,
breviloquio paucis absolvere curabo. Siquidem conexa propositio terminis
constat, quorum alter alterius ad esse vel non esse sit causa, qui coniungun-
tur maxime *si* coniunctione, quam grammatici[1] solent continuativam seu
15   causalem nominare. Continuativam quidem, quod continuationem et naturae consequentiam significet, ut: *Si stertit, dormit*; causalem vero quod effi-
cientis causae effectum ita suggerat, ut hoc esse impossibile sit, si illud non
fuerit. At,[2] siquidem sit[3] efficiens causa, haesitas. Illud, unde aliquid est vel
fit, scite[4] efficientem causam dici, quia nimirum, cum de nihilo nihil fiat,
20   quiddam materialiter prius fuit, quod alicuius formae effectum suscipere
potuit, veluti verbi gratia aurum materies est coronae vel anuli, et animal
hominis, et dormire stertendi, et concubere pariendi.
     Est quoque eadem coniunctio continuativa et causalis in his, quae simul

---

1   grammatici] gramatici *L*
2   At] Ad *L* At *L^c*
3   sit] *interlin. L^c*
4   scite] scito *L*

KAPITEL V

Weil ich aber über hypothetische Aussagen, die durch eine Verbindung entstehen, eine Erklärung geliefert habe, soweit ich konnte, scheint es folgerichtig zu sein, über zu handeln, die in Ähnlichkeit zu den verbundenen Aussagen durch eine Disjunktion entstehen.[1] Damit folglich deren Ähnlichkeit und Unähnlichkeit erkannt werde, sollen zunächst die einfachen verbundenen Aussagen beschrieben werden, so wie sie oben in einem Schema angeordnet wurden, und diesen sollen die einfachen disjunktiven Aussagen hinzugefügt werden, die in der Folge darzulegen sind.[2]

I	Wenn er Mensch ist, ist er Lebewesen	FOLGENDE	Wenn er nicht Lebewesen ist, ist er nicht Mensch	IIII
III	Wenn er nicht gesund ist, ist er krank	KONTRÄRE	Wenn er weiß ist, ist er nicht schwarz	II
	DIE OBIGEN SIND VERBUNDEN, EBENSOVIELE UNTEN SIND ABER DISJUNKT			
I	Entweder ist er gesund, oder er ist krrank	KONTRÄRE	Entweder ist er nicht weiß, oder er ist schwarz	IIII
III	Entweder ist er nicht Mensch, oder er ist Lebewesen	FOLGENDE	Entweder ist er Lebewesen, oder er ist nicht Mensch	II

Warum die Aussagen verbunden oder disjunkt genannt werden, wie ich es oben erwähnt habe, werde ich kurz mit wenigen Worten zu erledigen mich bemühen. Eine verbundene Aussage besteht nämlich aus Begriffen, von denen der eine die Ursache für das Sein oder Nichtsein des anderen ist, die besonders durch die Konjunktion *wenn* verbunden werden, die die Grammatiker fortsetzend[3] oder kausal zu nennen pflegen. Fortsetzend freilich (nennen sie das), was eine Fortsetzung und eine Folge der Natur bezeichnet, wie z.B.: *Wenn er schnarcht, schläft er*; kausal aber, was die Wirkursache und das Bewirkte so nahelegt, daß es unmöglich ist, daß dieses ist, wenn jenes nicht gewesen ist. Aber du zögerst, ob dies wirklich eine Wirkursache ist. Das, woher etwas ist oder wird, wird richtigerweise Wirkursache genannt, weil gewiß, da aus nichts nichts wird, etwas materiell vorher da war, was die Wirkung irgendeiner Form aufnehmen konnte, wie z.B. das Gold die Materie einer Krone oder eines Ringes ist und das Lebewesen (die Materie) des Menschen und das Schlafen die des Schnarchens und der Beischlaf des Gebärens.

Es liegt auch dieselbe fortsetzende und kausale Konjunktion bei jenen

numquam possunt inveniri, quia ablata sanitas efficit aegrum, et effecta
albedo continuo aufert nigrum; ablatio ergo sanitatis est efficiens causa
aegritudinis, et illatio albedinis continuo non esse nigrum efficit. Hinc est
quod propositiones huiusmodi hypotheticas Graecis[5] nominare placuit,
5 quasi implicitas quibusdam causis, quae separantur a se, si non re, saltem
cogitatione.

Porro adverbium temporis *cum* quando accipitur pro *si*, est coniunctio
causalis, eandem quam et illa obtinens vim. Quae utraeque tunc ad demonstrationem sunt utiles, cum talis causarum se[6] sequentium necessitas inest
10 qualis superius dicta est. Cum vero est in causarum consequentia pro deli-
berantis arbitrio non necessitas sed voluntas ad demonstrationem, non
multa est utilitas, nisi quae pertinet ad rhetorum[7] declamationes, quia in
talibus profecto plurimum valet opinio, ut: *Si mater est, diligit filium*, et: *Si
noverca est, odit privignum*.

15 Tandem de disiunctivis tractandum est, quae fiunt, cum termini separantur natura maxime *aut* coniunctionis, quoniam eorum coniunctio per
conexionem causa fit, qua debeant, si necesse sit, disiungi. Nam, quamvis
dictiones coniungant sensum, tamen disiungunt, et alteram rem esse, alteram vero non esse significant, etiam quando utrasque dictiones affirmant.
20 Quarum videlicet disiunctivarum propositionum usus frequentior est in
contrariis, sicut conexarum in consequentia naturali, | quamvis, si necesse
sit, omnes alternatim in se possint transfundi. Quicumque enim termini
habentur in conexarum propositionum prima, quae constat solis affirmativis, pro causarum consequentia ipsi eodem ordine inveniuntur in disi-
25 unctivarum propositionum tertia, quae dicitur subaffirmativa. Et quicumque termini habentur in conexarum propositionum quarta, quae constat
solis negativis, pro causarum consequentia ipsi eodem ordine inveniuntur
in disiunctivarum propositionum secunda, quae dicitur subnegativa.

Videndum est rursus qualiter contraria transfundantur. Quicumque
30 enim termini habentur in conexarum propositionum tertia, quae constans
ex inmediatis contrariis dicitur subaffirmativa, ipsi eodem ordine inveniuntur in disiunctivarum propositionum prima, utrisque affirmativis contenta.

---

5   Graecis] grecis *L*
6   se] *L*^{m}
7   rhetorum] rethorum *L*

vor, die niemals zugleich vorgefunden werden können, weil die wegge-
nommene Gesundheit das Kranksein bewirkt, und das hervorgebrachte
Weißsein fortgesetzt das Schwarzsein entfernt; das Wegnehmen der Gesundheit ist folglich die Wirkursache der Krankheit, und das Anbringen des
Weißseins bewirkt fortgesetzt, daß etwas nicht schwarz ist.[4] Von da her
kommt es, daß es den Griechen gefallen hat, Aussagen dieser Art hypothetische zu nennen, gleichsam als enthielten sie bestimmte Ursachen, die
voneinander getrennt werden,[5] wenn schon nicht der Sache nach, so doch
zumindest der Erkenntnis nach.[6]

Weiterhin ist das Adverb der Zeit *gleichzeitig damit*, wenn es im Sinne
von *wenn* aufgefaßt wird, eine kausale Konjunktion, und erhält dieselbe
Kraft wie diese.[7] Beide sind dann für einen Beweis nützlich, da ihnen eine
solche Notwendigkeit einander folgender Ursachen inne ist, wie sie weiter
oben aufgeführt wurde. Wenn aber in der Folge der Ursachen für das Ur-
teil des Überlegenden keine Notwendigkeit, sondern (nur) der Wille zu
einem Beweis vorliegt, dann ist das von keinem großen Nutzen, außer in
Hinsicht auf das, was zu den Redeformen der Rhetoren gehört, weil dabei
tatsächlich vor allem eine Meinung zur Geltung gebracht wird, wie z.B.:
Wenn sie eine Mutter ist, liebt sie den Sohn, Und: *Wenn sie eine Stiefmutter
ist, haßt sie ihren Stiefsohn*.

Schließlich muß über die disjunktiven Aussagen gehandelt werden, die
sich dann ergeben, wenn die Begriffe durch die Natur der Konjunktion
getrennt werden, in höchstem Maß durch das *oder*, weil ihre Konjunktion
durch die Verbindung zur Ursache wird, aufgrund derer sie, wenn es notwendig ist, getrennt werden müssen. Denn obwohl die Ausdrücke den
Sinn verbinden, trennen sie dennoch und bezeichnen, daß die eine Sache
ist, die andere aber nicht ist, auch wenn sie beide Ausdrücke bejahen. Der
Gebrauch dieser disjunktiven Aussagen ist allerdings häufiger bei den Konträren, so wie der der verbundenen bei der natürlichen Folge, obwohl alle,
wenn es notwendig ist, wechselweise ineinander umgewandelt werden
können. Welche Begriffe auch immer nämlich in der ersten der verbundenen Aussagen vorliegen, die nur aus affirmativen Aussagen besteht, diese
(Begriffe) finden sich wegen der Folge der Ursachen in derselben Ordnung
in der dritten der disjunktiven Aussagen, die subaffirmativ genannt wird.
Und welche Begriffe auch immer in der vierten der verbundenen Aussagen
vorliegen, die nur aus negativen Aussagen besteht, diese (Begriffe) finden
sich wegen der Folge der Ursachen in derselben Ordnung in der zweiten
der disjunktiven Aussagen, die subnegativ genannt wird.

Es muß wiederum gesehen werden, wie die Konträren umgewandelt
werden sollen. Welche Begriffe auch immer nämlich in der dritten der
verbundenen Aussagen vorliegen, die, bestehend aus unmittelbar Konträren, subaffirmativ genannt wird, diese selben (Begriffe) finden sich in derselben Ordnung in der ersten der disjunktiven Aussagen, die auf beide

Quicumque etiam termini habentur in conexarum propositionum secunda, quae constans ex mediatis contrariis dicitur subnegativa, ipsi eodem ordine inveniuntur in disiunctivarum propositionum quarta, utrisque negativis contenta. Sicque fit ut, licet conexae in disiunctivas disiunctivaeque in
5 conexas propositiones per reciprocationem, si necesse sit, transeant eo ordine, quo disponuntur in quadrata *Periermeniarum* formula subalternae, numquam tamen ipsae ulla ratione transire possunt in se eo ordine, quo ibi disponuntur propositiones contradictoriae, nisi si aliquando, quod possibile est, subaffirmativa fiat subnegativa.
10 Igitur, quoniam conexarum propositionum assumptiones conclusionesque superius ostendimus, idem de disiunctivis faciendum censemus, quae, quia conexas sequuntur, easdem assumptiones conclusionesque quas et illae habiturae sunt. Quapropter seu prior seu posterior pars in eis assumatur contrario modo, quam in[8] propositione est, accipitur, ut altera pars, sicut
15 est, concludatur. Quod, si ita ut est in propositione, prior seu posterior pars assumatur, nisi in prima disiunctivarum, nil necessarium concluditur. Ex ea nempe semper quadrupliciter syllogismi fiunt, non propter complexionis naturam, sed propter terminorum inmediatam contrarietatem. Quod etiam fit in omnibus hypotheticis, quae, constans terminis huius
20 modi, seu conexae seu disiunctivae sint.

SUNT ERGO HI AB ANTECEDENTIBUS SYLLOGISMORUM MODI

I   Aut sanus est, aut aeger.
       Atqui sanus non est.
25   Aeger igitur est.

       Vel:
       Aut sanus est, aut aeger.
       Atqui sanus est.
       Aeger igitur non est. |

30 II   Aut animal est, aut homo non est.
        Atqui animal non est.
        Homo igitur non est.

---

[8] in] im *L*

affirmative Aussagen beschränkt ist. Welche Begriffe auch immer in der zweiten der verbundenen Aussagen vorliegen, die, bestehend aus Konträren mit einem Mittleren, subnegativ genannt wird, diese selben (Begriffe) finden sich in derselben Ordnung in der vierten der disjunktiven Aussagen, die auf beide negative Aussagen beschränkt ist.[8] Und so ergibt es sich, daß, obwohl die verbundenen Aussagen in disjunktive und die disjunktiven in verbundene Aussagen durch die Reziprozität übergehen können, wenn es notwendig ist, (und zwar) in jener Ordnung, in der die subalternen Aussagen in dem quadratischen Schema in *Peri Hermeneias* angeordnet sind,[9] sie dennoch niemals aus irgendeinem Grund in jener Ordnung, in der dort die kontradiktorischen Aussagen angeordnet sind, ineinander übergehen können, außer wenn manchmal, was möglich ist, die subaffirmative zur subnegativen wird.[10]

Weil wir oben die Annahmen und Konklusionen der verbundenen Aussagen aufgezeigt haben, deshalb meinen wir, daß dasselbe bei den disjunktiven Aussagen durchgeführt werden muß, die, weil sie den verbundenen Aussagen folgen, dieselben Annahmen und Konklusionen wie jene aufweisen werden müssen. Deshalb wird, wenn in ihnen entweder der erstere oder der letztere Teil auf konträre Weise (gegenüber der Weise), wie er in der Aussage ist, angenommen wird, geltend gemacht, daß der andere Teil so erschlossen wird, wie er (in der Aussage) ist. Deshalb wird, wenn der erstere oder der letztere Teil so angenommen wird, wie er in der Aussage ist, außer in der ersten der disjunktiven Aussagen nichts Notwendiges erschlossen. Aus dieser ergeben sich nämlich immer in vierfacher Weise Syllogismen, nicht wegen der Natur der Verknüpfung, sondern wegen der unmittelbaren Kontrarietät der Begriffe. Das ergibt sich auch bei allen hypothetischen Aussagen, die, bestehend aus Begriffen dieser Art, verbundene oder disjunktive Aussagen sind.

ES GIBT ALSO DIESE MODI VON SYLLOGISMEN VON DEN ANTEZEDENTIA[11]

I   Entweder er ist gesund, oder er ist krank.
     Und er ist nicht gesund.
     Folglich ist er krank.

     Oder:
     Entweder er ist gesund, oder er ist krank.
     Und er ist gesund.
     Folglich ist er nicht krank.

II   Entweder er ist Lebewesen, oder er ist nicht Mensch.
     Und er ist nicht Lebewesen.
     Folglich ist er nicht Mensch.

III   Aut homo non est, aut animal est.
        Atqui homo est.
        Animal igitur est.

IIII   Aut albus non est, aut niger non est.
5   Atqui albus est.
        Niger igitur non est.

SUNT AB CONSEQUENTIBUS HI IIII SYLLOGISMORUM MODI

I   Aut sanus est, aut aeger.
        Atqui aeger non est.
10   Sanus igitur est.

        Vel:
        Aut sanus, aut aeger est.
        Atqui aeger est.
        Sanus igitur non est.

15 II   Aut animal est, aut homo non est.
        Atqui homo est.
        Animal igitur est.

III   Aut homo non est, aut animal est.
        Atqui animal non est.
20   Homo igitur non est.

IIII   Aut albus non est, aut niger[9] non est.
        Atqui niger est.
        Albus igitur non est.

    Quid tales propositiones significent, aut de quibus rebus dici valeant, ab
25 illis solet dubitari, qui ignari sunt earum originis, quam, quia ex conexis
ducunt, in easdem resolvi possunt. Si enim scrupulus dubietatis tibi incidit
de propositione quae dicit: *Aut albus non est, aut niger non est*, significatio
eius manifestabit, quae dicit: *Si albus est, niger non est*, proponens scilicet
quod una eademque res simul alba et nigra non est. Quae demum in eo
30 differunt, quod haec alterum ponendo affirmationi negationem nectit, illa
vero alterum ponendo negationem a negatione disiungit. Sibi quoque

---

9   niger] *L^c ex* aeger *L*

III   Entweder er ist nicht Mensch, oder er ist Lebewesen.
       Und er ist Mensch.
       Folglich ist er Lebewesen.

IIII   Entweder er ist nicht weiß, oder er ist nicht schwarz.
       Und er ist weiß.
       Folglich ist er nicht schwarz.

ES GIBT DIESE IIII MODI VON SYLLOGISMEN VON DEN KONSEQUENTIA[12]

I   Entweder er ist gesund, oder er ist krank.
       Und er ist nicht krank.
       Folglich ist er gesund.

       Oder:
       Entweder er ist gesund, oder er ist krank.
       Und er ist krank.
       Folglich ist er nicht gesund.

II   Entweder er ist Lebewesen, oder er ist nicht Mensch.
       Und er ist Mensch.
       Folglich ist er Lebewesen.

III   Entweder er ist nicht Mensch, oder er ist Lebewesen.
       Und er ist nicht Lebewesen.
       Folglich ist er nicht Mensch.

IIII   Entweder er ist nicht weiß, oder er ist nicht schwarz.
       Und er ist schwarz.
       Folglich ist er nicht weiß.

Was Aussagen dieser Art bedeuten, oder von welchen Dingen sie gülti-gerweise ausgesagt werden können, darüber zweifeln gewöhnlich jene, die ihren Ursprung nicht kennen; da sie (sc. die Aussagen) diesen (Ursprung) aus den verbundenen Aussagen herleiten, können sie in jene zurückgeführt werden. Wenn dich nämlich ein Skrupel des Zweifels hinsichtlich der Aus-sage befällt, die sagt: *Entweder er ist nicht weiß, oder er ist nicht schwarz,* so wird deren Bedeutung (diejenige Aussage) offenkundig machen, die sagt: *Wenn er weiß ist, ist er nicht schwarz,*[13] die nämlich aussagt, daß eine und dieselbe Sache nicht zugleich weiß und schwarz ist. Diese unterscheiden sich schließlich darin, daß diese (letztere), indem sie das eine setzt, die Ne-gation mit der Bejahung verbindet, jene (erstere) aber, indem sie das eine setzt, die Negation von der Negation trennt. Für die einander auch

adhaerentium haec est expositio, quod aut efficiens causa est, aut eius effectus esse non potest, nihilque est medium, quin istud desit, si illud defuerit.

Anhaftenden gibt es diese Aufstellung, daß entweder die Wirkursache existiert oder deren Bewirktes nicht existieren kann,[14] und es gibt nichts, das ein Mittleres ist, so daß dieses nicht existiert, wenn jenes nicht existiert hat.

⟨CAPITULUM SEXTUM⟩

Nunc itaque, quoniam ex conexis simplicibus qualiter se haberent omnium compositarum propositionum[1] ordines, assumptiones, conclusionesque, et
5   in eisdem compositis quomodo sibi conferuntur termini, supra comprehendimus, idem ex disiunctivis simplicibus faciendum proponimus, quatenus ipsae simplices in compositis disiunctivis assumptionis conclusionisque exemplo sint, sumpto ex superioribus argumento ordinis et terminorum collationis.
10   Quare hinc ordiendum est de VIII propositionibus, in quibus praedicativae subicitur hypothetica. Ex quibus fiunt syllogismi numero XVI, vel potius XX, quia primae et tertiae propositionis IIII sunt modi.

I   Aut est grammaticus A,[2] aut cum sit rationalis B, est inlitteratus C.
15   Atqui non est A.
         Cum igitur sit B, est C.

         Vel:
         Atqui cum sit B, non est C.
         Est igitur A.

20   ⟨Vel⟩:
         Atqui est A.
         Cum igitur sit B, non est C.

         Vel:
         Atqui cum sit B, est C.
25   Non est igitur A. |

II   Aut est disciplinatus A, aut cum sit rationalis B, non est litteratus C.
         Atqui non est A.
         Cum igitur sit B, non est C.

         Vel:
30   Atqui cum sit B, est C.
         Est igitur A.

---

1   propositionum] *L^c ex* propositionem *L*
2   A] *omnes litterae huiusmodi in propositionibus I·VIII, id est in primis praemissis, interlin.*
     L

KAPITEL VI

Da wir in Obigem, ausgehend von den verbundenen einfachen Aussagen, verstanden haben, wie sich die Ordnungen, die Annahmen und die Konklusionen aller zusammengesetzten Aussagen verhielten, und auf welche Weise in diesen zusammengesetzten Aussagen die Begriffe aufeinander bezogen sind, stellen wir uns die Aufgabe, dasselbe ausgehend von den einfachen disjunktiven Aussagen durchzuführen, insofern diese einfachen Aussagen als Beispiel für die Annahme und Konklusion in den zusammengesetzten disjunktiven Aussagen dienen, wobei das Argument der Ordnung und der Verhältnisbestimmung der Begriffe aus den obigen Aussagen genommen wird.

Deshalb muß hier von den VIII Aussagen ausgegangen werden, in denen eine hypothetische Aussage einer prädikativen hinzugefügt wird. Aus diesen entstehen XVI Syllogismen der Zahl nach, oder eher XX, weil es bei der ersten und der dritten Aussage IIII Modi gibt.[1]

I   Entweder ist er grammatikkundig/A, oder gleichzeitig damit, daß er
vernünftig/B ist, ist er ungebildet/C.
Und er ist nicht A.
Folglich: gleichzeitig damit, daß er B ist, ist er C.

Oder:
Und gleichzeitig damit, daß er B ist, ist er nicht C.
Folglich ist er A.

Oder:
Und er ist A.
Folglich: gleichzeitig damit, daß er B ist, ist er nicht C.

Oder:
Und gleichzeitig damit, daß er B ist, ist er C.
Folglich ist er nicht A.

II   Entweder ist er gelehrt/A, oder gleichzeitig damit, daß er vernünf-
tig/B ist, ist er nicht gebildet/C.
Und er ist nicht A.
Folglich: gleichzeitig damit, daß er B ist, ist er nicht C.

Oder:
Gleichzeitig damit, daß er B ist, ist er C.
Folglich ist er A.

III Aut est grammaticus A, aut cum non sit inrationalis B, est inlittera-
tus C.
Atqui non est A.
Cum igitur non sit B, est C.

5 Vel:
Atqui cum non sit B, est[3] C.
⟨Non⟩ est[4] igitur A.

⟨Vel:⟩
Atqui est A.
10 Cum igitur non sit B, non est C.

Vel:
Atqui cum non sit B, non est C.
Est igitur A.

IIII Aut est disciplinatus A, aut cum non sit inrationalis B, non est litte-
15 ratus C.
Atqui non est A.
Cum igitur non sit B, non est C.

Vel:
Atqui cum non sit B, est C.
20 Est igitur A.

V Aut non est homo A, aut cum sit animatum B, est rationale C.
Atqui est A.
Cum igitur sit B, est C.

Vel:
25 Atqui cum sit B, non est C.
Non[5] est igitur A.

VI Aut non est homo A, aut cum sit animatum B, non est inrationale
C.
Atqui est A.
30 Cum igitur sit B, non est C.

---

3 est] *ante* est *interlin.* non *L*[c]; *haec additio autem errorem constituit, quia sic iste syllogis-*
mus isdem esset ac ultimus
4 Est] *in rasura L*[c]; *ante rasuram probabiliter:* Non est *L, quae lectio bona est, quia alioquin*
iste syllogismus isdem esset ac ultimus
5 Non] *interlin. L*[c]

III   Entweder er ist grammatikkundig/A, oder gleichzeitig damit, daß er
        nicht nicht-vernünftig/B ist, ist er ungebildet/C.
        Und er ist nicht A.
        Folglich: gleichzeitig damit, daß er nicht B ist, ist er C.

        Oder:
        Und gleichzeitig damit, daß er nicht B ist, ist er C.
        Folglich ist er nicht A.[2]

        Oder:
        Und er ist A.
        Folglich: gleichzeitig damit, daß er nicht B ist, ist er nicht C.

        Oder:
        Und gleichzeitig damit, daß er nicht B ist, ist er nicht C.
        Folglich ist er A.

IIII   Entweder er ist gelehrt/A, oder gleichzeitig damit, daß er nicht
        nicht-vernünftig/B ist, ist er nicht gebildet/C.
        Und er ist nicht A.
        Folglich: gleichzeitig damit, daß er nicht B ist, ist er nicht C.

        Oder:
        Und gleichzeitig damit, daß er nicht B ist, ist er C.
        Folglich ist er A.

V   Entweder es ist nicht Mensch/A, oder gleichzeitig damit, daß es
        beseelt/B ist, ist es vernünftig/C.
        Und es ist A.
        Folglich: gleichzeitig damit, daß es B ist, ist es C.

        Oder:
        Und gleichzeitig damit, daß es B ist, ist es nicht C.
        Folglich ist es nicht A.

VI   Entweder es ist nicht Mensch, oder gleichzeitig damit, daß es be-
        seelt/B ist, ist es nicht nicht-vernünftig/C.
        Und es ist A.
        Folglich: gleichzeitig damit, daß es B ist, ist es nicht C.

Vel
Atqui cum sit B, est C.
Non est igitur A.

VII   Aut non est homo A, aut cum non sit inanimatum B, est rationale
C.
Atqui est A.
Cum igitur non sit B, est C.

Vel:
Atqui cum non sit B, non est C.
Non est igitur A.

VIII   Aut non est homo A, aut cum non sit inanimatum B, non est inra-
tionale C.
Atqui est A.
Cum igitur non sit B, non est C.

Vel:
Atqui cum non sit B, est C.
Non est igitur A.

Abhinc hypotheticae subicitur praedicativa, ut fiant sedecim syllogismorum modi vel potius XX:

I   Aut cum sit inrationale A,[6] est animatum B, aut est insensibile C.
Atqui cum sit A, non est B.
Est igitur C.

Vel:
Atqui non est C.
Cum igitur sit A, est B.

⟨Vel:⟩
Atqui cum sit A, est B.
Non est igitur C.[7]

Vel:
Atqui est C.
Cum igitur sit A, non est B.

---

6 A] *omnes litterae huiusmodi in propositionibus I-VIII, id est in primis praemissis, interlin.*
L
7 C] *interlin. L^c* B L, *exp. L^c*

Oder:
Und gleichzeitig damit, daß es B ist, ist es C.
Folglich ist es nicht A.

VII   Entweder es ist nicht Mensch/A, oder gleichzeitig damit, daß es
nicht unbeseelt/B ist, ist es vernünftig/C.
Und es ist A.
Folglich: gleichzeitig damit, daß es nicht B ist, ist es C.

Oder:
Und gleichzeitig damit, daß es nicht B ist, ist es nicht C.
Folglich ist es nicht A.

VIII   Entweder es ist nicht Mensch/A, oder gleichzeitig damit, daß es
nicht unbeseelt/B ist, ist es nicht nicht-vernünftig/C.
Und es ist A.
Folglich: gleichzeitig damit, daß es nicht B ist, ist es nicht C.

Oder:
Und gleichzeitig damit, daß es nicht B ist, ist es C.
Folglich ist es nicht A.

Im folgenden wird eine prädikative Aussage einer hypothetischen hinzugefügt, so daß sich XVI oder eher XX Modi von Syllogismen ergeben.[3]

I   Entweder, gleichzeitig damit, daß es nicht-vernünftig/A ist, ist es
beseelt/B, oder es ist nicht-sinnenhaft/C.
Und gleichzeitig damit, daß es A ist, ist es nicht B.
Also ist es C.

Oder:
Und es ist nicht C.
Folglich: gleichzeitig damit, daß es A ist, ist es B.

Oder:
Und gleichzeitig damit, daß es A ist, ist es B.
Folglich ist es nicht C.

Oder:
Und es ist C.
Folglich: gleichzeitig damit, daß es A ist, ist es nicht B.

II   Aut cum sit rationalis A, est disciplinatus B, aut[8] non est gramma-
ticus C.
Atqui cum sit A, non est B.
Non est igitur C.

5   Vel:
Atqui est C.
Cum igitur sit A, est B.

III   Aut cum sit simplex A, non est imprudens B, aut est insipiens C.
Atqui cum sit A, est B.
10   Est igitur C.

Vel:
Atqui non est C.
Cum igitur sit A, non est B.

⟨Vel:⟩
15   Atqui cum sit A, non est B.
Non est igitur C.

Vel:
Atqui est C.
Cum igitur sit A, est B.

20   IIII   Aut cum sit rationalis A, non est indisciplinatus B, aut non est litte-
ratus C.
Atqui cum sit A, est B.
Non est igitur C.

Vel:
25   Atqui est C.
Cum igitur sit A, non est B. |

V   Aut cum non sit inrationale A, est risibile B, aut est inmortale C.
Atqui cum non sit A, non est B.
Est igitur C.

---

8   aut] *interlin.* *L*^c

II   Entweder, gleichzeitig damit, daß er vernünftig/A ist, ist er gelehrt/B, oder er ist nicht grammatikkundig/C.
Und gleichzeitig damit, daß er A ist, ist er nicht B.
Folglich ist er nicht C.

Oder:
Und er ist C.
Folglich: gleichzeitig damit, daß er A ist, ist er B.

III   Entweder, gleichzeitig damit, daß er ungebildet/A[4] ist, ist er nicht unvorsichtig/B, oder er ist töricht/C.
Und gleichzeitig damit, daß er A ist, ist er B.
Folglich ist er C.

Oder:
Und er ist nicht C.
Folglich: gleichzeitig damit, daß er A ist, ist er nicht B.

Oder:[5]
Und gleichzeitig damit, daß er A ist, ist er nicht B.
Folglich ist er nicht C.

Oder:
Und er ist C.
Folglich: gleichzeitig damit, daß er A ist, ist er B.

IIII   Entweder, gleichzeitig damit, daß er vernünftig/A ist, ist er nicht ungelehrt/B, oder er ist nicht gebildet/C.
Und gleichzeitig damit, daß er A ist, ist er B.
Folglich ist er nicht C.

Oder:
Und er ist C.
Folglich: gleichzeitig damit, daß er A ist, ist er nicht B.

V   Entweder, gleichzeitig damit, daß es nicht nicht-vernünftig/A ist, ist es lachfähig/B, oder es ist unsterblich/C.
Und gleichzeitig damit, daß es nicht A ist, ist es nicht B.
Folglich ist es C.

Vel:
Atqui non est C.
Cum igitur non sit A, est[9] B.

VI   Aut cum non sit inrationale A, est risibile B, aut non est mortale C.
5   Atqui cum non sit A, non est B.
Non est igitur C.

Vel:
Atqui est C.
Cum igitur non sit A, est B.

10   VII   Aut cum non sit inrationale A, non est inrisibile B, aut est inmortale
C.
Atqui cum non sit A, est B.
Est igitur C.

Vel:
15   Atqui non est C.
Cum igitur non sit A, non est B.

VIII   Aut cum non sit inrationale A, non est inrisibile B, aut non est
mortale C
Atqui cum non sit A, est B
20   Non est igitur C.

Vel:
Atqui est C.
Cum igitur non sit A, non est B.

Excoeptis his, sunt quaedam propositiones a superioribus conexis vel disi-
25   unctis ordine non significatione differentes, ut: *Si animatum est, rationale
est, cum sit homo*, et rursus: *Aut stultus aut sapiens est, cum sit homo*,
quarum altera ei est intellectu similis, quae dicit: *Si homo est, cum animatum sit, rationale est*, altera vero ei quae dicit: *Aut homo non est, aut cum sit
stultus, sapiens non est*, cui sane similis sit prima disiunctivarum composita,

---

    9   est] non est *L, del. Editor*

Oder:
Und es ist nicht C.
Folglich: gleichzeitig damit, daß es nicht A ist, ist es B.[6]

VI   Entweder, gleichzeitig damit, daß es nicht nicht-vernünftig/A ist, ist
es lachfähig/B, oder es ist nicht sterblich/C.
Und gleichzeitig damit, daß es nicht A ist, ist es nicht B.
Folglich ist es nicht C.

Oder:
Und es ist C.
Folglich: gleichzeitig damit, daß es nicht A ist, ist es B.

VII Entweder, gleichzeitig damit, daß es nicht nicht-vernünftig/A ist, ist
es nicht lachunfähig/B, oder es ist unsterblich/C.
Und gleichzeitig damit, daß es nicht A ist, ist es B.
Folglich ist es C.

Oder:
Und es ist nicht C.
Folglich: gleichzeitig damit, daß es nicht A ist, ist es nicht B.

VIII Entweder, gleichzeitig damit, daß es nicht nicht-vernünftig/A ist, ist
es nicht lachunfähig/B, oder es ist nicht sterblich/C.
Und gleichzeitig damit, daß es nicht A ist, ist es B.
Folglich ist es nicht C.

Oder:
Und es ist C.
Folglich: gleichzeitig damit, daß es nicht A ist, ist es nicht B.

Nachdem diese dargelegt wurden (muß noch gesagt werden, daß) es einige
Aussagen gibt, die von den obigen verbundenen oder getrennten Aussagen
der Ordnung, nicht aber der Bedeutung nach verschieden sind, wie z.B.:
Wenn es beseelt ist, ist es vernünftig, wenn es gleichzeitig Mensch ist,[7] und
wiederum: *Entweder er ist töricht, oder er ist weise, wenn er Mensch ist,* von
denen die eine dem Sinn nach jener ähnlich ist, die aussagt: *Wenn es Mensch
ist, ist es gleichzeitig damit, daß es beseelt ist, vernünftig,* die andere aber jener,
die sagt: *Entweder ist er nicht Mensch, oder, wenn er töricht ist, ist er nicht
weise,* welcher sicherlich die erste zusammengesetzte der disjunktiven
Aussagen ähnlich ist, und in welche die verbundene übergehen soll.[8] Von
hier aus ergibt sich ganz leicht die Einsicht, daß in den disjunktiven Aussagen beide Begriffe, insofern sie zu den unmittelbar Konträren gehören,

et in quam conexa transeat. Hinc facillime datur intelligi, quod in disiunctivis affirmantur utrique termini inmediatis contrariis obnoxii. Quare
illa, quae dicit: *Aut grammaticus est, aut cum sit rationalis, est inlitteratus,* id
proponit quod si grammaticus non est, cum sit rationalis, inlitteratus est,

5   quae scilicet conexarum quinta est. Sic ergo explorari poterit, qualiter in se
transfundantur alternatim, quoniam terminus qui in conexis causam conditionis impertit duobus reliquis, sic ex contrario in disiunctivis accipitur,
ut affirmatus negetur negatus affirmetur.

    De cetero sciendum est, quod a tribus figuris hypotheticis, quae inveni-

10 untur in propositionibus conexis, supersedendum est in disiunctivis, quia
ratio non praecedit. Cum enim ipsae conexae dicantur imperfectae, utpote
probationis indiguae, qui⟨a⟩ fieri potest, ut disiunctivarum fungantur ordine. Probantur vero illae, quia cum in ipsis figuris duae sunt hypotheticae,
semper prima quid valeat, agnoscitur ex natura secundae, verbi gratia ex-

15 emplo sint[10] propositiones hae, quae sunt primae seu secundae figurae: *Si*
sanus non est, aeger est; si autem aeger est, curationis ope indiget; et iterum: *Si*
nolens malum ago, non ego illud operor; | *si autem volens, peccati reus existo.*
Quarum compositarum dissimiles termini numquam operarentur necessita-
tem assumptionis et conclusionis, nisi altera per probationem haereret

20 alteri. Nunc vero ex utriusque conexae compositione congrua secundum
suprascriptam assumptionis et conclusionis normulam: *Si sanus non est,*
aeger est; si autem aeger est, curationis ope indiget; si igitur sanus non est, cura-
tionis ope indiget, et iterum: *Si nolens malum ago, non ego illud operor; si*
autem volens ago, peccati reus existo; si igitur ego illud operor, peccati reus exi-

25 *sto.*[11] In tertia denique figura manet eadem complexionis regula: *Si quis*
vitiis deditus est, vivens mortuus est; si autem virtutibus se exercet, vivens
mortuus non est; si quis igitur vitiis deditus non est, virtutibus se exercet.

---

[10] sint] L^c *ex* sit L
[11] si igitur ... existo] *interlin.* L^c

bejaht werden. Daher legt jene, die sagt: *Entweder ist er grammatikkundig,*
oder gleichzeitig damit, daß er vernünftig ist, ist er ungebildet, vor, daß er,
wenn er nicht grammatikkundig ist, gleichzeitig damit, daß er vernünftig
ist, ungebildet ist, was freilich die fünfte der verbundenen Aussagen ist.[9] So
wird erforscht werden können, wie sie wechselweise ineinander umgeformt
werden sollen, weil der Begriff, der in den verbundenen Aussagen die
Ursache der Bedingung den zwei übrigen zukommen läßt, in den disjunktiven Aussagen so aus dem Konträren heraus angenommen wird, daß der
bejahte verneint und der verneinte bejaht wird.

Im übrigen muß man wissen, daß von den drei hypothetischen Figuren,
die bei den verbundenen Aussagen vorgefunden werden, bei den disjunktiven Aussagen Abstand genommen werden muß, weil (in diesen) der Grund
nicht vorausgeht.[10] Die verbundenen Aussagen selbst werden nämlich un-
vollkommen genannt, insofern sie eines Beweises bedürftig sind, weil es
geschehen kann, daß sie der Ordnung der disjunktiven Aussagen Genüge
leisten.[11] Jene werden aber bewiesen, da, weil es in den Figuren selbst zwei
hypothetische Aussagen gibt, immer aus der Natur der zweiten erkannt
wird, was die erste gilt, z.B. nehme man als Beispiel diese Aussagen, die zur
ersten bzw. zur zweiten Figur gehören: *Wenn er nicht gesund ist, ist er*
krank. Wenn er aber krank ist, bedarf er der Hilfe durch eine Behandlung, und
wiederum: *Wenn ich wider Willen Schlechtes tue, bewirke nicht ich dies.*
Wenn ich aber willens (Schlechtes tue), existiere ich als einer, der einer Sünde
schuldig ist. Die unähnlichen Begriffe dieser zusammengesetzten Aussagen
würden niemals die Notwendigkeit der Annahme und der Konklusion
bewirken, wenn nicht die eine Aussage der anderen durch einen Beweis
anhinge. Nun aber (bilde ich) aus der entsprechenden Zusammensetzung
der beiden verbundenen Aussagen nach der oben angeführten Norm der
Annahme und der Konklusion: *Wenn er nicht gesund ist, ist er krank; wenn*
er aber krank ist, bedarf er der Hilfe durch eine Behandlung; wenn er daher
nicht gesund ist, bedarf er der Hilfe durch eine Behandlung; und wiederum:
Wenn ich wider Willen Schlechtes tue, bewirke nicht ich dies; wenn ich aber
Willens (Schlechtes tue), existiere ich als einer, der der Sünde schuldig ist; wenn
ich also dies bewirke, existiere ich als einer, der einer Sünde schuldig ist. In der
dritten Figur schließlich bleibt dieselbe Regel der Verknüpfung: *Wenn*
jemand Lastern verfallen ist, ist er lebend gestorben; wenn er sich aber in Tu-
genden übt, ist er nicht lebend gestorben; wenn folglich jemand nicht Lastern
verfallen ist, übt er sich in Tugenden.

⟨CAPITULUM SEPTIMUM⟩

Caeterum cavendae sunt in secunda, necnon in tertia figura, propositiones aequimodae, quae idcirco dictae sunt, quod in utraque composita proposi-
5　tione communem terminum servant uno eodemque affirmationis seu negationis tenore. Et quia sunt superfluae, nec habent syllogismo aliquid utile, ne per eas erretur, tantum alfabeti litteris, quomodo currant, designentur.

AEQUIMODAE SECUNDAE FIGURAE

I	Si est A, est B. Si est A, est C.
II	Si est A, est B. Si est A, non est C.
III	Si est A, non est B. Si est A, est C.
IIII	Si est A, non est B. Si est A, non est C.
V	Si non est A, est B. Si non est A, est C.
VI	Si non est A, est B. Si non est A, non est C.
VII	Si non est A, non est B. Si non est A, est C.
VIII	Si non est A, non est B. Si non est A, non est C.

AEQUIMODAE TERTIAE FIGURAE

I	Si est B, est A. Si est C, est A.
II	Si est B, est A. Si non est C, est A.
III	Si non est B, est A. Si est C, est A.
IIII	Si non est B, est A. Si non est C, est A.
V	Si est B, non est A. Si est C, non est A.
VI	Si est B, non est A. Si non est C, non est A.
VII	Si non est B, non est A. Si est C, non est A.
VIII	Si non est B, non est A. Si non est C, non est A.

KAPITEL VII

Im übrigen sind in der zweiten und ebenso in der dritten Figur die modus-gleichen[1] Aussagen zu vermeiden, die deshalb so genannt werden, weil sie in jeder der beiden zusammengesetzten Aussagen einen gemeinsamen Be-griff mit ein und demselben Verlauf der Bejahung oder Verneinung bewah-ren. Und weil sie überflüssig sind und keinerlei Nutzen für den Syllogis-mus haben,[2] sollen sie, damit durch sie kein Irrtum begangen wird, nur durch Buchstaben des Alphabets bezeichnet werden, so wie sie der Reihe nach vorkommen.

DIE MODUSGLEICHEN (AUSSAGEN) DER ZWEITEN FIGUR

I   Wenn er A ist, ist er B. Wenn er A ist, ist er C.
II   Wenn er A ist, ist er B. Wenn er A ist, ist er nicht C.
III   Wenn er A ist, ist er nicht B. Wenn er A ist, ist er C.
IIII   Wenn er A ist, ist er nicht B. Wenn er A ist, ist er nicht C.
V   Wenn er nicht A ist, ist er B. Wenn er nicht A ist, ist er C.
VI   Wenn er nicht A ist, ist er B. Wenn er nicht A ist, ist er nicht C.
VII   Wenn er nicht A ist, ist er nicht B. Wenn er nicht A ist, ist er C.
VIII   Wenn er nicht A ist, ist er nicht B. Wenn er nicht A ist, ist er nicht C.

DIE MODUSGLEICHEN (AUSSAGEN) DER DRITTEN FIGUR

I   Wenn er B ist, ist er A. Wenn er C ist, ist er A.
II   Wenn er B ist, ist er A. Wenn er nicht C ist, ist er A.
III   Wenn er nicht B ist, ist er A. Wenn er C ist, ist er A.
IIII   Wenn er nicht B ist, ist er A. Wenn er nicht C ist, ist er A.
V   Wenn er B ist, ist er nicht A. Wenn er C ist, ist er nicht A.
VI   Wenn er B ist, ist er nicht A. Wenn er nicht C ist, ist er nicht A.
VII   Wenn er nicht B ist, ist er nicht A. Wenn er C ist, ist er nicht A.
VIII   Wenn er nicht B ist, ist er nicht A. Wenn er nicht C ist, ist er nicht A.

⟨CAPITULUM OCTAVUM⟩

Omnis nempe syllogismus necessarias argumento vires ministrat, aut ex sua ipsius propositione, sicut hypotheticus, qui fit a suae propositionis antece-
5 dentibus vel consequentibus; aut extra et intra propositionem quaerit con-
stantissimam argumento fidem, sicut cathegoricus, qui talem terminum sumit extrinsecus, cuius causa sit, ut, si alteri terminorum cathegoricae propositionis haereat, ab altero divelli nequeat,[1] et, si ab illo separatus abhorreat, numquam cum isto communionem societatis accipiat.
10 Porro, quia partes syllogismi, quae sunt propositio et assumptio, tunc probationibus egent, quando his non facile auditor assensum praebet, ideo placet etiam Tullio dicere syllogismum quadripertitum, sed et quinqueper-
titum,[2] licet propositionis vel assumptionis probatio nihil aliud agat, quam quod propositio vel assumptio agere debuerat. Numquam enim pars
15 alicuius esse dicetur, quod totius nullam partem[3] posse facere perhibetur. Si vero alterius subsidio pars esse repperitur, illi debet quod est sine quo esse non potest, nec aliquid totius nomen habet, quod aliqua parte, sine qua esse non poterat, caret. Nam, cum totam domum[4] | constituant fundamentum, parietes et tectum, si quid horum desit, domus nullo modo erit. Quod si
20 eorum aliquid infirmum sit, quod domus ruinam minetur, et ita sit fragile, ut eo fabrica domus non possit subsistere fulcimentum, quod eius vice ponitur, partis nomen sortitur. Sin, quomodocumque subsistens ex-
trinsecus fulciatur, duae quidem res erunt, sed unius officium explebit. Quocirca vera est sententia Tullii de quadripertitis seu de quinquepertitis[5]
25 syllogismis, sed verior est ratio, quae excoepto entimemate, omnem syllo-
gismum proponit esse tripertitum; quia, etsi pro necessitate quis ligneo pede utatur, tamen omnis homo bipes naturaliter habetur. Quorum omnium syllogismorum deductionem et ordinem frustra brevibus exemplis colligit, et memoria eorum scientiam comprehendit, quia subtilibus topi-
30 corum argumentis ianua[6] existit. Illinc plane ex genere, diffinitione et cete-
ris argumentorum locis copia ratiocinandi traditur; illinc quae sit mens argumentationis sive syllogismi perpenditur, cuius deductio etiam minus

---

1 nequeat] L^c *ex* nequeant L
2 quinquepertitum] quinquipertitum L
3 partem] L^c *ex* partam (?) L
4 domum] domus L
5 quinquepertitis] quinquipertitis L
6 ianua] ieiunus L

KAPITEL VIII

Jeder Syllogismus nämlich liefert notwendige Kräfte für ein Argument, entweder aus seiner Aussage, wie der hypothetische Syllogismus, der aus den Antezedentien oder Konsequentien seiner Aussage entsteht; oder er sucht außerhalb und innerhalb der Aussage einen ganz unverrückbaren Überzeugungsgrund für das Argument, wie der kategorische Syllogismus, der einen solchen Begriff von außen nimmt, wegen dem es so ist, daß, wenn er dem einen Begriff der kategorischen Aussage anhaftet, er von dem anderen nicht getrennt werden kann,[1] und wenn er davor zurückschreckt, von diesem getrennt zu sein, er niemals die Vereinigung in eine Gemeinschaft mit jenem (anderen) akzeptiert.[2]

Weiterhin, da die Teile des Syllogismus, die die Aussage und die Annahme sind, dann Beweise erfordern, wenn der Hörer ihnen nicht leicht die Zustimmung erteilt, deshalb gefällt es auch dem Tullius, den Syllogismus vierteilig zu nennen, ja sogar fünfteilig,[3] auch wenn der Beweis der Aussage bzw. der Annahme nichts anderes bewirkt als das, was die Aussage bzw. die Annahme (schon von sich aus) bewirken sollte. Niemals wird nämlich gesagt werden, daß etwas Teil von irgendetwas ist, von dem angegeben wird, daß es keinen Teil des Ganzen ausmachen kann. Wenn es sich aber findet, daß ein Teil zur Unterstützung von etwas anderem dient, verdankt (dieses andere) jener (Unterstützung), ohne die es nicht existieren kann, daß es existiert, und etwas besitzt nicht den Namen eines Ganzen, das irgendeinen Teil, ohne den es nicht existieren konnte, entbehrt. Denn da das Fundament, die Wände und das Dach das ganze Haus ausmachen, wird ein Haus auf keine Weise existieren, wenn irgendetwas von diesen fehlt. Wenn irgendetwas von diesen schwach ist, so daß das Haus vom Einsturz bedroht wird, und so baufällig ist, daß deshalb der Bau des Hauses nicht den erforderten Halt gewinnen kann, dann erhält das, was an dessen Stelle gesetzt wird, den Namen eines Teiles. Wenn nicht, dann werden sich zwar, auf welche Weise auch immer etwas Bestehendes von außen her gestützt wird, zwei Dinge ergeben, es (das Stützende) wird aber die Aufgabe von einem (und demselben) erfüllen. Deshalb ist die Meinung des Tullius von den vierteiligen bzw. fünfteiligen Syllogismen wahr, aber noch wahrer ist die Auffassung, die vorschlägt, daß mit Ausnahme des Enthymems[4] alle Syllogismen dreiteilig sind; denn selbst wenn irgendjemand gezwungen ist, einen hölzernen Fuß zu gebrauchen, wird doch jeder Mensch natürlicherweise für zweifüßig gehalten. Die Ableitung und die Ordnung aller dieser Syllogismen stellt er vergebens(?)[5] mit kurzen Beispielen zusammen und umfaßt deren Kenntnis im Gedächtnis, weil es für die subtilen Argumente der logischen Örter einen Zugang gibt. Von dort her wird in klarer Weise aus der Gattung, der Definition und den übrigen (logischen) Örtern

peritis apertam sui speciem prodit, cum simpliciter currens a longis proba-
tionum ambagibus resilit, nec simperasma recipit, quod confinem conclusionem vocant dialectici, quae est huiusmodi: *Omnis homo animal est; omne
autem animal spirat; omnis igitur homo sensibilis est.* Id enim consequitur
5   quando quidem omne spirans sensibile esse non ignoratur. Cumque, prout
suppetit unicuique dicendi facultas sua, sensus[7] loquendo vel dictando exequatur, ubi tamen quaestio, id est dubitabilis propositio, oboritur, necesse
est syllogismo ventiletur. Cuius, cum sint plures species, attamen omnes
tractantur aut per praedicationem, aut per conditionem, aut per inductio-
10 nem. Quid vero sint horum singula subtiliter pandunt Topica.

Posthabitis itaque his, ad hypotheticorum seriem revertamur, quorum
illi adhuc per disiunctionem supersunt, qui quattuor terminis fiunt, ac-
cepto[8] semper antepenultimo contrario quam in conexis est modo. De
quibus unum exemplum sufficiat, quo lector ad cetera convalescat: *Aut,*
15 *cum sit homo, non est grammaticus, aut cum sit rationalis, est disciplinatus.*

Quia vero de his et aliis breviter in commune diximus, qualiter absque
modo proponantur, nunc earum omnium modificatio qualis sit, quarum-
dam propositionum introductione ostendere placuit. Qui autem sit modus
in propositione, hinc facile est animadvertere, quod modificata propositio
20 non simpliciter dicit, quod est esse, sed adiungit aut *necesse*, aut *possibile*,
aut aliquid tale. Quod scilicet necesse, tribus modis solemus efferre, quia est
quiddam, quod ita necesse est semper esse, ut impossibile sit semper non
esse, ut ignem necesse est calere; et est quiddam quod ita necesse est aliquando esse, ut possibile sit aliquando non esse, ut algentem necesse est
25 calefieri | et non calefit, et legentem necesse est legere et legit. Cuius neces-
sitatis ista est subdivisio, quod prior modus est simpliciter, duo reliqui per
accidens; et eorumdem duorum primus est consequentiae, alter actionis,
quam, dum est, impossibile est non esse. Possibilitatis quoque similiter

---

7   sensus] sensa *L*
8   accepto] accoepto *L*

der Argumente eine Menge (von Regeln) des vernünftigen Überlegens geliefert; von dort her wird eingeschätzt, was die Absicht einer Argumentation oder eines Syllogismus ist, dessen Ableitung auch den weniger Erfahrenen ein leicht zugängliches Leitbild liefert, da der behend Laufende aus langen Mühen der Übungen hervorgeht; und er erhält kein Symperasma,[6] was die Dialektiker eine danebenliegende Konklusion nennen, die z.B. dieser Art ist: *Jeder Mensch ist Lebewesen; jedes Lebewesen aber atmet; folglich ist jeder Mensch sinnenhaft;* das folgt nämlich, allerdings wenn nicht unbekannt ist, daß jedes Atmende sinnenhaft ist. Und da der Sinn durch sprachliche oder schriftliche Äußerung so wiedergegeben wird, wie es einem jeden seine Ausdrucksfähigkeit ermöglicht, ist es notwendig, daß dort, wo schließlich eine Frage, d.h. eine zweifelhafte Aussage, auftritt, dies mit Hilfe eines Syllogismus erörtert wird.[7] Obwohl es von diesem mehrere Arten gibt, werden doch alle entweder durch die Prädikation oder durch die Bedingung oder durch die Induktion behandelt. Was aber deren Einzelheiten sind, legt in subtiler Weise die Topik dar.[8]

Nachdem wir nun dies dargelegt haben, kehren wir zur Reihe der hypothetischen Syllogismen zurück, von denen jene, (die) durch Disjunktion (gebildet werden), übrig sind, die durch vier Begriffe entstehen, wobei immer der vorvorletzte auf konträre Weise gegenüber jener, wie er in den verbundenen Aussagen vorliegt, angenommen wird.[9] Bei diesen möge ein Beispiel genügen, durch das der Leser für die übrigen genügend ausgerüstet ist: *Entweder, gleichzeitig damit, daß er Mensch ist, ist er nicht grammatikkundig, oder, gleichzeitig damit, daß er vernünftig ist, ist er gelehrt.*

Da wir aber über diese und über andere kurz und im allgemeinen gesagt haben, wie sie ohne Modus vorgelegt werden sollen, gefiel es nun, durch die Einführung einiger Aussagen zu zeigen, wie beschaffen die Modalisierung von all diesen ist. Welcher aber der Modus in einer Aussage ist, kann man von da her leicht verstehen, daß eine modalisierte Aussage nicht einfach sagt, daß etwas existiert, sondern entweder *notwendig* oder *möglich* oder irgendetwas solches hinzufügt.[10] Was freilich *notwendig* (bedeutet), pflegen wir auf drei Weisen auszudrücken, weil es etwas gibt, das in der Weise immer notwendig existiert, daß es immer unmöglich ist, daß es nicht existiert, so wie es z.B. notwendig ist, daß das Feuer wärmt; und es gibt etwas, das in der Weise zu irgendeiner Zeit notwendig existiert, daß es möglich ist, daß es zu irgendeiner Zeit nicht existiert, wie es z.B. notwendig ist, daß der Frierende gewärmt wird, er aber (tatsächlich) nicht gewärmt wird, und wie es notwendig ist, daß der Lesende liest, und er (tatsächlich) liest. Bei der Notwendigkeit gibt es diese Unterteilung, daß der erste Modus schlechthin ist, die beiden anderen akzidentell; und von denselben zweien ist der erste (auf die Weise) des Folgens, der andere (auf die Weise) der Handlung, welche, während sie ist, unmöglich nicht sein kann. Bei der Möglichkeit gibt es auch in ähnlicher Weise eine dreifache

triplex ratio est, quia quod simpliciter necesse est esse, hoc ipsum impossibile est non esse, et possibile est esse, ut ignem calere et animam vivere. Rursus, quod per accidens necesse est esse, hoc ipsum, dum est, impossibile est non esse et possibile est esse, ut legentem legere et sedentem sedere. Est

5   aliud quiddam, quod iterum per accidens necesse est esse, et hoc ipsum, dum est, impossibile est non esse et possibile est esse, ut stertentem dormire et ambulantem vivere. Sed hic modus hoc discrepat a superiore, quod, dum aliud quiddam sit,[9] hoc solet contingere, ut dormientem stertere et viventem ambulare. Sedentem vero non contingit sedere, quoniam nihil

10   eorum, quae iam actu sunt, potest contingere, licet quaedam sint, quae antequam actu essent, contingere potuissent. Quocirca, seu per necessarium, seu per possibile non convenit propositionibus hypotheticis modus,[10] qui dictus est de sedente vel legente, cum duo reliqui eis congruant omnimodis. Quippe, si anima est, necesse est[11] vivat, et si stertit, necesse est

15   dormiat.

     Propositionis quoque modificatae negatio modo haeret, ut contradictionis vicem teneat, quae numquam simul sunt falsae vel simul verae. Cum autem non modo, sed ad esse iungitur negatio, contrarietas est, non contradictio, quae utraeque aliquando proferuntur falso; quia, quod non

20   necesse est esse, possibile est esse, ut aquam non necesse est frigere, et quod necesse est non esse, id semper impossibile est esse, ut ignem non calere.

     Qui modi in tantum propositiones multiplicant, ut paene numerum excedant. Nam cum nulla propositio hypothetica minus duabus enuntiationibus consistat, certum est quod omnis enuntiatio, si sit pars hypotheti-

25   cae, differentias X possit habere, quinque[12] scilicet sub affirmatione et totidem sub negatione. Prima enim affirmationis differentia simplex esse innotescit; reliquae quattuor sub modo necessarii et possibilis sunt duplicis significationis, quia duobus modis dicitur *necesse*, similiter et *possibile*. Fit itaque ut, cum duae enuntiationes sibi conditionaliter iunguntur, centum[13]

30   differentiae praenotentur. Quippe sequentis enuntiationis decem[14] differentiae per alias priores multiplicatae hunc | numerum valent explere. Decies enim deni C. Sin vero tribus terminis componatur hypothetica,

---

[9]   *Hic incipit P*
[10]   modus] modis *L P*
[11]   necesse est] *om. P*
[12]   quinque] V *P*
[13]   centum] C *P*
[14]   decem] X *P*

Weise, weil es bei jenem, bei dem es schlechthin notwendig ist, daß es existiert unmöglich ist, daß es nicht existiert, und möglich ist, daß es existiert, wie z.B. daß das Feuer wärmt, und die Seele lebt. Wiederum, was akzidentell notwendig existiert, (von dem gilt), daß es, während es existiert, unmöglich ist, daß es nicht existiert, und möglich ist, daß es existiert, wie z.B. daß der Lesende liest, und der Sitzende sitzt. Es gibt etwas anderes, das wiederum akzidentell notwendig ist, und (von dem gilt), daß, während es existiert, es unmöglich ist, daß es nicht existiert, und möglich ist, daß es existiert, wie z.B., daß der Schnarchende schläft und der Gehende lebt. Dieser Modus aber unterscheidet sich darin von dem obigen, daß etwas, während etwas anderes existiert, dieses gewöhnlich zutrifft, wie z.B., daß der Schlafende schnarcht, und der Lebende geht. Für den Sitzenden aber ist es nicht zufällig zutreffend, daß er sitzt, denn nichts von denen, die schon aktuell existieren, kann zufällig zutreffend sein, obwohl es welche gibt, die, bevor sie aktuell existieren, zufällig zutreffend sein konnten.[11] Deshalb ist in Hinsicht auf die hypothetischen Aussagen der Modus, (der) durch das Notwendige und das Mögliche (gebildet wird), der vom Sitzenden oder Lesenden ausgesagt wurde, nicht angebracht,[12] während die beiden übrigen für sie ganz und gar passend sind. Freilich, wenn eine Seele existiert, ist es notwendig, daß sie lebt, und wenn einer schnarcht, ist es notwendig, daß er schläft.[13]

Die Negation haftet an dem Modus auch der modalisierten Aussage, so daß sie die Rolle der Kontradiktion innehat, deren (Aussagen) niemals zugleich falsch oder zugleich wahr sind. Wenn aber die Negation nicht mit dem Modus, sondern mit dem Sein verbunden wird, liegt die Kontrarietät vor, deren (Aussagen) manchmal beide als falsch ausgesagt werden, nicht die Kontradiktion;[14] denn das, (von dem gilt), daß es nicht notwendig ist, daß es existiert, (von dem gilt), daß es möglich ist, daß es existiert, wie es z.B. nicht notwendig ist, daß das Wasser friert;[15] und das, (von dem gilt, daß es) notwendig ist, daß es nicht existiert, (von dem gilt), daß es immer unmöglich ist, daß es existiert, wie z.B., daß das Feuer nicht wärmt.[16]

Diese Modi vervielfachen so sehr die Aussagen, daß sie fast die Zahl übersteigen. Denn da keine hypothetische Aussage aus weniger als zwei Aussagen besteht, ist es sicher, daß jede Aussage, wenn sie Teil einer hypothetischen Aussage ist, zehn Differenzen haben kann, nämlich fünf unter der Affirmation und ebensoviele unter der Negation. Es ist bekannt, daß die erste Differenz der Affirmation einfach ist; die übrigen vier, die unter dem Modus des Notwendigen und des Möglichen, haben eine doppelte Bedeutung, weil *notwendig* auf zweifache Weise ausgesagt wird, und ähnlich auch *möglich*.[17] Es ergibt sich daher, daß, wenn zwei Aussagen miteinander konditional verbunden werden, hundert Differenzen angezeigt werden. Die zehn Differenzen der folgenden Aussage multipliziert mit den anderen (zehn) ersteren ergeben freilich diese Zahl. Zehnmal zehn ergibt nämlich hundert.[18] Wenn aber eine hypothetische Aussage aus drei Begrif-

mille habebit differentias, quandoquidem tertius enuntiationis terminus X differentiis nobilitatur, quibus priorum differentiae multiplicatae non discrepant a numero praedictae summae. Decies enim C sunt mille. Si etiam quattuor terminis subsistat, composita erit differentiarum X, quia quartus
5   terminus omnes priores differentias decies multiplicat. Sic ergo denario multiplicata priorum differentiarum summa, quot conexae vel disiunctae propositiones esse possint, manifestat. Quandoquidem nec tres conexarum figurae ab hac regula valent dissentire. Ut vero talium differentiarum intellectus pateat, exemplis illustrare placuit X primas, ne de talibus titubet
10   lectoris sobrietas.

I	Si anima hominis rationalis est, inmortalis est.
II	Si autem rationalis non est, mortalis est.
III	Si animam rationalem necesse est esse inmortalem, vivit post hominem.
IIII	Si autem non necesse est esse inmortalem, deficit illi[15] vita post hominem.
V	Si animam hominis necesse est cum carne mori, virtus est omnis inutilis.
VI	Si autem non necesse est cum carne mori, est illi fructus virtutis.
VII	Si anima potest semper esse, habet semper vivere.
VIII	Si autem non potest semper esse, perdit utique semper vivere.
VIIII	Si anima hominis potest mortalis esse, porcus sapientior est homine.
X	Si autem non potest mortalis esse, prodest illi bene vivere.

25   In his denique propositionibus duobus terminis consistentibus semper sequens affirmatur,[16] cum praecedens diversis rationibus exequatur. Qui videlicet sequens, si[17] praecedentis rationem susciperet, ad praedictam multiplicitatem perveniret. Est enim decem propositionum primus terminus ita cum altero conditionaliter iunctus, ut ipsae propositiones a se sint diver-
30   sae aut modo, aut significatione. Ex quarum similitudine, | quoniam fiunt decies denae, tantum geminatis litteris, in promptu est earum rationem reddere:

ABCDEFGHIK   ABCDEFGHIK

---

[15] illi] om. P
[16] affirmatur] ex affirmantur P affirmatur P^c
[17] si] interlin. L^c

fen zusammengesetzt wird,[19] wird sie tausend Differenzen haben, wenn
nämlich der dritte Begriff der Aussage durch zehn Differenzen ausgezeich-
net wird, insofern die Differenzen multipliziert mit jenen der ersteren
(Aussagen) sich von der Zahl der vorher genannten Summe nicht unterscheiden. Zehnmal hundert ergibt nämlich tausend.[20] Wenn (die Aussage)
sogar aus vier Begriffen besteht, wird sie aus zehn[21] Differenzen bestehen,
da der vierte Begriff alle früheren Differenzen zehnmal multipliziert.[22] So
also macht die Summe der früheren Differenzen mit zehn multipliziert
offenkundig, wie viele verbundene bzw. disjunkte Aussagen es geben kann.
Allerdings dürften auch die drei Figuren der verbundenen Aussagen nicht
von dieser Regel abweichen.[23] Damit aber die Erkenntnis solcher Differenzen zugänglich wird, war es angebracht, die ersten zehn durch Beispiele
zu erläutern, damit die sichere Ruhe des Lesers in Hinsicht auf diese nicht
gestört werde.[24]

I	Wenn die Seele des Menschen vernünftig ist, ist sie unsterblich.
II	Wenn sie aber nicht vernünftig ist, ist sie sterblich.
III	Wenn es notwendig ist, daß die vernünftige Seele unsterblich ist, lebt sie nach dem (Tod des) Menschen.
IIII	Wenn es aber nicht notwendig ist, daß sie unsterblich ist, fehlt ihr das Leben nach dem (Tod des) Menschen.
V	Wenn es notwendig ist, daß die Seele des Menschen mit dem Fleisch stirbt, ist jede Tugend unnütz.
VI	Wenn es aber nicht notwendig ist, daß sie mit dem Fleisch stirbt, gibt es für sie eine Frucht der Tugend.
VII	Wenn die Seele immer existieren kann, kommt ihr zu, immer zu leben.
VIII	Wenn sie aber nicht immer sein kann, verliert sie auch, immer zu leben.
VIIII	Wenn die Seele des Menschen sterblich sein kann, ist das Schwein weiser als der Mensch.
X	Wenn sie aber nicht sterblich sein kann, nützt es ihr, gut zu leben.

Schließlich wird in den aus zwei Begriffen bestehenden Aussagen immer
der zweite bejaht, während der vorausgehende mit verschiedenen Bestimmungen ausgeführt wird.[25] Dieser folgende (Begriff) würde, wenn er die
Bestimmung des vorausgehenden übernähme, zu der vorher genannten
Vielfalt gelangen. Der erste Begriff der zehn Aussagen ist nämlich mit dem
anderen in der Weise konditional verbunden, daß diese Aussagen selbst
untereinander entweder dem Modus oder der Bedeutung nach verschieden
sind. Da aufgrund deren Ähnlichkeit sich zehnmal zehn ergeben, wenn nur
die Buchstaben gedoppelt genommen werden, ist es leicht, über sie Rechen-
schaft abzulegen:[26]

ABCDEFGHIK   ABCDEFGHIK

Si igitur contra unamquamque litteram primi ordinis totus sequens ordo reddatur, centum nihil amplius varietates invenientur, quia, si secundi ordinis omnes singillatim litterae unicuilibet[18] respondeant ex primo ordine, decem diversitates tantum valent constituere.

5   Nunc restat dicendum quod, si cum determinatione quantitatis hypotheticae proponerentur, multo plures[19] colligerentur. Quia vero id non fit, idestnec *omnis*, nec *quidam* necessario additur eis, sufficiat praefatus numerus earum comprehensae multiplicitatis.

Sunt quoque nomina loco pronominum posita, quae hypotheticam propositionem facerent, si ita suggererent causam, sicut suggerunt rem vel personam, ut: *Qui homo est, animal est*, et: *Qui stertit, dormit*. Compositarum etiam more solemus dicere: *Qui regnat, si sapit, beatus est*. Sed de omnibus hypotheticis quantum brevitas sua mora largita est, ut arbitror, satis dictum est.

---

[18] unicuilibet] *ex* unicuique *P* unicuilibet *P*^c
[19] plures] *P* pluriores *L*

Wenn folglich gegen jeden Buchstaben der ersten Ordnungsreihe die gesamte folgende Ordnungsreihe in Beziehung gesetzt wird, werden hundert und nicht mehr Differenzen aufgefunden werden,[27] weil, wenn alle Buchstaben der zweiten Ordnungsreihe einzeln jedem beliebigen aus der ersten Ordnungsreihe entsprechen, nur zehn Differenzen aufgestellt werden können.

Nun bleibt noch zu sagen, daß, wenn die hypothetischen Aussagen mit einer Festlegung der Quantität ausgesagt würden, viel mehr (Aussagen) ermittelt würden. Da aber dies nicht geschieht, d.h. weder *jeder* noch *irgendeiner* diesen mit Notwendigkeit hinzugefügt wird, möge die vorher genannte Zahl der umfassenden Vielfalt derselben genügen.[28]

Es gibt auch Namen, die anstelle eines Pronomens gesetzt werden, die eine hypothetische Aussage ergeben könnten, wenn sie so eine Ursache nahelegen würden, wie sie eine Sache oder eine Person nahelegen, wie z.B.: *Wer ein Mensch ist, ist ein Lebewesen*, und: *Wer schnarcht, der schläft*. Wir pflegen auch nach der Art der zusammengesetzten Aussagen zu sagen: *Wer regiert, ist, wenn er weise ist, glücklich.*[29] Über alle hypothetischen Aussagen ist aber, wie ich meine, genug gesagt worden, soweit die Kürze dies zuließ.

⟨CAPITULUM NONUM⟩

QUOD HYPOTHETICI SYLLOGISMI SEPTEM[1] SINT[2]

Nunc vero de ordine hypotheticorum syllogismorum, quos ex tanta et pene infinita multitudine antiquorum auctoritas ad septem generales redegit, pauca subiungere libuit. Siquidem eorumdem septem generalium communis est regula, quod cum omnes minus duobus enuntiativis terminis constare nequeant, semper aut antecedens enuntiativus terminus assumitur, ut consequens inferatur, aut consequens assumitur, ut antecedens ponatur. Sunt autem tres primi qui per conexionem fiunt,

10   hoc est causali coniunctione, quae est *si*, carere nequeunt. Quorum primus est, cuius enuntiativus terminus antecedens ita ut est in propositione positus assumitur; consequens quoque ita ut est in propositione, concludendo infertur. Secundus etiam hypotheticorum syllogismorum modus est, cuius enuntiativus terminus consequens aliter quam est in propositione assu-

15   mitur, ut antecedens quoque aliter quam fuerat propositus inferatur.

Sunt autem haec primi modi exempla:

> Si homo est, animal est.
> Homo autem est.
> Animal igitur est. |

20
> Si albus est, niger non est.
> Albus autem est.
> Niger igitur non est.

> Si sanus non est, aeger est.
> Sanus autem non est.
25
> Aeger igitur est.

> Si animal non est, homo non est.
> Animal autem non est.
> Homo igitur non est.

---

[1]   SEPTEM] VII *P*
[2]   Quod ... sint] *L^m*

KAPITEL IX

DARÜBER, DAß DIE HYPOTHETISCHEN SYLLOGISMEN SIEBEN SIND

Nun aber war es angebracht, über die Ordnung der hypothetischen Syllogismen, die die Autorität der antiken (Autoren) aus der so großen und beinahe unendlichen Menge auf sieben allgemeine festgelegt hat, einiges hinzuzufügen. Gewiß gilt für diese sieben allgemeinen (Syllogismen)[1] die gemeinsame Regel, daß, weil alle nicht aus weniger als aus zwei Aussagebegriffen[2] bestehen können, immer entweder der vorausgehende Aussagebegriff angenommen wird, so daß der nachfolgende abgeleitet wird, oder der nachfolgende angenommen wird, so daß der vorausgehende gesetzt wird. Es sind aber die ersten drei jene, die durch eine Verbindung entstehen,[3] das heißt, daß sie die kausale Konjunktion, die *wenn* ist, nicht entbehren können. Von diesen ist der erste jener, dessen vorausgehender Aussagebegriff so, wie er in der Aussage gesetzt ist, angenommen wird; der nachfolgende wird auch so, wie er in der Aussage ist, durch Schlußfolgerung abgeleitet. Der zweite Modus der hypothetischen Syllogismen wiederum ist jener, dessen nachfolgender Aussagebegriff anders, als er in der Aussage ist, angenommen wird, so daß der vorausgehende auch anders, als er ausgesagt worden war, abgeleitet wird.

Dies aber sind Beispiele des ersten Modus:[4]

[I.1]   Wenn er Mensch ist, ist er Lebewesen.
          Er ist aber Mensch.
          Folglich ist er Lebewesen.

[I.2]   Wenn er weiß ist, ist er nicht schwarz.
          Er ist aber weiß.
          Folglich ist er nicht schwarz.

[I.3]   Wenn er nicht gesund ist, ist er krank.
          Er ist aber nicht gesund.
          Folglich ist er krank.

[I.4]   Wenn er nicht Lebewesen ist, ist er nicht Mensch.
          Er ist aber nicht Lebewesen.
          Folglich ist er nicht Mensch.

Secundi quoque modi sunt haec³ exempla:

       Si homo est, animal est.
       Animal autem non est.
       Homo igitur non est.

5   Si albus est, niger non est.
       Niger autem est.
       Albus igitur non est.

       Si sanus non est, aeger est.
       Aeger autem non est.
10   Sanus igitur est.

       Si animal non est, homo non est.
       Homo autem est.
       Animal igitur est.

15 Horum similitudine exemplorum plurima suppetit copia, quandoquidem multa sunt quae per conexionem fiunt. Aliquando enim enuntiativi termini simul sunt et alter alterius causa est, ut: *Si sol super terram est, dies est*, et: *Si duplum est, dimidium sit, necesse est*. Aliquando aequales sunt, ut: *Si homo est, risibilis est*. Aliquando quod prius proponitur, prius est, ut: *Si superbus*
20 *est, odiosus est*. Aliquando quod prius proponitur, posterius est, ut: *Si peperit, cum viro concubuit*. Fit etiam conexio per privationem et per contradictionem ad similitudinem contrariorum.

    Ex his omnibus et huiusmodi aliis primus et secundus modus existit, quorum propositiones compositae cum suis syllogismis, ut supra expe-
25 ditum est, numerum videntur excedere. Ne quis tamen me horum modorum viciosam descriptionem fecisse existimet, notandum est quod in primo modo antecedens terminus aliquando aliter quam est in propositione assumitur, et postea necessario conclusio aliter quam fuit in propositione infertur. Similiter est e contrario ratio in secundo modo, quod contingit in
30 terminis aequalibus et contrariis inmediatis et quibusdam aliis, propterea, quia in his velut per alicuius proprium in cathegoricis propositionibus termini reciprocantur ita: *Omnis homo risibilis est*, et: *Omne risibile homo est*. Eodem modo: *Si homo est, risibilis est*, et: *Si risibilis est, homo est*.

---

³ haec] quoque *add. P*

Auch für den zweiten Modus gibt es diese Beispiele:[5]

[II.1]   Wenn er Mensch ist, ist er Lebewesen.
            Er ist aber nicht Lebewesen.
            Folglich ist er nicht Mensch.

[II.2]   Wenn er weiß ist, ist er nicht schwarz.
            Er ist aber schwarz.
            Folglich ist er nicht weiß.

[II.3]   Wenn er nicht gesund ist, ist er krank.
            Er ist aber nicht krank.
            Folglich ist er gesund.

[II.4]   Wenn er nicht Lebewesen ist, ist er nicht Mensch.
            Er ist aber Mensch.
            Folglich ist er Lebewesen.

In Ähnlichkeit zu diesen Beispielen ergibt sich eine sehr große Menge, wann immer es viele sind, die durch Verbindung entstehen. Manchmal nämlich sind die Aussagebegriffe zugleich, und einer ist die Ursache des anderen, wie z.B.: *Wenn die Sonne oberhalb der Erde ist, ist es Tag,*[6] und: *Wenn es ein Doppeltes gibt, ist es notwendig, daß es ein Halbes gibt.*[7] Manchmal sind sie gleichwertig, wie z.B.: *Wenn er Mensch ist, ist er lachfähig.*[8] Manchmal ist das, was zuerst ausgesagt wird, (auch in der Wirklichkeit) zuerst, wie z.B.: *Wenn er hochmütig ist, ist er hassenswert.*[9] Manchmal ist das, was zuerst ausgesagt wird, (in der Wirklichkeit) später, wie z.B.: *Wenn sie geboren hat, hat sie mit einem Mann geschlafen.*[10] Es ergibt sich auch eine Verbindung durch Privation und Kontradiktion in Ähnlichkeit zu den Konträren.[11]
Aus all diesen und aus anderen der gleichen Art besteht der erste und der zweite Modus, deren zusammengesetzte Aussagen zusammen mit ihren Syllogismen die Zahl zu überschreiten scheinen, wie weiter oben dargelegt wurde. Damit jedoch nicht irgendjemand meint, ich hätte eine fehlerhafte Beschreibung dieser Modi vorgenommen, muß bemerkt werden, daß im ersten Modus der vorangehende Begriff manchmal anders, als er in der Aussage ist, angenommen wird, und nachher mit Notwendigkeit die Konklusion anders, als sie in der Aussage war, abgeleitet wird. Ähnlich ist umgekehrt das Verhältnis im zweiten Modus, was bei gleichwertigen Begriffen,[12] sowie bei unmittelbar konträren und einigen anderen[13] zutrifft deshalb, weil bei diesen, so wie es durch das Proprium von etwas in den kategorischen Aussagen (der Fall ist), die Begriffe wechselweise aufgefaßt werden auf folgende Weise: *Jeder Mensch ist lachfähig,* und: *Jedes Lachfähige ist Mensch.* Auf dieselbe Weise: *Wenn er Mensch ist, ist er lachfähig,* und: *Wenn*

In contrariis quoque inmediatis fit de altero termino in alterum translatio negationis, quod in aliis contrariis non contingit. Quamobrem, quia maiora bona minoribus et generalia specialibus praeferuntur, sciendum est quod eorundem duorum modorum descriptio | viciosa non est, quae et in
5   his et in omnibus aliis firma ac stabilis permanet, quamvis in aliquantis plus aliquid subministret.

Sit primus modus ab antecedentibus ita :

> Si homo est, risibilis est.
10 > Homo autem est.
> Risibilis igitur est.

Sit secundus modus a consequentibus ita:

> Si homo est, risibilis est.
15 > Risibilis autem non est.
> Homo igitur non est.

Sit contra praedictam descriptionem primus modus ab antecedentibus ita:

> Si homo est, risibilis est.
20 > Homo autem non est.
> Risibilis igitur non est.

Sit contra praedictam descriptionem secundus modus a consequentibus ita:

> Si homo est, risibilis est.
25 > Risibilis autem est.
> Homo igitur est.

Contra praedictam descriptionem idcirco dictum est, quia illa propositio, quae est: *Si homo est, animal est*, semel primum, semelque secundum modum iuxta praemissam descriptionem procreat, secundo vero procreare
30 nequit, quippe syllogismo nihil utile efficit ita:

> Si homo est, animal est.
> Homo autem non est.
> Animal igitur non est.

er lachfähig ist, ist er Mensch.[14]

Auch bei den unmittelbar konträren Begriffen ergibt sich von dem einen zum anderen Begriff eine Übertragung der Negation, was bei den anderen konträren Begriffen nicht zutrifft. Deshalb, weil die größeren Güter den geringeren und die allgemeinen den besonderen vorgezogen werden, muß man wissen, daß die Beschreibung dieser beiden Modi nicht fehlerhaft ist, die sowohl bei diesen als auch bei allen anderen fest und unerschütterlich bleibt, obwohl sie bei einigen etwas mehr liefert.

Es sei der erste Modus von den Antezedentia so:[15]

Wenn er Mensch ist, ist er lachfähig.
Er ist aber Mensch.
Folglich ist er lachfähig.

Es sei der zweite Modus von den Konsequentia so:[16]

Wenn er Mensch ist, ist er lachfähig.
Er ist aber nicht lachfähig.
Folglich ist er nicht Mensch.

Es sei gegen die vorher genannte Beschreibung der erste Modus von den Antezedentia so:[17]

Wenn er Mensch ist, ist er lachfähig.
Er ist aber nicht Mensch.
Folglich ist er nicht lachfähig.

Es sei gegen die vorher genannte Beschreibung der zweite Modus von den Konsequentia so:[18]

Wenn er Mensch ist, ist er lachfähig.
Er ist aber lachfähig.
Folglich ist er Mensch.

„Gegen die vorher genannte Beschreibung" wurde deshalb gesagt, weil jene Aussage, die lautet: *Wenn er Mensch ist, ist er Lebewesen,* einmal den ersten und einmal den zweiten Modus entsprechend der vorausgeschickten Beschreibung hervorbringt, sie aber mit dem zweiten nichts hervorbringen kann, weil sie mit diesem Syllogismus nichts Brauchbares bewirkt:[19]

Wenn er Mensch ist, ist er Lebewesen.
Er ist aber nicht Mensch.
Folglich ist er nicht Lebewesen.

Hic sit primus modus ab antecedentibus frivolus[4] et omnino inutilis, cui
similis est secundus a consequentibus ita :

Si homo est, animal est.
5   Animal autem est.
Homo igitur est.

Sequitur tertius hypotheticorum syllogismorum modus, qui fit a repugnantibus, quorum talis est ratio: In omnibus contrariis necesse est esse alteri
contrariorum quiddam vicinum et quasi familiariter adhaerens atque natu-
10   rae insitum, ut diei lucem et sanitati laetitiam, quorum contrariorum alteri,
id est diei, adhaeret lux et repugnat nocti, alteri, idest sanitati, adhaeret
laetitia et repugnat aegritudini. Quod si ita proponas: *Si dies est, lux non est*,
et: *Si sanus est, laetus non est*, tunc lucem non esse adhaeret nocti et repugnat diei. Similiter laetum non esse adhaeret aegritudini et repugnat sanitati.
15   Sunt itaque repugnantes enuntiativi termini causali coniunctione, quae est
si, conexi, sed a conexionis consequentia vel natura longe remoti, negatione
videlicet eisdem conexis a contrario addita vel detracta. Quod ut manife-
stius fiat exempla superius de conexis proposita, hic prius sua serie dispo-
nimus et eisdem e regione repugnantes propositiones subiungimus. |

20   CONEXAE   REPUGNANTES

Si homo est, animal est.	Si homo est, animal non est.
Si albus est, niger non est.	Si albus est, niger est.
Si sanus non est, aeger est.	Si sanus non est, aeger non est.
Si animal non est, homo non est.	Si animal non est, homo est.
Si duplum est, simplum est.	Si duplum non est, simplum est.
Si homo est, risibilis est.	Si homo non est, risibilis est.
Si superbus est, odiosus est.	Si superbus est, odiosus non est.
Si peperit, cum viro concubuit.	Si peperit, cum viro non concubuit.

---

4   frivolus] *P* frivolis *L*

Dieser erste Modus von den Antezedentia ist leichtfertig und ganz und gar unbrauchbar, dem der zweite von den Konsequentia so ähnlich ist:[20]

> Wenn er Mensch ist, ist er Lebewesen.
> Er ist aber Lebewesen.
> Folglich ist er Mensch.

Es folgt der dritte Modus der hypothetischen Syllogismen, der aus Widersprechenden entsteht,[21] deren Beschaffenheit so ist:[22] Bei allen Konträren ist es notwendig, daß etwas dem einen der Konträren Nahes und gleichsam verwandtschaftlich Anhaftendes und in die Natur Hineingelegtes existiert, wie z.B. das Licht dem Tag (anhaftet) und die Freude der Gesundheit; von diesen Konträren haftet dem einen, das heißt dem Tag, das Licht an, und (dieses) widerspricht der Nacht; dem anderen, d.h. der Gesundheit, haftet die Freude an, und (diese) widerspricht der Krankheit. Wenn du so aussagst: *Wenn Tag ist, ist nicht Licht*, und: *Wenn er gesund ist, ist er nicht froh*, dann haftet das Nicht-Licht-Sein der Nacht an und widerspricht dem Tag. In ähnlicher Weise haftet das Nicht-froh-Sein der Krankheit an und widerspricht der Gesundheit. Die widersprechenden Aussagebegriffe sind somit durch eine kausale Konjunktion, die *wenn* ist, verbunden, sie sind aber von dem Folgen oder der Natur der Verbindung weit entfernt, wobei freilich die Negation diesen verbundenen (Begriffen) aufgrund des Gegenteils hinzugefügt oder weggenommen wird.[23] Damit dies noch klarer wird, stellen wir hier die Beispiele, die weiter oben zu den verbundenen (Begriffen) vorgelegt wurden, zunächst in ihrer Reihenfolge auf und fügen ihnen die widersprechenden Aussagen in Gegenüberstellung hinzu.

	VERBUNDENE	WIDERSPRECHENDE
[1]	Wenn er Mensch ist, ist er Lebewesen.	Wenn er Mensch ist, ist er nicht Lebewesen.
[2]	Wenn er weiß ist, ist er nicht schwarz.	Wenn er weiß ist, ist er schwarz.
[3]	Wenn er nicht gesund ist, ist er krank.	Wenn er nicht gesund ist, ist er nicht krank.
[4]	Wenn er nicht Lebewesen ist, ist er nicht Mensch.	Wenn er nicht Lebewesen ist, ist er Mensch.
[5]	Wenn es Doppeltes ist, ist es Einfaches.[24]	Wenn es nicht Doppeltes ist, ist es Einfaches.
[6]	Wenn er Mensch ist, ist er lachfähig.	Wenn er nicht Mensch ist, ist er lachfähig.
[7]	Wenn er hochmütig ist, ist er hassenswert.	Wenn er hochmütig ist, ist er nicht hassenswert.
[8]	Wenn sie geboren hat, hat sie mit einem Mann geschlafen.	Wenn sie geboren hat, hat sie nicht mit einem Mann geschlafen.

Denique considerandum est, quod hi repugnantes enuntiativi termini[5]
interdum sunt aequales, interdum alter excellentioris potentiae, quippe, eo
existente aut effecto, alterum esse aut[6] non esse contingit. Cui excellentioris
potentiae termino ad repugnantiam faciendam semper haeret negatio. In his
5   vero quae simul sunt atque aequalibus terminis, nec utrique termino, nec
specialiter alteri, sed utrumlibet accidit. Animali enim existente, hominem
aut[7] esse, aut[8] non esse contingit; odioso existente, superbum esse aut[9] non
esse contingit; concubitu effecto, parere aut[10] non parere contingit.
Quocirca repugnantibus superveniens negatio propositiones facit, quae
10   graece[11] hyperapofaticae, latine dicuntur superabnegativae, cum maxima
violentia reducentes ipsam repugnantiam ad conexionis consequentiam hoc
modo: *Non si homo est, animal non est*, et rursus: *Non si albus est, niger est*.
Quarum propositionum ista sententia est, quia si homo est, non potest
esse, ut animal non sit, hoc est, si homo est, impossibile est animal non
15   esse. Similiter, si albus est, non potest esse, ut sit niger, hoc est, si albus est,
impossibile est esse nigrum, et quod impossibile est esse, non contingit esse,
et necesse est non esse. Sic de reliquis in quibus negatio superveniens nega-
tioni affirmationem facit.

Ex repugnantibus igitur est tertius hypotheticorum syllogismorum mo-
20   dus, cuius enuntiativus terminus antecedens ita ut est in propositione as-
sumitur, ut consequens aliter quam est concludendo inferatur hoc modo: |

Non si homo est, animal non est.
Homo autem est.
25   Animal igitur est.

Non si albus est, niger est.
Albus autem est.
Niger igitur non est.

Non si sanus non est, aeger non est.
30   Sanus autem non est.
Aeger igitur est.

---

5   enuntiativi termini] termini enuntiativi *P*
6   aut] *P* et *L*
7   aut] *P* et *L*
8   aut] *P* et *L*
9   aut] *P* et *L*
10   aut] *P* et *L*
11   graece] grece *L*

Schließlich ist noch zu überlegen, daß diese widersprechenden Begriffe manchmal gleichartig sind, manchmal (aber) der eine eine größere Macht hat, deshalb, weil, wenn er existiert oder bewirkt ist, es zutrifft, daß der andere ist oder nicht ist. Einem solchen Begriff mit größerer Macht haftet immer die Negation an, um das Widersprechen herzustellen. Bei jenen aber, die zugleich sind und aus gleichartigen Begriffen (bestehen), (kommt es) nicht dem einen Begriff und auch nicht besonders dem anderen (zu, zuzutreffen), vielmehr trifft beides zu. Wenn nämlich ein Lebewesen existiert, trifft es zu, daß entweder ein Mensch existiert oder nicht existiert; wenn ein Hassenswerter existiert, trifft es zu, daß ein Hochmütiger existiert oder nicht existiert; wenn der Beischlaf stattgefunden hat, trifft entweder das Gebären oder das nicht Gebären zu. Daher bringt die Negation, die zu Widersprechenden hinzukommt, Aussagen hervor, die griechisch hyperapophatisch, lateinisch superabnegativ[25] genannt werden, die mit größter Gewalt das Widersprechen selbst auf das Folgen der Verbindung auf diese Weise zurückführen: *Nicht: Wenn er Mensch ist, ist er nicht Lebewesen*, und wiederum: *Nicht: Wenn er weiß ist, ist er schwarz*. Der Sinn dieser Aussagen ist dieser, weil, wenn er Mensch ist, es nicht sein kann, daß er nicht Lebewesen ist, das heißt, wenn er Mensch ist, ist es unmöglich, daß er nicht Lebewesen ist. Ähnlich, wenn er weiß ist, kann es nicht sein, daß er schwarz ist, das heißt, wenn er weiß ist, ist es unmöglich, daß er schwarz ist, und was unmöglich sein kann, von dem trifft es nicht zu, daß es ist, und es ist notwendig, daß es nicht ist. So ist es auch bei den übrigen, bei denen eine zu einer Negation hinzukommende Negation eine Affirmation herstellt.[26]

Aus den Widersprechenden besteht folglich der dritte Modus der hypothetischen Syllogismen, dessen vorausgehender Aussagebegriff so angenommen wird, wie er in der Aussage ist, so daß der nachfolgende (Begriff) anders, als er (in der Aussage) ist, durch Schlußfolgerung auf folgende Weise abgeleitet wird:[27]

[III.1]   Nicht: wenn er Mensch ist, ist er nicht Lebewesen.
             Er ist aber Mensch.
             Folglich ist er Lebewesen.

[III.2]   Nicht: wenn er weiß ist, ist er schwarz.
             Er ist aber weiß.
             Folglich ist er nicht schwarz.

[III.3]   Nicht: wenn er nicht gesund ist, ist er nicht krank.
             Er ist aber nicht gesund.
             Folglich ist er krank.

Non si animal non est, homo est.
Animal autem non est.
Homo igitur non est.

Non si duplum non est, simplum est.
Duplum autem non est.
Simplum igitur non est.

Non si homo non est, risibilis est.
Homo autem non est.
Risibilis igitur non est.

Non si superbus est, odiosus non est.
Superbus autem est.
Odiosus igitur est.

Non si peperit, cum viro non concubuit.
Peperit autem.
Cum viro igitur concubuit.

Sequuntur duo hypotheticorum syllogismorum modi, quartus videlicet ac quintus, qui de uno contrarietatis fonte manantes, a disiunctiva coniunctione, quae est *aut*, originem ducunt. Cuius coniunctionis ea vis est, ut ubicumque in repugnantibus pro propositionum terminos est constituta, negatio inde in alterum terminum transferatur, his quarto scilicet ac quinto modo, exceptis contrariis, quae utrosque[12] terminos per repugnantiam aut affirmant, aut denegant, ut in his modis e diverso alterutrum faciant. De quibus, quia superius multa explicuimus, eorum tantum descriptionem cum exemplis proponere ratum duximus. Est igitur modus quartus, cuius enuntiativus terminus antecedens aliter quam est in propositione assumitur, ut consequens ita ut est concludendo[13] inferatur. Quintus quoque est, cuius enuntiativus terminus consequens aliter quam est in propositione assumitur, ut antecedens ita ut est concludendo inferatur. Horum quidem propositiones subiungimus, syllogismos vero, quia superius multipliciter explevimus, hic duos vel tres exbibuisse sobrio lectori satis arbitramur.

---

[12] utrosque] u *add. et exp. L*
[13] concludendo] *ex* includendo *L*ᶜ

[III.4]   Nicht: wenn er nicht Lebewesen ist, ist er Mensch.

Er ist aber nicht Lebewesen.
Folglich ist er nicht Mensch.

[III.5]   Nicht: wenn es nicht Doppeltes ist, ist es Einfaches.
Es ist aber nicht Doppeltes.
Folglich ist es nicht Einfaches.

[III.6]   Nicht: wenn er nicht Mensch ist, ist er lachfähig.
Er ist aber nicht Mensch.
Folglich ist er nicht lachfähig.

[III.7]   Nicht: wenn er hochmütig ist, ist er nicht hassenswert.
Er ist aber hochmütig.
Folglich ist er hassenswert.

[III.8]   Nicht: Wenn sie geboren hat, hat sie nicht mit einem Mann
geschlafen.
Sie hat aber geboren.
Folglich hat sie mit einem Mann geschlafen.

Es folgen zwei Modi der hypothetischen Syllogismen, nämlich der vierte
und der fünfte, die, aus ein und derselben Quelle der Kontrarietät entsprin-
gend, ihren Ursprung von der disjunktiven Konjunktion, die *oder* ist, herleiten. Die Kraft dieser Konjunktion ist diese, daß, wo immer sie in Widersprechenden für die Begriffe der Aussagen aufgestellt wird,[28] die Negation
daraufhin, in diesem vierten und fünften Modus nämlich, auf einen der
beiden Begriffe übertragen wird,[29] mit Ausnahme der Konträren, die beide
Begriffe durch das Widersprechen entweder bejahen oder verneinen, so daß
sie in diesen Modi aus dem Verschiedenen eines von beiden herstellen.[30] Da
wir über diese weiter oben viel erklärt haben, haben wir es für richtig
gehalten, nur deren Beschreibung mit Beispielen vorzulegen. Es ist folglich
der vierte Modus jener, dessen vorausgehender Aussagebegriff anders, als er
in der Aussage ist, angenommen wird, so daß der nachfolgende (Begriff) so,
wie er (in der Aussage) ist, durch Schlußfolgerung abgeleitet wird. Und der
fünfte (Modus) ist jener, dessen nachfolgender Aussagebegriff anders, als er
in der Aussage ist, angenommen wird, so daß der vorausgehende (Begriff)
so, wie er (in der Aussage) ist, durch Schlußfolgerung abgeleitet wird.[31] Wir
fügen (einige) Aussagen von diesen an, von den Syllogismen aber glauben
wir, da wir weiter oben in vielfacher Weise dieser Aufgabe nachgekommen
sind, daß es für den nüchternen Leser ausreichend ist, hier zwei oder drei
dargelegt zu haben.

Hic sit quartus ab antecedentibus ita:

> Aut homo non est, aut animal est.
> Homo autem est.
> Animal igitur est.

5
> Aut albus non est, aut niger non est.
> Albus autem est.
> Niger igitur[14] non est.

> Aut sanus est, aut aeger est.
> Sanus autem non est.
10
> Aeger igitur est.

Hic sit quintus a consequentibus ita: |

> Aut homo non est, aut animal est.
> Animal autem non est.
15
> Homo igitur non est.

> Aut albus non est, aut niger non est.
> Niger autem est.
> Albus igitur non est.

> Aut sanus est, aut aeger est.
20
> Aeger autem non est.
> Sanus igitur est.

Ad horum similitudinem ex propositionibus quae sequuntur formantur
modi quartus et quintus:

25
> Aut animal est, aut homo non est.
> Aut duplum est, aut simplum non est.
> Aut homo est, aut risibilis non est.
> Aut superbus non est, aut odiosus est.
> Aut non peperit, aut cum viro concubuit.

30   Sequuntur deinde alii duo hypotheticorum syllogismorum modi, sextus
videlicet ac septimus, qui de quarti et quinti propositionibus oriuntur.
Nam nihilominus easdem assumptiones et conclusiones habentes, hoc uno
differunt, quod illi res propositas disiungunt ita prolati: *aut hoc, aut illud*;

---

14 igitur] autem *P*

Dies sei der vierte (Modus) von den Antezedentia:

[IV.1]   Entweder er ist nicht Mensch, oder er ist Lebewesen.
Er ist aber Mensch.
Folglich ist er Lebewesen.

[IV.2]   Entweder er ist nicht weiß, oder er ist nicht schwarz.
Er ist aber weiß.
Folglich ist er nicht schwarz.

[IV.3]   Entweder er ist gesund, oder er ist krank.
Er ist aber nicht gesund.
Folglich ist er krank.

Dies sei der fünfte (Modus) von den Konsequentia:

[V.1]   Entweder er ist nicht Mensch, oder er ist Lebewesen.
Er ist aber nicht Lebewesen.
Folglich ist er nicht Mensch.

[V.2]   Entweder er ist nicht weiß, oder er ist nicht schwarz.
Er ist aber schwarz.
Folglich ist er nicht weiß.

[V.3]   Entweder er ist gesund, oder er ist krank.
Er ist aber nicht krank.
Folglich ist er gesund.

In Ähnlichkeit mit diesen werden aus den Aussagen, die folgen, der vierte und der fünfte Modus gebildet:

[IV./V.4] Entweder er ist Lebewesen, oder er ist nicht Mensch.
[IV./V.5] Entweder es ist es Doppeltes, oder es ist nicht Einfaches.
[IV./V.6] Entweder er ist Mensch, oder er ist nicht lachfähig.
[IV./V.7] Entweder er ist nicht hochmütig, oder er ist hassenswert.
[IV./V.8] Entweder sie hat nicht geboren, oder sie hat mit einem Mann geschlafen.

Hierauf folgen zwei andere Modi der hypothetischen Syllogismen, nämlich der sechste und der siebente, die aus den Aussagen des vierten und fünften (Modus) hervorgehen.[32] Denn, obwohl sie dieselben Annahmen und Konklusionen haben, unterscheiden sie sich doch in diesem einen, daß sie die ausgesagten Dinge trennen, indem sie so ausgedrückt werden: *entweder*

isti vero praemisso negandi adverbio atque copulativa coniunctione, quae
est *et*, res propositas simul esse non posse denuntiant ita prolati: *non et hoc
et illud.*

Ita enim constituerunt antiqui Latini, Cicero scilicet in *Topicis*, Victo-
5   rinus in suis *Commentariis*, Isidorus in *Veriloquiis*, asserentes hos quattuor
modos non posse fieri, nisi ex contrariis dumtaxat inmediatis, et quartum
sextumque esse, quorum priores partes affirmando assumuntur,[15] ut subsequentes negando inferantur; e contra, quintum septimumque esse, quorum
priores partes negando assumuntur,[16] ut subsequentes affirmando inferan-
10   tur hoc modo:

Quartus   Aut sanus est, aut aeger est.
                 Sanus autem est.
                 Aeger igitur non est.

Quintus   Aut sanus est, aut aeger est.
15   Sanus autem non est.
                 Aeger igitur est.

Sextus   Non et sanus est et aeger est.
                 Sanus autem est.
                 Aeger igitur non est.

20   Septimus   Non et sanus est et aeger est.
                 Sanus autem non est.
                 Aeger igitur est.

Verumtamen Eudemo et aliis Graecis auctoribus placuit, hos IIII modos
posse fieri ex omnibus terminis, qui sunt in conexione vel repugnantia
25   propositi.[17] Sed de duobus dictum est. | De reliquis vero scire opportet,
quod repugnantibus adeo sunt similes, ut, si eis subtrahatur causalis coniunctio et pro ea ponatur *et* copulativa, statim oriatur sexti ac septimi modi
consequentia ita: *Non si homo est, animal non est. Non et homo est, et animal
non est.* Idem sentiendum de ceteris. Assumptio et conclusio sexti modi
30   similis est repugnantium assumptioni seu conclusioni, quoniam antecedens
ut est assumitur,[18] ut subsequens aliter quam est inferatur. Septimus adul-

---

[15] assumuntur] *P* assummuntur *L*
[16] assumuntur] *P* assummuntur *L*
[17] propositi] positi *L* pro *add. interlin. L^c*
[18] assumitur] *P* assummitur *L*

dieses oder jenes; jene aber zeigen mit einem vorausgeschickten Adverb der Negation und einer kopulativen Konjunktion, die *und* ist, an, daß die ausgesagten Dinge nicht zugleich sein können, indem sie so ausgedrückt werden: *nicht: sowohl dieses als auch jenes.*[33]

So nämlich haben es die antiken lateinischen (Autoren), nämlich Cicero in der *Topik*, Victorinus in seinen *Kommentaren*,[34] Isidor in den *Veriloquien*, aufgestellt, indem sie versichern, daß diese vier Modi nicht gebildet werden können, es sei denn aus Konträren, allerdings nur aus unmittelbaren;[35] und der vierte und der sechste (Modus) seien jene, deren erste Teile bejahend angenommen werden, so daß die nachfolgenden durch Verneinung abgeleitet werden; dagegen seien der fünfte und der siebente jene, deren erste Teile verneinend angenommen werden, so daß die nachfolgenden durch Bejahung auf die folgende Weise abgeleitet werden:

Der vierte   Entweder er ist gesund, oder er ist krank.
                Er ist aber gesund.
                Folglich ist er nicht krank.

Der fünfte   Entweder er ist gesund, oder er ist krank.
                Er ist aber nicht gesund.
                Folglich ist er krank.

Der sechste   Nicht: er ist gesund, und er ist krank.
                Er ist aber gesund.
                Folglich ist er nicht krank.

Der siebente   Nicht: er ist gesund, und er ist krank.
                Er ist aber nicht gesund.
                Folglich ist er krank.

Eudemus und die anderen griechischen Autoren waren aber der Meinung, daß diese vier Modi aus allen Begriffen gebildet werden können,[36] die in einer Verbindung oder mit einem Widerspruch ausgesagt werden. Über zwei ist aber (schon) gesprochen worden.[37] Von den übrigen aber muß man wissen, daß sie den Widersprechenden so ähnlich sind, daß, wenn von ihnen die kausale Konjunktion weggenommen wird, und für diese die kopulative (Konjunktion) *und* gesetzt wird, sofort die Folgerung des sechsten und siebenten Modus entsteht, (und zwar) so: *Nicht: wenn er Mensch ist, ist er nicht Lebewesen. Nicht: er ist Mensch, und er ist nicht Lebewesen.*[38] Ebenso muß man es bei den übrigen halten. Die Annahme und die Konklusion des sechsten Modus ist der Annahme bzw. der Konklusion der Widersprechenden ähnlich, da das Antezedens angenommen wird so, wie es (in der Aussage) ist, so daß das Nachfolgende anders, als es (in der

timum modus est, cuius consequens, ut est assumitur,[19] ut antecedens aliter
quam est inferatur. Horum pro exemplo singillatim modi constituantur:

Sextus	Non et albus et niger est.
	Albus autem est.
5	Niger igitur non est.

Septimus	Non et[20] albus et niger est.
	Niger autem est.
	Albus igitur non est.

His in commune praelibatis, nosse convenit diversos numeros, nonnum-
10 quam usque ad XL hypotheticis syllogismis superius appositos, quod non
sunt appositi propter tantam pluralitatem eorumdem[21] syllogismorum, sed
propter diversitatem unde orti sunt propositionum, quandoquidem nullus
est sive simplex, sive compositus, qui ad hos septem non revocetur, quos
iuxta Graecos[22] et Latinos descripsimus et ordinavimus, quosque nunc
15 iterum breviter repetimus, ut postmodum finem operi imponamus.

Primus	Si dies est, lux est.
	Dies autem est.
	Lux igitur est.

Secundus	Si dies est, lux est.
20	Lux autem non est.
	Dies igitur non est.

Tertius	Non si dies est, lux non est.
	Dies autem est.
	Lux igitur est.

25 Quartus	Aut dies est, aut nox est.
	Dies autem est.
	Nox igitur non est.

---

[19] assumitur] P assummitur L
[20] et] om. P
[21] eorumdem] eorundem P
[22] Graecos] grecos P

Aussage) ist, abgeleitet wird. Der siebente Modus schließlich ist jener, dessen Konsequens so, wie es (in der Aussage) ist, angenommen wird, so daß das Antezedens anders, als es (in der Aussage) ist, abgeleitet wird.[39] Als Beispiel für diese werden im einzelnen diese Modi aufgestellt:

Der sechste	Nicht: er ist weiß, und er ist schwarz.
	Er ist aber weiß.
	Folglich ist er nicht schwarz.
Der siebente	Nicht: er ist weiß, und er ist schwarz.
	Er ist aber schwarz.
	Folglich ist er nicht weiß.

Nachdem diese im allgemeinen kurz angeführt wurden, ist es angebracht, zu wissen, daß die verschiedenen Zahlen, die weiter oben manchmal bis zu XL für die hypothetischen Syllogismen aufgestellt wurden, nicht wegen der so großen Vielzahl der Syllogismen aufgestellt wurden, sondern wegen der Verschiedenheit der Aussagen, aus denen sie entstanden sind, weil es keinen gibt, sei er einfach, sei er zusammengesetzt, der nicht auf diese sieben zurückgeführt würde, die wir nach der Auffassung der Griechen und der Lateiner beschrieben und geordnet haben, die wir nun nochmals kurz wiederholen,[40] so daß wir dann schließlich dem Werk ein Ende geben:

Der erste	Wenn es Tag ist, ist Licht.
	Es ist aber Tag.
	Folglich ist Licht.
Der zweite	Wenn es Tag ist, ist Licht.
	Es ist aber nicht Licht.
	Folglich ist es nicht Tag.
Der dritte	Nicht: Wenn es Tag ist, ist nicht Licht.
	Es ist aber Tag.
	Folglich ist Licht.
Der vierte	Entweder es ist Tag, oder es ist Nacht.
	Es ist aber Tag.
	Folglich ist es nicht Nacht.

Quintus   Aut dies est, aut nox est.
Dies autem non est.
Nox igitur est.

5   Sextus   Non et dies est et nox est.
Dies autem est.
Nox igitur non est.

Septimus   Non et dies est et nox est.
Dies autem non est.
10   Nox igitur est.

EXPLICIT LIBER II

Der fünfte   Entweder es ist Tag, oder es ist Nacht.
                  Es ist aber nicht Tag.
                  Folglich ist es Nacht.

Der sechste   Nicht: es ist Tag, und es ist Nacht.
                  Es ist aber Tag.
                  Folglich ist es nicht Nacht.

Der siebente   Nicht: es ist Tag, und es ist Nacht.
                  Es ist aber nicht Tag.
                  Folglich ist es Nacht.

ENDE DES ZWEITEN BUCHES

KOMMENTAR

KAPITEL I

[1] Im Titel wird von hypothetischen Aussagen gesprochen, im ersten Satz des Textes hingegen von konditionalen Aussagen, so daß der Eindruck entstehen könnte, „hypothetische Aussage" und „konditionale Aussage" seien gleichbedeutend. Dies ist aber nicht der Fall. Boethius, DHS 835 A; S. 216[33-36], sagt:

> Omnis igitur hypothetica propositio vel per conexionem fit [...] vel per disiunctionem; uterque enim modus ex simplicibus propositionibus comparatur.

> Jede hypothetische Aussage wird durch eine Verbindung [...] oder durch eine Disjunktion gebildet; jeder der beiden Modi wird nämlich aus einfachen Aussagen zusammengestellt.

Vgl. auch ITC 1131 B. Das Kennzeichen der hypothetischen Aussage besteht also darin, daß sie aus einfachen Aussagen zusammengesetzt ist, wobei diese Zusammensetzung in einer konditionalen Verbindung oder in einer Disjunktion bestehen kann (daß faktisch auch mit der Konjunktion gearbeitet wird, wird sich noch zeigen). Dieser Gebrauch von „hypothetisch" ist peripatetischer, nicht stoischer Herkunft, vgl. Barnes, 1984, S. 284. Auch Abbo weiß, daß im griechischen Gebrauch von „hypothetische Aussage" auch die disjunktive Aussage mitgemeint ist, vgl. Kap. V, S. 52[2-4]). Allerdings wird bei Boethius „hypothetische Aussage" öfter auch gleichbedeutend mit „konditionale Aussage" gebraucht, vgl. z.B. DHS 832 A; S. 206[38-40]:

> Propositio vero omnis aut categorica est, quae praedicativa dicitur, aut hypothetica, quae conditionalis vocatur.

> Jede Aussage ist aber entweder kategorisch, und diese wird prädikativ genannt, oder hypothetisch, und diese wird konditional genannt.

Vgl. auch Boethius, DDT 1176 A, wo gesagt wird, daß die konditionalen Aussagen bei den Griechen „hypothetische Aussagen" genannt werden.

[2] Vgl. Boethius, DHS 837 B; S. 226[1-5].

[3] Vgl. dazu den Überblick in Einl11111eitung V.2.

[4] Die Beziehung zwischen Antezedens und Konsequens ist in der Konditionalaussage bei Abbo wie bei Boethius notwendig. Vgl. Boethius, DHS 836 B; S. 222[17-20]:

> Sit igitur positum, cum sit *a*, esse *b*, id est hanc inter *a* atque *b* esse conse-
> quentiam, ut si concessum fuerit esse *a*, necesse sit concedere esse *b*.

> Es sei gesetzt, daß, wenn *a* ist, *b* ist, d.h. daß zwischen *a* und *b* eine solche
> Folgebeziehung besteht, daß, wenn zugestanden wurde, daß *a* ist, es notwen-
> dig ist, zuzugestehen, daß *b* ist.

Vgl. auch Boethius, ITC 1129 A:

> Conditionalis vero id ponit, ut si id quod antecedit fuerit necessario comite-
> tur quod subsequitur.

> Eine Konditionalaussage setzt aber dies, daß wenn das, was vorausgeht, ist, es
> notwendigerweise das begleitet, was nachfolgt.

Für eine Konditionalaussage gilt also:

Wenn $a \to b$, dann $\mathbf{U}(a \wedge \neg b)$,

wobei zu beachten ist: $a \to b$ bedeutet immer: $\mathbf{N}(a \to b)$.

Damit ist jedoch keine hinreichende Definition durch Modalwerte geliefert, vielmehr handelt es sich um eine Beschreibung der Modalwerte, die
sich als Resultat von Begriffsbeziehungen der beiden Aussagen ergeben.
Vgl. dazu Einleitung V.1 u. V.2.

Die hier bei Boethius zum Ausdruck gebrachte Auffassung dürfte die
peripatetische sein, wie sie z.B. von Galen, *Institutio logica* III, 3; Übers.
Mau, S. 3, referiert wird:

> Vor allem dann, wenn etwas als existent glaubhaft gemacht wird durch die
> Existenz eines andern, wird das bei den alten Philosophen die konditionale
> hypothetische Aussage genannt.

Die „alten Philosophen" sind bei Galen nicht die Stoiker, sondern die Peripatetiker, vgl. Mau, 1960, S. 9. Boethius, DHS 834 B; S. 214[71-72], sagt ganz
ähnlich von den konditionalen Aussagen, die aus einem Bedingungsverhältnis von Übereinstimmenden (*ex consentientium conditione*) bestehen,
daß bei ihnen ausgesagt wird, daß etwas existiert oder nicht existiert, wenn
etwas war oder nicht war (*aliquid dicitur esse vel non esse, si quid fuerit vel
non fuerit*). Dabei beruft sich Boethius, DHS 833 D; S. 212[48-52], bei der
Verwendung des Ausdrucks *consentientium conditio* auf Eudemus. Der
peripatetische Hintergrund dieser Auffassung wird also explizit gemacht.
Ein solcher Zusammenhang von zwei Sachverhalten wird vermutlich auch
in dem sowohl bei Boethius als auch bei Abbo gebrauchten Ausdruck der
„Folge der Natur" (*naturae consequentia*) ausgesprochen. Vgl. auch Einleitung V.1. Zur Interpretation dieses Ausdrucks darf vielleicht auch das herangezogen werden, was Abaelard, *Dialectica* IV, S. 473[2-3], über die *naturales
connexae* sagt, nämlich, daß die Wahrheit und der Sinn (*sensus et veritas*)
dieser Folgerungen durch die Topik offenkundig ist. Vgl. auch Einleitung
V.3.

[5] „Widerspruch" (*repugnantia*) wird bei Abbo wie bei Boethius folgendermaßen verstanden; vgl. z.B. Boethius, ITC 1124 C:

> Repugnans est quod simul cum eo cui repugnare dicitur esse non potest.

Widersprechend ist das, was mit dem, zu dem es als in Widerspruch stehend ausgesagt wird, nicht (zugleich) sein kann.

Für widersprechende Aussagen gilt also:

Wenn $a \not\phi b$, dann $\mathbf{U}(a \wedge b)$.

Damit ist jedoch, analog der Definition der Konditionalaussage, keine hinreichende Definition durch Modalwerte geliefert, vielmehr handelt es sich um eine Beschreibung der Modalwerte, die sich als Resultat von Begriffsbeziehungen der beiden Aussagen ergeben. Vgl. dazu Einleitung V.1 u. V.2.

Abbo verwendet im letzten Teil seines Traktats (Kap. IX; S. 92$^{7\text{-}10}$) eine etwas anders formulierte, im Ergebnis aber äquivalente Festlegung von *repugnans*.

^{6} Die „eine" darf nur auf das Antezedens, die „andere" nur auf das Konsequens bezogen werden, sonst ergibt sich eine Äquivalenz. Der weitere Text macht ganz klar, daß Abbo nur eine Implikation, nicht aber eine Äquivalenz meint.

^{7} Abbo unterscheidet hier innerhalb der Folge der Natur etwas, was immer inne ist, und etwas, was innerhalb der Zeitordnung inne ist. Es handelt sich in beiden Fällen um einen notwendigen Zusammenhang. Die genannte Unterscheidung darf nicht mit der Unterscheidung des Boethius, DHS 835 B-C; S. 218$^{51\text{-}59}$, der konditionalen Aussagen in solche, die eine Folge der Natur darstellen, und solche, in denen das *wenn* (*si*) die Bedeutung des temporalen *cum* hat, gleichgesetzt werden. Letztere nennt Boethius „akzidentell", da es in diesem Fall zutrifft, daß zwei Aussagen etwas beschreiben, was faktisch zur gleichen Zeit (*eodem tempore*) besteht, ohne daß aber ein notwendiger Zusammenhang zwischen den beiden Sachverhalten vorliegt. Vgl. dazu Einleitung V.4.

^{8} Vgl. Boethius, DDT 1179 A. Vgl. Einleitung V.3.

^{9} „An zweiter Stelle", d.h.: im Konsequens; z.B.: „Lebewesen" ist Gattungsbegriff zu „Mensch", also gilt die Konditionalaussage: *Wenn X Mensch* (1. Stelle) *ist, dann ist X Lebewesen* (2. Stelle).

^{10} „Wo immer es belieben wird", d.h.: beliebig an erster oder an zweiter Stelle. Proprium und Definition sind mit dem Begriff, auf den sie bezogen sind, austauschbar, können daher sowohl im Antezedens als auch im Konsequens stehen, z.B. „lachfähig" ist Proprium von „Mensch", also: *Wenn X Mensch ist, ist X lachfähig*, und: *Wenn X lachfähig ist, ist X Mensch*.

^{11} Dieser Beispielsatz findet sich bei Boethius, DHS 833 A; S. 210$^{4\text{-}5}$; ITC 1075 C; DDT 1198 C.

^{12} Dieser Beispielsatz und der hier behandelte logische Sachverhalt werden bei Boethius, ITC 1066 B-C, im Zusammenhang des *locus ab antecedentibus et consequentibus* diskutiert:

Saepe quae naturaliter antecedunt, et in propositione priora sunt; [...] si dicam: Si superbus est, odiosus est, superbia et naturaliter et in propositione odium praecedit; prius enim superbia consuevit existere, post vero atque ex eadem superbia veniens odium sequi.

Häufig ist das, was natürlicherweise vorausgeht, auch in der Aussage das erste; [...] wenn ich sage: *Wenn er hochmütig ist, ist er hassenswert,* dann geht der Hochmut natürlicherweise und in der Aussage dem Haß voraus; es pflegt nämlich früher der Hochmut zu existieren, nachher aber und aus diesem Hochmut herkommend der Haß zu folgen.

Boethius hebt aber ebd. hervor, daß diese Ordnung für den logischen Zusammenhang von Antezedens und Konsequens nicht maßgebend ist:

Nec interest, utrum naturaliter quaelibet antecedat res aliquando, an vero consequetur, dum id in propositione adnotemus, eam esse rem antecedentem, quae sive naturaliter prior sit, sive posterior, alteram tamen rem secum necessario trahat.

Es ist nicht von Belang, ob irgendeine Sache natürlicherweise gelegentlich vorangeht oder aber nachfolgt, solange wir nur in der Aussage festhalten, daß jene Sache vorausgehend ist, die die andere Sache mit Notwendigkeit nach sich zieht, sei diese nun natürlicherweise früher oder später.

Deshalb ist es auch möglich, daß in der Konditionalaussage der Naturzusammenhang umgekehrt ist. Boethius, ITC 1075 C, zieht dafür das auch von Abbo übernommene Beispiel heran (*si peperit, cum viro concubuit*). Vgl. auch Boethius, DDT 1198 C.

[13] Die Umkehrung von $a \to b$ ist $\neg b \to \neg a$. Dies ist die Kontraposition. Man hat hier den Eindruck, daß in diesem „System" die Aussagennegation nicht vorausgesetzt wird, sondern genau durch die Kontraposition eingeführt und definiert wird.

[14] *Disparata* sind nach Boethius, DHS 834 D; S. 216[19-21], Begriffe, die nur voneinander verschieden sind, ohne daß ein Widerspruch der Kontrarietät besteht (*tantum a se diversa sunt, nulla contrarietate pugnantia*), wie z.B. „Erde" und „Feuer".

[15] $a \not\!\phi\, b$ umgeformt in eine Konditionalaussage ergibt $a \to \neg b$; bei unmittelbar Konträren gilt zugleich $\neg a \to b$. Zu mittelbar und unmittelbar Konträren vgl. weiter unten Anm. 20.

[16] Die Anordnung der vier Aussageformen in ein logisches Quadrat findet sich nicht bei Boethius, ebensowenig findet sie sich später bei Abaelard und Wilhelm von Lucca. Sie dürfte also von Abbo selbst stammen. Es ist aber anzumerken, daß diese Anordnung für die Logik nichts bringt, da die Aussagen in diesem „logischen Quadrat" keine einzige der logischen Eigenschaften aufweisen, die bei den den Aussagen im logischen Quadrat vorliegen, das im Anschluß an Aristoteles, *Peri Hermeneias*, entwickelt worden war.

[17] Die Interpretation sowie die Übersetzung von *si homo est, animal est*
in diesem Schema ist nicht eindeutig. Die erste (und vom boethianischen
Gebrauch etwa in den Kommentaren zu *Peri Hermeneias* eigentlich näher
liegende) Interpretation ist: *Wenn ein Mensch existiert, existiert ein Lebewesen;* die zweite ist: *Wenn er Mensch ist, ist er Lebewesen.* Eine syntaktisch
einheitliche Interpretation aller vier Aussagen ist nur innerhalb der zweiten
Form möglich (vgl. III: *Wenn ein Gesunder nicht existiert, existiert ein Kranker* ist offensichtlich falsch). Diese Interpretation ist auch erfordert z.B. in
dem Beispielsatz des Boethius, DHS 834 B; S. 214[4-5]: *Si homo est, equus non
est,* der nur sinnvoll ist in der Wiedergabe: *Wenn er Mensch ist, ist er nicht
Pferd.* Die Interpretation und die entsprechende Übersetzung nach dieser
zweiten Form kann sich auch auf das spätere mittelalterliche Verständnis
dieser Aussagen berufen. Der Abaelard-Schüler Wilhelm von Lucca,
Summa dialectice artis, S. 214f. u.ö., ergänzt in diesen Aussagen immer ein
Subjekt, also: *Si Socrates est homo, Socrates est animal; Si Socrates non est
sanus, Socrates est eger* usw., versteht also *homo* und *animal* jeweils als Prä-
dikate.

[18] Zur Terminologie *directim* und *conversim* (letzteres nur im Schema in
A, vgl. krit. Apparat) vgl. Apuleius, *Peri Hermeneias,* S. 271-274, und Martianus Capella, *De Nuptiis Philologiae et Mercurii,* z.B. S. 199[14-20]. Die Begriffe werden dort nicht definiert; der Zusammenhang zeigt aber, daß es
sich dabei um die Stellung von Subjekt und Prädikat (in der Konklusion
eines Syllogismus) handelt, wobei mit *reflexim* die Umstellung von Subjekt
und Prädikat gemeint ist. (Die beiden Begriffe werden in der Form *di-
rectum* und *reflexum* in Dunchad, *Glossae in Martianum,* S. 34, definiert,
bei Abbo ist aber kein Hinweis auf eine Kenntnis dieser Definitionen vorhanden.) Abbo verwendet die Begriffe *directim* und *reflexim* im Anschluß
an Apuleius auch im *Liber de categoricarum propositionum pugna,* S. 36-40.

[19] „Unterhalb", d.h. in der zweiten Zeile des Schemas.

[20] Die Analyse der Konträren in solche mit und solche ohne ein Mittleres stammt aus Aristoteles, *Kategorien* 10, 12a 1-25 und 12b 27 - 13a 2. Sie
findet sich auch z.B. bei Martianus Capella, *De Nuptiis Philologiae et Mercurii,* S. 180[18]-181[14]. Abbo hat diese Analyse vermutlich von Boethius übernommen. Vgl. z.B. Boethius, ITC 1119 C-D, im Zusammenhang der Erläuterung von Ciceros *locus a contrariis:*

Nam quae contraria sunt, partim mediata sunt, partim vero medio carent.
Mediata sunt, ut album, nigrum: est enim horum medius quilibet alius color,
ut rubeus vel pallidus, et horum contrariorum non necesse est alterum semper
inesse corporibus. Neque enim omne corpus aut album aut nigrum est; sed
aliquoties in horum medietate est constitutum, ut sit rubrum vel pallidum.
Immediata vero contraria sunt quorum nihil medium poterit inveniri, ut
gravitas et levitas: horum enim nihil est medium. Nam quae levia sunt, sur-
sum feruntur, quae gravia, deorsum. Quod autem sit corpus quod neque sur-
sum neque deorsum feratur, nihil poterit inveniri. Sed immediata contraria

talia sunt, ut alterum eorum cui potest accidere semper inhaereat, ut in proposito superius exemplo.

Denn jene, die konträr sind, sind teils mittelbar (konträr), teils aber entbehren sie eines Mittleren. Mittelbar (konträr) sind (solche) wie weiß, schwarz: jede beliebige andere Farbe ist nämlich eine mittlere von diesen, wie z.B. rot oder blaß, und von diesen Konträren ist es nicht notwendig, daß eines von ihnen den Körpern immer inne ist. Es ist nämlich nicht jeder Körper entweder weiß oder schwarz; vielmehr ist er (d.h. der Körper) manchmal in der Mitte von diesen konstituiert, so daß er rot oder blaß ist. Unmittelbar Konträre sind aber jene, bei denen kein Mittleres wird gefunden werden können, wie z.B. die Schwere und das Leichtsein: bei diesen nämlich gibt es kein Mittleres. Denn jene, die leicht sind, werden nach oben getragen, die schwer sind, nach unten. Daß es aber einen Körper gibt, der weder nach oben noch nach unten getragen wird, wird nicht gefunden werden können. Die unmittelbar Konträren sind aber so beschaffen, daß das eine von ihnen jenem, bei dem es zutreffen kann, immer anhaftet, so wie im oben vorgelegten Beispiel.

Für mittelbar konträre Begriffe A, B (z.B. A = „weiß", B = „schwarz") gilt also:

$$(X \in A) \to (X \notin B) \text{ und: } (X \in B) \to (X \notin A)$$

aber es gilt nicht :

$$(X \notin A) \to (X \in B) \text{ und: } (X \notin B) \to (X \in A),$$

da $X \in C$ möglich ist (z.B. C = „rot") und es somit auch möglich ist, daß zugleich mit $X \notin A$ auch $X \notin B$ zutrifft. Es gilt also:

$$\mathbf{M}[(X \notin A) \land (X \notin B)].$$

Für unmittelbar konträre Begriffe A, B (z.B. A = „gesund", B = „krank") gilt (ebenso wie für mittelbar konträre):

$$(X \in A) \to (X \notin B) \text{ und: } (X \in B) \to (X \notin A),$$

darüber hinaus aber gilt - und dies im Unterschied zu den mittelbar konträren Begriffen - auch (vgl. im Boethius-Zitat oben: „daß es aber einen Körper gibt, der weder nach oben noch nach unten getragen wird, wird nicht gefunden werden können"):

$$\mathbf{U}[(X \notin A) \land (X \notin B)],$$

und somit gilt für diese Begriffe auch:

$$(X \notin A) \to (X \in B) \text{ und: } (X \notin B) \to (X \in A).$$

Bei letzterem ist allerdings vorausgesetzt, daß es sich um ein Subjekt X handelt, dem A zukommen kann, worauf Boethius im letzten Satz des Zitats ausdrücklich hinweist (*cui potest accidere*), und somit A oder B zukommen muß; andernfalls wäre es möglich, daß sowohl $X \notin A$ gilt (z.B.: *eine Zahl ist nicht schwer*) als auch $X \notin B$ (*eine Zahl ist nicht leicht*).

[21] Es ergibt sich also folgendes Schema:

	AFFIRMATIV affirmativ - affirmativ $a \to b$	NEGATIV negativ - negativ $\neg a \to \neg b$	
I			IV
III	SUBAFFIRMATIV negativ - affirmativ $\neg a \to b$	SUBNEGATIV affirmativ - negativ $a \to \neg b$	II

Vgl. Boethius DHS, 845 B; S. 258^{67}-260^{71}:

> Omnium igitur talium propositionum primum numerus explicetur, ut qui fi-
> ant ex his syllogismi facilis acquiratur agnitio. Sunt autem quatuor: „si est *a*,
> est *b*“; „si est *a*, non est *b*“; „ si non est *a*, est *b*“; „si non est *a*, non est *b*“.

> Deshalb soll zunächst die Zahl aller solcher Aussagen erklärt werden, damit
> leicht die Kenntnis der Syllogismen, die aus diesen gebildet werden, erlangt
> werden kann. Es sind aber vier: „Wenn er *a* ist, ist er *b*“; „wenn er *a* ist, ist er
> nicht *b*“; „wenn er nicht *a* ist, ist er *b*“; „wenn er nicht *a* ist, ist er nicht *b*“.

Die Reihenfolge dieser Aussagen entspricht genau der oben mit I-IV angegebenen Reihung. Vgl. bei Abbo auch das Schema in Kap. V. Diese vier
Arten der konditionalen Aussage führt Boethius auch an in den später
entstandenen Werken DDT 1176 B-C u. 1178 D, sowie in ITC 1131 B-C.
Vgl. zum ganzen auch Einleitung V.2.

[22] Die Terminologie „subaffirmativ“ und „subnegativ“ findet sich nicht
bei Boethius, und sie wird auch später bei Abaelard und bei Wilhelm von
Lucca nicht verwendet. Die Terminologie ist bei Abbo vermutlich durch
die (bei den genannten Autoren nicht verwendete) Anordnung der Aussagen in ein logisches Quadrat motiviert: Die subaffirmative und die subnegative Aussage stehen an jenen Stellen, an denen im logischen Quadrat die
subalternen Aussagen stehen.

[23] Dies ist der *modus ponens*:

$$a \rightarrow b \qquad \text{Aussage } (propositio)$$
$$\underline{a} \qquad\qquad \text{Annahme } (assumptio)$$
$$b \qquad\qquad \text{Konklusion } (conclusio)$$

oder: $(a \rightarrow b) \wedge a \therefore b$.

Im folgenden werden Argumente immer in dieser Kurzform wiedergegeben.

Es ist zu beachten, daß im gesamten Traktat Abbos *propositio* entweder
„Aussage“ im ganz allgemeinen Sinn meint, oder aber daß sie (und zwar
sehr häufig) gleichbedeutend ist mit jener hypothetischen Aussage, die die
Voraussetzung des hypothetischen Syllogismus darstellt. Die Terminologie
propositio für die erste Prämisse und *assumptio* für die zweite Prämisse des
hypothetischen Syllogismus übernahm Boethius aus einer Tradition, die
durch Cicero begründet wurde. Vgl. Obertello, 1969, S. 61.

[24] Dies ist der *modus tollens*:

$$(a \rightarrow b) \wedge \neg b \therefore \neg a.$$

„Konträr“ ist hier vermutlich nicht im spezifischen Sinn dieses Begriffs
gemeint, sondern besagt allgemein „Gegenteil“. Boethius, DHS 845 B; S.
258^{65}, spricht in diesem Zusammenhang von *negatio*. Die Terminologie zur
Bezeichnung der Negation war durch Cicero unklar geworden. Ciceros
locus a contrario umfaßte u.a. konträre Gegensätze, also *contraria* in einem
engeren Sinn, und kontradiktorische Gegensätze, die Cicero *negantia*
nennt. Boethius, ITC 1119 B - 1122 B, hatte auf die Unterschiede der

Terminologie Ciceros von der des Aristoteles hingewiesen, die schematisch in folgender Form dargestellt werden können:

CICERO	ARISTOTELES
CONTRARIA	*OPPOSITA*
adversa	*contraria*
privantia	*habitus/privatio*
quae cum aliquo conferuntur	*relativa*
negantia	*contradictoria*

Zur Zeit Abbos wurden weiterhin beide Terminologien verwendet. Abbo kennt beide Terminologien und weiß (vermutlich aus der angeführten Boethius-Stelle), daß die eine von Cicero, die andere von Aristoteles stammt, vgl. in Abbos Text Kap. II, S. 22[18-20].

[25] Der Ausdruck *modi perfecti* verweist auf *syllogismus perfectus* bei Boethius, vgl. DHS 845 B; S. 260[71-72]. Von den unvollkommenen Syllogismen sagt Boethius, DHS 848 C; S. 272[91]-274[4]:

> Hi igitur quatuor syllogismi imperfecti dicuntur, idcirco quoniam per se non habent apertam atque perspicuam consequentiae necessitatem, eaque illis ex probatione conficitur.

> Diese vier Syllogismen werden folglich deshalb „unvollkommen" genannt, weil sie durch sich (selbst) nicht eine offenkundige und deutlich sichtbare Notwendigkeit der Folgerung aufweisen, und diese (Notwendigkeit) ihnen (vielmehr) durch einen Beweis hergestellt wird.

Die vollkommenen und unvollkommenen Modi unterscheiden sich also nicht in Hinsicht auf das Vorliegen einer Notwendigkeit der Folgerungsbeziehung, sondern nur dadurch, daß im ersteren Fall angenommen wird, sie seien „durch sich" evident, im anderen Fall hingegen diese Notwendigkeit durch einen Beweis nachgewiesen werden muß. Boethius konstruiert hier diese beiden Gruppen von hypothetischen Syllogismen parallel zu den kategorischen Syllogismen, von denen Aristoteles, *1. Analytik* 1, 24 b 22-26, sagt (Übers. nach der dt. Ausgabe von E. Rolfes, Hamburg 1975, S. 2f.):

> Vollkommen nenne ich einen Schluß, der, damit seine Notwendigkeit einleuchtet, außer den Voraussetzungen keiner weiteren Bestimmung bedarf, unvollkommen einen solchen, der noch einer oder mehrerer weiteren Bestimmungen bedarf, die zwar wegen der zugrunde liegenden Begriffe notwendig gelten, aber nicht in den Vordersätzen enthalten sind.

Ein Beispiel, wie Boethius einen solchen Beweis eines unvollkommenen hypothetischen Syllogismus konstruiert, wird weiter unten in Anm. 28 angeführt.

[26] Vgl. Boethius, DHS 845 B - 846 D; S. 260[1]-266[73]. Boethius geht in seiner Darstellung der Modi (auch dieser Ausdruck stammt von Boethius) nicht von Beispielen aus, sondern von Argumentformen, z.B.:

Si est *a*, est *b*, atqui est *a*; est igitur *b*.

Wenn er *a* ist, ist er *b*, und er ist *a*; folglich ist er *b*.

Die vier Modi, die Boethius aufstellt, können in folgender Weise wiedergegeben werden:

I $(a \rightarrow b) \wedge a \therefore b$
II $(a \rightarrow \neg b) \wedge a \therefore \neg b$
III $(\neg a \rightarrow b) \wedge \neg a \therefore b$
IV $(\neg a \rightarrow \neg b) \wedge \neg a \therefore \neg b$

Für III führt Boethius, DHS 846 A-B; S. 262^{33}-264^{49}, einen Sonderfall an:

[...] si ita proponitur, ut „cum non sit *a*, sit *b*", nihil esse medium videatur inter *a* atque *b*; sed in his si alterum non fuerit, statim necesse est esse alterum, et si alterum fuerit, statim alterum non esse necesse est. Videtur ergo quodammodo et sequenti posito in his fieri syllogismus; sed quantum ad rerum naturam ita est, quantum vero ad propositionis ipsius pertinet conditionem, minime consequitur. [...] hic vero tertius modus, quantum ad complexionem propositionum pertinet, in quo ponendo si id quod consequebatur assumitur, nullum efficit syllogismum. Quantum vero ad rerum naturam, in quibus solis hae propositiones enuntiari possunt, videtur esse necessaria consequentia hoc modo, ut „si dies non est, nox sit, si nox sit, dies non sit", ex necessitate consequitur; similesque sunt hi syllogismi his qui in disiunctione sunt constituti.

[...] wenn so ausgesagt wird, z.B. „Wenn es nicht *a* ist, ist es *b*", scheint nichts ein Mittleres zwischen *a* und *b* zu sein; aber bei diesen ist, wenn das eine nicht sein wird, sogleich notwendig, daß das andere sein wird, und wenn das andere sein wird, ist sogleich notwendig, daß das eine nicht ist. Es hat also gewissermaßen den Anschein, daß sich bei diesen auch bei gesetztem Konsequens ein Syllogismus ergibt. Aber: dies ist zwar in Hinsicht auf die Natur der Dinge so, soweit dies aber die Bedingung der Aussage selbst betrifft, folgt dies keineswegs. [...] dieser dritte Modus bewirkt aber, soweit es die Verknüpfung der Aussagen betrifft, dann, wenn in ihm durch eine Setzung das angenommen wird, was folgt, keinen Syllogismus. In Hinsicht aber auf die Natur der Dinge, bei denen allein diese Aussagen ausgesprochen werden können, scheint eine Folgerung auf diese Weise notwendig zu sein, wie z.B. *Wenn es nicht Tag ist, ist Nacht, wenn es Nacht ist, ist nicht Tag* mit Notwendigkeit folgt; und diese Syllogismen sind jenen ähnlich, die in einer Disjunktion aufgestellt sind.

Der von Boethius hier beschriebene Sonderfall ist jener, den Abbo als Alternative in III einführt (= III.1). Dieser Syllogismus gilt nach Boethius aufgrund der Natur der Dinge, oder, wie er an anderer Stelle, DHS 849 A; S. 274^{17-19}, sagt, aufgrund der Natur der Begriffe (*terminorum natura*). Dieser besonderen Natur der Dinge entspricht die unmittelbare Kontrarietät der Begriffe. Das Argument gilt, wie Boethius, DHS 848 D; S. 274^{6-7}, sagt, nicht wegen der Verknüpfung der Aussagen, sondern einzig aufgrund der Kontrarietät der Begriffe (*non propter complexionis naturam, sed propter terminorum contrarietatem*). Wichtig ist aber die Beobachtung, daß Boethius diese speziellen Begriffsbedingungen nur für den genannten Sonderfall einführt, wogegen Abbo sie nicht nur für den Alternativfall von III, also für III.1, fordert, sondern auch für III; und Abbo legt entsprechend auch für II die Begriffsbedingung fest, nämlich, daß es sich dort um mittelbar

konträre oder disparate Begriffe handeln müsse, eine Festlegung, die sich bei Boethius in diesem Zusammenhang nicht findet. Boethius führt diese Festlegung erst im Zusammenhang der Entsprechungen von Implikationen und Disjunktionen ein. Vgl. dazu Einleitung V.2. Abbo arbeitet also von Beginn an mit diesen Entsprechungen, d.h., er liest *De hypotheticis syllogismis* des Boethius vom Ende des Traktats her.

Boethius unterscheidet an der oben zitierten Stelle genau zwischen Syllogismen, die aufgrund der Natur der Aussagenverknüpfungen (*natura complexionis*) gelten, und solchen, die nur aufgrund der Natur der Begriffe (*natura terminorum*) gelten. Da er letztere als Sonderfall behandelt, kann man interpretierend annehmen, daß er seinen Traktat *De hypotheticis syllogismis* als einen über Aussagenverknüpfungen aufbauen wollte. Dabei muß man sich aber immer vor Augen halten, daß Boethius die (für uns heute wichtige) Unterscheidung der Logik der Begriffe und der Logik der Aussagen nur unzureichend deutlich war und, soweit sie ihm deutlich war, nicht besonders wichtig erschienen sein dürfte. Auch Abbo kennt die genannte Unterscheidung des Boethius und verwendet sie im selben Sinn wie Boethius (vgl. Kap. II, S. 16$^{16-17}$), man kann also wohl bei Abbo eine ähnliche (und somit auch ähnlich undeutliche) Absicht wie bei Boethius vermuten. Trotzdem bleibt der Unterschied zwischen Boethius und Abbo im Falle von III und in gewisser Hinsicht auch bei II bestehen. Und dies kann als Hinweis dafür aufgefaßt werden, daß die begriffslogische (und topische) Grundlegung der Logik der Aussagen bei Abbo deutlicher ist als bei Boethius.

Zurück zu III.1. Bei Aussagen mit unmittelbar konträren Begriffen („Tag - Nacht", „gesund - krank") gilt $a \Leftrightarrow \neg b$. Wird nun in III.1 geschlossen: $\neg a \to b$, $a \therefore \neg b$, so folgt $\neg b$ gar nicht aus a zusammen mit $\neg a \to b$ (was ja logisch nicht korrekt wäre), sondern einfach unmittelbar aus a zusammen mit der Voraussetzung $a \Leftrightarrow \neg b$. Abaelard, *Dialectica* IV, S. 502^{31}-503^2, sagt, daß Boethius den genannten Sonderfall (= III.1) ganz unrechtmäßig (*multum abusive*) als Syllogismus bezeichnet, und lehnt es strikt ab, daß etwas Syllogismus genannt wird, für dessen Ableitung die Beziehung der Dinge (*rerum habitudo*) zur Hilfe herangezogen werden muß, für das aber nicht die Verknüpfung des Syllogismus (*sillogismi complexio*) ausreicht. Dies entspricht dem oben Ausgeführten: In III.1 folgt die Konklusion gar nicht aus den beiden tatsächlich aufgeführten Prämissen, sondern aus der Voraussetzung $a \Leftrightarrow \neg b$, die eine bestimmte Sachlage der Dinge zum Ausdruck bringt, und der zweiten Prämisse.

[27] Vgl. Boethius, DHS 846 D - 848 C; S. 266^1-274^{94}.

[28] Bei den unvollkommenen Modi fordert Boethius einen Beweis (vgl. Anm. 25). Die Beweise werden bei Boethius rein formal durchgeführt. Der Beweis dieses ersten Syllogismus z.B. hat bei Boethius, DHS 847 A; S. 266^{10}-268^{19}, folgende Form:

Bewiesen werden soll:

   $(a \rightarrow b) \wedge \neg b \therefore \neg a.$

Nehmen wird das Gegenteil, also a, als Konklusion an:

   $(a \rightarrow b) \wedge \neg b \therefore a,$

so gilt unter dieser Voraussetzung, da a als wahr angenommen wird, auch b. Damit aber gilt unter der Voraussetzung von a im Antezedens b und $\neg b$ (*idem b erit et non erit*); da dies unmöglich ist, muß das Gegenteil der Voraussetzung, also $\neg a$, angenommen werden. Die allgemeinen Voraussetzungen dieses und ähnlicher Beweise des Boethius sind meines Wissens bisher nicht erforscht. Sie könnten möglicherweise einigen Aufschluß über die peripatetische Form der Aussagenlogik liefern. Barnes, 1985, S. 573f., führt diesen Beweis an und äußert die m.E. berechtigte Vermutung, daß diese Form von Beweisen schon auf Theophrast zurückgeht. Auch Galen, *Institutio logica* VIII, 2; Übers. Mau S. 10, fordert für den hypothetischen Syllogismus, der von dem kontradiktorischen Gegenteil des zweiten Gliedes der ersten (implikativen) Prämisse auf das kontradiktorische Gegenteil des ersten Gliedes schließt, einen Beweis, ohne diesen dann allerdings zu liefern. Barnes, 1985, S. 574, vermutet zu Recht, daß Galen hier mit einer peripatetischen Quelle arbeitet. Möglicherweise geht der Beweis, den Boethius liefert und den Galen fordert, auf ein und dieselbe Quelle, nämlich Theophrast, zurück. - Es ist auch interessant, daß Boethius, DHS 847 B; S. 268[21-23], nicht ausschließt, daß es noch andere Beweise, d.h. weitere Beweise für denselben logischen Sachverhalt, geben könne.

KAPITEL II

[1]   Dieses Kapitel hat seine genaue Parallele in Boethius, DHS 849 B - 855 C; S. 276[25]-302[60]. Bei Avicenna gibt es dazu keine Parallele. Die Meinung von Maróth, 1989, S. 164, dazu einen Paralleltext bei Avicenna gefunden zu haben, beruht auf einem Irrtum. Der Text Avicennas, *The Propositional Logic*, S. 138-141, bezieht sich eindeutig auf die hypothetischen Syllogismen, die aufgrund der ersten Figur des kategorischen Syllogismus geformt werden, bezieht sich also auf Boethius, DHS 855 D - 860 A; S. 302[15]-318[60].

[2]   Vgl. zu diesem Abschnitt sowie zum ganzen Kap. II in der Einleitung V.4.

[3]   Der folgende Abschnitt wurde in A erst nachträglich am Rande hinzugefügt. Es gibt zu diesem Abschnitt keinen Paralleltext bei Boethius. Dieser Abschnitt zeigt also vielleicht, wie Abbo sich selbst (und nicht unbedingt erfolgreich) einen tatsächlich nicht einfachen Zusammenhang klar zu machen versuchte.

[4] Dies gilt nur für den ersten Fall, d.h. für jenen, in dem auf eine kategorische eine hypothetische Aussage folgt. Bei $a \rightarrow (b \wedge c)$ muß $a \rightarrow c$ gelten.

[5] Dies gilt nur für den zweiten Fall, d.h. für jenen, in dem auf eine hypothetische eine kategorische Aussage folgt. Bei $(a \wedge b) \rightarrow c$ ist c die „Ursache" dafür, daß $a \wedge b$ gilt. Der Ausdruck „Ursache" (*causa*) in diesem Zusammenhang ist problematisch. Korrekter wäre „notwendige Bedingung", d.h., c ist eine notwendige Bedingung für $a \wedge b$, also: wenn c nicht wahr ist, dann ist auch $a \wedge b$ nicht wahr.

So wie der Text bei Abbo vorliegt, ergibt sich eine Unklarheit, da der Eindruck entsteht, daß durch das „Und so ergibt sich" der Einleitung des Satzes eine Beziehung auf den vorangegangenen Satz hergestellt wird, was nicht dem Sachverhalt entspricht. Es müßte präziser heißen: „Und so ergibt sich für die Aussagen, in denen auf eine hypothetische eine kategorische Aussage folgt, daß der dritte Begriff ...".

[6] Vorausgesetzt ist durchgängig $(b \wedge c) \vee^\bullet (b \wedge \neg c)$ mit den jeweiligen Negationen im Inneren der Klammern, entsprechend dem Konsequens der ersten Prämisse. Diese Voraussetzung wird jedoch für die Ableitung relevant nur in IX - XVI. Vgl. Einleitung V.4.

I	$[a \rightarrow (b \wedge c)] \wedge a \therefore b \wedge c$
II	$[a \rightarrow (b \wedge \neg c)] \wedge a \therefore b \wedge \neg c$
III	$[a \rightarrow (\neg b \wedge c)] \wedge a \therefore \neg b \wedge c$
IIII	$[a \rightarrow (\neg b \wedge \neg c)] \wedge a \therefore \neg b \wedge \neg c$
V	$[\neg a \rightarrow (b \wedge c)] \wedge \neg a \therefore b \wedge c$
VI	$[\neg a \rightarrow (b \wedge \neg c)] \wedge \neg a \therefore b \wedge \neg c$
VII	$[\neg a \rightarrow (\neg b \wedge c)] \wedge \neg a \therefore \neg b \wedge c$
VIII	$[\neg a \rightarrow (\neg b \wedge \neg c)] \wedge \neg a \therefore \neg b \wedge \neg c$
VIIII	$[a \rightarrow (b \wedge c)] \wedge (b \wedge \neg c) \therefore \neg a$
X	$[a \rightarrow (b \wedge \neg c)] \wedge (b \wedge c) \therefore \neg a$
XI	$[a \rightarrow (\neg b \wedge c)] \wedge (\neg b \wedge \neg c) \therefore \neg a$
XII	$[a \rightarrow (\neg b \wedge \neg c)] \wedge (\neg b \wedge c) \therefore \neg a$
XIII	$[\neg a \rightarrow (b \wedge c)] \wedge (b \wedge \neg c) \therefore a$
XIII.1	$[\neg a \rightarrow (b \wedge c)] \wedge a \therefore b \wedge \neg c$
	Begründung: $a \Leftrightarrow (b \wedge \neg c)$. Vgl. weiter unten Anm. 8.
XIII.2	$[\neg a \rightarrow (b \wedge c)] \wedge (b \wedge c) \therefore \neg a$
	Begründung wie in XIII.1 bzw. $\neg a \Leftrightarrow (b \wedge c)$. Vgl. Anm. 8.
XIIII	$[\neg a \rightarrow (b \wedge \neg c)] \wedge (b \wedge c) \therefore a$
XV	$[\neg a \rightarrow (\neg b \wedge c)] \wedge (\neg b \wedge \neg c) \therefore a$
XV.1	$[\neg a \rightarrow (\neg b \wedge c)] \wedge a \therefore \neg b \wedge \neg c$
	Begründung : $a \Leftrightarrow (\neg b \wedge \neg c)$. Vgl. Anm. 8.
XV.2	$[\neg a \rightarrow (\neg b \wedge c)] \wedge (\neg b \wedge c) \therefore \neg a$
	Begründung wie in XV.1 bzw. $\neg a \Leftrightarrow (\neg b \wedge c)$. Vgl. Anm. 8.
XVI	$[\neg a \rightarrow (\neg b \wedge \neg c)] \wedge (\neg b \wedge c) \therefore a$

[7] *Inrationale* wird hier mit „Nicht-Vernünftiges" übersetzt, da „Unvernünftiges" im Deutschen nicht eindeutig ist, es läßt die Möglichkeit offen, daß es sich um etwas handelt, das zwar Vernünftiges ist, aber unvernünftig handelt.

Zu den allgemeinen Übersetzungsproblemen der Beispielbegriffe in Kap. II und III vgl. Kap. IV, Anm. 7.

[8] Der Hinweis darauf, daß diese Syllogismen aufgrund der unmittelbaren Kontrarietät gelten, findet sich auch bei Boethius, DHS 852 A; S. 286[22]-288[26]. Die vorausgesetzte Kontrarietät muß man entsprechend dem dritten hypothetischen Syllogismus in Kap. I konstruieren. Dort galt für III.1: $a \Leftrightarrow \neg b$. Entsprechend muß nun für XIII.1 gelten: $a \Leftrightarrow \neg(b \wedge c)$. Und da unter den besonderen Bedingungen des Kap. II gilt: $\neg(b \wedge c) \Leftrightarrow (b \wedge \neg c)$, so gilt hier die unmittelbare Kontrarietät: $a \Leftrightarrow (b \wedge \neg c)$ bzw. $\neg a \Leftrightarrow (b \wedge c)$. Ganz entsprechend gilt für XV.1 u. XV.2: $a \Leftrightarrow \neg(\neg b \wedge c)$. Und da unter den besonderen Bedingungen des Kap. II gilt: $\neg(\neg b \wedge c) \Leftrightarrow (\neg b \wedge \neg c)$, so gilt hier die unmittelbare Kontrarietät: $a \Leftrightarrow (\neg b \wedge \neg c)$ bzw. $\neg a \Leftrightarrow (\neg b \wedge c)$. Dies bedeutet allerdings: XIII.1 (und entsprechend XIII.2, XV.1 u. XV.2) ist gar nicht aufgrund der ersten Prämisse gültig, sondern aufgrund der durch die Kontrarietät vorausgesetzten und oben aufgeführten Äquivalenz. Es handelt sich also im strengen Sinn gar nicht um hypothetische Syllogismen, da diese Äquivalenz weder von Boethius noch von Abbo als Prämisse eingeführt wird.

[9] Das „einige" (*quaedam*) dieses letzten Satzes darf sich nicht auf die vorher aufgeführten unmittelbar konträren Aussagen beziehen, da für diese ja gelten muß, daß $\neg a \wedge \neg b$ ausgeschlossen ist. Dieser letzte Satz muß also in folgender Weise interpretiert werden: „Denn es gibt gewisse (andere, d.h. mittelbar konträre) Aussagen, bei denen keines von beiden zutrifft." Diese Interpretation entspricht auch genau dem letzten Satz in Kap. II, S. 22[20-23], wo derselbe Sachverhalt mit größerer Präzision behandelt wird.

[10] Für diesen Satz gibt es keine Parallelstelle bei Boethius. Die Beschreibung bezieht sich auf die erste Gruppe der hypothetischen Schlüsse des Kap. II und nicht auf die zweite Gruppe. Daß bei allen drei Begriffen die Notwendigkeit der Bedingung gewahrt werden soll, kann nach der für Kap. II gegebenen Analyse nur so verstanden werden, daß zwischen dem Antezedens, d.h. a, und dem Konsequens, d.h. $b \wedge c$, bzw. den entsprechenden weiteren Formen, eine Beziehung der Notwendigkeit besteht. Die Annahme einer notwendigen Beziehung zwischen b und c ist durch die in Kap. II ausdrücklich vorgenommene Einschränkung $\neg(b \rightarrow c)$ ausgeschlossen.

[11] Hier stellt Abbo ausdrücklich fest, daß von der Negation des Konsequens auf die Negation des zweiten Gliedes des Antezedens geschlossen wird, also:

$[(a \wedge b) \rightarrow c] \wedge \neg c \therefore a \wedge \neg b$.

Damit ist deutlich, daß in diesen hypothetischen Syllogismen dieselbe Voraussetzung wie in den vorausgegangenen gemacht wird, nämlich daß zwischen den Gliedern der Konjunktion, also hier a und b, keine Folgebeziehung bestehen darf, also gelten muß: $\neg(a \rightarrow b)$. Dies ergibt sich auch aus den Bedingungen, die für die erste Prämisse gelten sollen, unter denen Boethius, DHS 853 B; S. $292^{14\text{-}15}$, aufführt, daß a ohne b sein kann (*a possit esse praeter b*), also

$\mathbf{M}(a \wedge b), \mathbf{M}(a \wedge \neg b)$.

Da $\mathbf{M}(a \wedge \neg b)$ gilt, ist es offensichtlich, daß zwischen a und b keine Folgebeziehung bestehen darf, da mit einer solchen $a \rightarrow b$ und somit $\mathbf{U}(a \wedge \neg b)$ gelten müßte.

„Auf konträre Weise" bedeutet hier wie an zahlreichen anderen Stellen bei Abbo so viel wie „auf gegenteilige Weise". Auch Boethius, DHS 855 A; S. $298^{36}\text{-}300^{38}$, verwendet in diesem Zusammenhang den Ausdruck „auf konträre Weise":

> At si c terminus contrario modo assumatur quam in propositione fuerit positus, contrario modo b terminus in conclusione monstrabitur.

> Wenn aber der Begriff c auf gegenüber der Weise, wie er in der Aussage gesetzt wurde, konträre Weise angenommen wird, wird der Begriff b auf konträre Weise in der Konklusion aufgewiesen.

[12] Vorausgesetzt ist durchgängig $(a \wedge b) \vee^{\bullet} (a \wedge \neg b)$ mit den jeweiligen Negationen im Inneren der Klammern, entsprechend dem Antezedens der ersten Prämisse. Diese Voraussetzung wird jedoch für die Ableitung relevant nur in IX - XVI. Vgl. auch Einleitung V.4.

I	$[(a \wedge b) \rightarrow c] \wedge (a \wedge b) \therefore c$
II	$[(a \wedge b) \rightarrow \neg c] \wedge (a \wedge b) \therefore \neg c$
III	$[(a \wedge \neg b) \rightarrow c] \wedge (a \wedge \neg b) \therefore c$
IIII	$[(a \wedge \neg b) \rightarrow \neg c] \wedge (a \wedge \neg b) \therefore \neg c$
V	$[(\neg a \wedge b) \rightarrow c] \wedge (\neg a \wedge b) \therefore c$
VI	$[(\neg a \wedge b) \rightarrow \neg c] \wedge (\neg a \wedge b) \therefore \neg c$
VII	$[(\neg a \wedge \neg b) \rightarrow c] \wedge (\neg a \wedge \neg b) \therefore c$
VIII	$[(\neg a \wedge \neg b) \rightarrow \neg c] \wedge (\neg a \wedge \neg b) \therefore \neg c$
VIIII	$[(a \wedge b) \rightarrow c] \wedge \neg c \therefore a \wedge \neg b$
X	$[(a \wedge b) \rightarrow \neg c] \wedge c \therefore a \wedge \neg b$
XI	$[(a \wedge \neg b) \rightarrow c] \wedge \neg c \therefore a \wedge b$
XI.1	$[(a \wedge \neg b) \rightarrow c] \wedge c \therefore a \wedge \neg b$
	Begründung: $(a \wedge \neg b) \Leftrightarrow c$. Vgl. weiter oben Anm. 8.
XI.2	$[(a \wedge \neg b) \rightarrow c] \wedge (a \wedge b) \therefore \neg c$
	Begründung wie in XI.1 bzw. $(a \wedge b) \Leftrightarrow \neg c$. Vgl. Anm. 8.
XII	$[(a \wedge \neg b) \rightarrow \neg c] \wedge c \therefore a \wedge b$
XIII	$[(\neg a \wedge b) \rightarrow c] \wedge \neg c \therefore \neg a \wedge \neg b$
XIIII	$[(\neg a \wedge b) \rightarrow \neg c] \wedge c \therefore \neg a \wedge \neg b$
XV	$[(\neg a \wedge \neg b) \rightarrow c] \wedge \neg c \therefore \neg a \wedge b$

XV.1 $[(\neg a \wedge \neg b) \rightarrow c] \wedge c \therefore \neg a \wedge \neg b$

Begründung: $(\neg a \wedge \neg b) \Leftrightarrow c$. Vgl. Anm. 8.

XV.2 $[(\neg a \wedge \neg b) \rightarrow c] \wedge (\neg a \wedge b) \therefore \neg c$

Begründung wie in XV.1 bzw. $(\neg a \wedge b) \Leftrightarrow \neg c$. Vgl. Anm. 8.

XVI $[(\neg a \wedge \neg b) \rightarrow \neg c] \wedge c \therefore \neg a \wedge b$

[13] Eine unmittelbare Kontrarietät liegt immer dort vor, wo - entsprechend dem dritten hypothetischen Syllogismus in Kap. I - das Antezedens der ersten Prämisse negativ und das Konsequens affirmativ ist. Für Abbo gilt (mit Boethius) für die hypothetischen Syllogismen des Kap. II die Voraussetzung $(a \wedge b) \vee^{\bullet} (a \wedge \neg b)$ mit den entsprechenden Negationen im Inneren der Klammern, und unter dieser Voraussetzung gilt $\neg(a \wedge b) \Leftrightarrow (a \wedge \neg b)$. Somit ist das Antezedens der Prämisse III (und das der Prämisse XI), also: $(a \wedge \neg b) \rightarrow c$, negativ und das Konsequens affirmativ, also liegt in diesem Fall eine unmittelbare Kontrarietät vor, für die gilt: $(a \wedge \neg b) \Leftrightarrow c$ bzw. $(a \wedge b) \Leftrightarrow \neg c$. Unter der entsprechenden Voraussetzung $(\neg a \wedge b) \vee^{\bullet} (\neg a \wedge \neg b)$ gilt $\neg(\neg a \wedge b) \Leftrightarrow (\neg a \wedge \neg b)$. Somit ist das Antezedens der Prämisse VII (und das der Prämisse von XV), also: $(\neg a \wedge \neg b) \rightarrow c$, negativ und das Konsequens affirmativ, also liegt auch in diesem Fall eine unmittelbare Kontrarietät vor, für die gilt: $(\neg a \wedge \neg b) \Leftrightarrow c$ bzw. $(\neg a \wedge b) \Leftrightarrow \neg c$.

[14] Vgl. Kap. I, Anm. 24.

[15] Boethius, ITC 1120 A, sagt, daß Beraubung und Habitus auch beide fehlen können, wie z.B. ein noch nicht geborenes Kind weder sehend noch blind ist. Man kann sich allerdings fragen, ob bei dem ungeborenen Kind überhaupt ein geeignetes Subjekt für Beraubung und Habitus des Sehens vorliegt. Vgl. Stump, 1988, S. 221, Anm. 59.

KAPITEL III

[1] In diesem Kapitel wird der aristotelisch-theophrastische Hintergrund der Theorie des Boethius besonders deutlich. Von Theophrast ist kein Text dazu erhalten, Alexander von Aphrodisias, *In Analytica Priora*, S. 326[20-25], berichtet jedoch davon (Übers. aus Bochenski, 1970, S. 119):

> Indessen werden die durchgängig hypothetischen (Syllogismen) auf eine andere Weise auf die drei Figuren zurückgeführt, wie es Theophrast im ersten Buch der *Ersten Analytiken* bewiesen hat. Der durchgängig hypothetische Syllogismus ist so: Wenn *A*, dann *B*; wenn *B*, dann *C*; wenn also *A*, dann *C*. In diesen (Syllogismen) ist nämlich auch der Schlußsatz hypothetisch; z.B. wenn Mensch ist, ist Lebewesen; wenn Lebewesen ist, ist Substanz; wenn also Mensch ist, ist Substanz.

Die hypothetischen Syllogismen, die Abbo in Kap. III aus Boethius, DHS 855 C - 867 D; S. 302[3]-354[41], übernimmt, sind jedoch keine durchgängig hypothetischen Syllogismen im Sinne Theophrasts. Diese letzteren weisen auch eine zweite hypothetische Prämisse und einen hypothetischen

Schlußsatz auf, während Boethius eine kategorische zweite Prämisse und einen kategorischen Schlußsatz aufstellt. Boethius geht also zwar von den theophrastischen vollständig hypothetischen Syllogismen aus, formt diese aber dann um im Sinne des gemischten hypothetischen Syllogismus. Abaelard, *Dialectica* IV, S. 517^14-518^3, hat diesen Unterschied (natürlich ohne Nennung Theophrasts) ausdrücklich herausgestellt. Durch dieses Verfahren des Boethius wird dessen Theorie der hypothetischen Syllogismen formal sehr einheitlich. Man kann vermuten, daß er hier schon auf eine Weiterentwicklung der peripatetischen Aussagenlogik zurückgegriffen hat. Allerdings muß man dabei sehen, daß es durchaus auch eine peripatetische Tradition gegeben hat, die an der theophrastischen Auffassung festgehalten hat. Avicenna, *The propositional logic*, S. 91-99, stellt die drei Figuren als theophrastische vollkommene hypothetische Syllogismen dar. Die Auffassung von Barnes, 1984, S. 301f., daß bei Boethius nur die Syllogismen der ersten Figur einen gemischten hypothetischen Syllogismus darstellen, die der zweiten und dritten Figur aber durchgängig hypothetische Syllogismen sind, ist durch den Text nicht gedeckt. Abaelard, *Dialectica* IV, S. 525^10-530^16, baut die hypothetischen Syllogismen der zweiten und dritten Figur ebenso wie Abbo als gemischte hypothetische Syllogismen auf, und Abaelard weist gewöhnlich darauf hin, wenn er meint, von Boethius abzuweichen. Wilhelm von Lucca, *Summa dialectice artis*, S. 228-240, folgt Abaelard.

[2] Abbo folgt in der Anordnung der drei Figuren Boethius. Es ergibt sich folgende Reihenfolge der Begriffe bzw. Aussagen (zunächst ohne Berücksichtigung der Negationen):

1. Figur $a - b, b - c$
2. Figur $a - b, a - c$
3. Figur $b - a, c - a.$

Es fällt auf, daß die Anordnung der dem gemeinsamen Mittelbegriff entsprechenden identischen Aussage in der zweiten und dritten Figur nicht der des kategorischen Syllogismus entspricht. Diese „Inkohärenz" muß um so stärker auffallen, als Abbo ja selbst im ersten Teil des Satzes die aristotelische Anordnung der Figuren des kategorischen Syllogismus wiedergibt. Somit ergibt sich die sonderbare Parallelisierung in der zweiten Figur „Subjekt - Konsequens" und in der dritten Figur „Prädikat - Antezedens".

Die Anordnung bzw. die Frage, welche Anordnung als zweite und welche als dritte Figur bezeichnet werden soll, war in der Antike umstritten. Boethius folgt der Anordnung des Theophrast, nicht der des Alexander von Aphrodisias. Vgl. Bochenski, 1947, S. 112-115; Obertello, 1969, S. 142, und Barnes, 1984, S. 297.

[3] Die logische Struktur der hypothetischen Syllogismen, die den drei Figuren entsprechen, ist so einfach und problemlos, daß eine symbolisierte Wiedergabe nicht erforderlich ist.

⁴ Die Regel, daß in der zweiten Figur jene Aussage, die zweimal vor-
kommt, einmal affirmativ und einmal negativ genommen werden muß, um
einen gültigen hypothetischen Syllogismus zu erhalten, übernimmt Abbo
von Boethius, DHS 859 B-C; S. 320¹⁰⁻¹⁸. Diese Regel stammt aus der peripatetischen Aussagenlogik, vgl. Alexander von Aphrodisias, *In Analytica
Priora*, S. 327¹⁷⁻¹⁸, dazu Barnes, 1984, S. 300.

⁵ Im lateinischen Text von VII mußten mehrere Änderungen vorgenommen werden. Die in *A* und *L* ursprünglich vorliegende Form stellt
zwar einen korrekten hypothetischen Syllogismus dar, ist aber logisch
identisch mit VI. Der Autor von *L^c* hat mit einer ersten Korrektur begon-
nen, die richtige Form von VII zu erstellen, hat dies aber dann nicht kon-
sequent durchgeführt. Möglicherweise war der Grund dafür, daß die Beispielbegriffe schlecht gewählt waren: da nicht gilt *A* (*animatum*) ⊂ *C*
(*rationale*), wie es der zweite Teil der ersten Prämisse voraussetzt, gilt für
diese Beispielbegriffe dieser zweite Teil der Prämisse weder in der ursprünglichen negierten Form (*si est A, rationale non est C*), noch auch in der
korrigierten Form (*si est A, rationale est C*). In der vorliegenden Edition
wurde aber davon abgesehen, auch die Beispielbegriffe zu ändern. Boethius,
DHS 862 C; S. 332²⁵, verwendet die Beispielbegriffe *A* = *animatum*, *B* =
animal, *C* = *vivit*, mit denen sich für VII ein gültiges Argument ergibt.

⁶ Die Buchstaben am Rand von *L* stammen von *L^m*. Interessant dabei
ist die Umstellung der Reihenfolge von B und C. Die Reihenfolge, wie sie
im Text vorliegt, entspricht jener der Handschrift des Boethius-Textes, die
Abbo vorlag, d.h. der Handschrift Paris, Bibl. Nat. nouv. acq. 1611. Sie
findet sich aber auch in anderen Handschriften. Hingegen entspricht die
durch die Buchstaben hergestellte Umstellung der Reihenfolge, wie sie in
verschiedenen anderen Handschriften vorliegt. Vgl. dazu Obertello, 1969,
S. 184f. Der Autor von *L^m* hat also eine dieser anderen Handschriften vor
sich gehabt und hat die Buchstaben am Rand hinzugefügt, um der Anordnung dieser Version zu entsprechen.

⁷ Diese Angabe findet sich auch bei Boethius. (1) Für die erste Figur
stellt Boethius, DHS 858 A-B; S. 312⁴⁷⁻⁵⁹ (Text in PL und Obertello nicht
identisch, vgl. weiter unten und vgl. die folgende Anm.), fest, daß dort in
einem ersten Schritt 16 Verknüpfungen (*complexiones*) gebildet werden
können, von denen jedoch nur 8 gültige Syllogismen sind. Bei den gültigen
wird in der Annahme der erste Begriff gesetzt, woraus sich der hypothetische Syllogismus I ergibt, bei den ungültigen jedoch wird der letzte Begriff
in der Annahme gesetzt. Eine solche ungültige Verknüpfung hat also im
Falle von I die Form:
$$[(a \rightarrow b) \wedge (b \rightarrow c)] \wedge c \therefore a.$$
Entsprechende ungültige Verknüpfungen lassen sich für II-VIII bilden, so
daß sich also 8 ungültige Verknüpfungen ergeben.

(2) In einem zweiten Schritt stellt Boethius, DHS 858 A-B; S. 312$^{1-6}$ (in 858 B, Zeile 6, muß es richtig *non* statt *in* heißen, vgl. Obertello, S. 312^6), für den Fall, daß von der Setzung des ersten Begriffs als Annahme ausgegangen wird, fest, daß sich ein gültiger Syllogismus ergibt, nicht jedoch, wenn von der Negation des ersten Begriffs ausgegangen wird, also z.B. für

I: $[(a \rightarrow b) \wedge (b \rightarrow c)] \wedge \neg a \therefore \neg c.$

Entsprechendes gilt für II-VIII. Auch hier ergeben sich daher 8 ungültige Verknüpfungen. Im ganzen also ergeben sich 16 ungültige Verknüpfungen in der ersten Figur.

Entsprechendes stellt Boethius, DHS 859 D; S. 322$^{32-36}$, für die zweite und DHS 867 C; S. 352$^{19-23}$, für die dritte Figur fest. (Die entsprechenden Formen kann man übersichtlich durch die jeweilige Rückführung in hypothetische Syllogismen der ersten Figur gewinnen. Durch Kontraposition des ersten Gliedes der ersten Prämisse bei der zweiten Figur, durch Kontraposition des zweiten Gliedes der ersten Prämisse bei der dritten Figur ergeben sich die korrespondierenden Formen der ersten Figur.) Es ergeben sich also in jeder Figur 16 ungültige Verknüpfungen, was mit der Angabe bei Boethius übereinstimmt, wobei Abbo sogar die feine terminologische Unterscheidung, *complexiones* für alle Verknüpfungsformen, *syllogismi* nur für gültige Argumente, von Boethius übernimmt.

^{8} Dieser bei Abbo nicht weiter erläuterte Zusatz kann in gewisser Weise durch Rückgriff auf den Text des Boethius erklärt werden, wobei jedoch nicht unerhebliche textkritische und sachliche Probleme bestehen.

(1) *Textkritische Fragen*

In der kritischen Ausgabe von Boethius, DHS, von Obertello finden sich zwei Texterweiterungen gegenüber dem Text in PL in bezug auf die ungültigen Verknüpfungen der ersten Figur (vgl. dazu die vorangegangene Anm.). Die Textstelle S. 312$^{51-59}$, bezieht sich auf die Grundform der ersten Figur:

> Quod si *a* terminus ponendo assumatur, erunt octo necessarii syllogismi; si vero *c* terminus ponendo assumatur, quinque equidem complexiones, id est quae primo secundo tertio quarto atque octavo respondent modo, nullius necessitatis esse deprehenduntur; tres vero complexiones, quae quinto sexto septimoque modo accomodantur, per complexionis quidem naturam nullam necessitatis constantiam servant; per terminorum vero proprietatem necessarium colligunt syllogismum, ut sint omnes octo vel undecim syllogismi.

> Wenn der Begriff *a* durch Setzung angenommen wird, werden es acht notwendige Syllogismen sein; wenn aber der Begriff *c* durch Setzung angenommen wird, werden freilich fünf Verknüpfungen, d.h. jene, die dem ersten, zweiten, dritten, vierten und achten Modus entsprechen, als solche erfaßt, die keinerlei Notwendigkeit aufweisen; drei Verknüpfungen aber, die dem fünften, sechsten und siebenten Modus angepaßt sind, bewahren zwar aufgrund der Natur der Verknüpfung keinen Bestand der Notwendigkeit; durch die Eigenschaft der Begriffe aber ergeben sie einen notwendigen Syllogismus, so daß es insgesamt acht oder elf Syllogismen sind.

Hier liegt also eine Einschränkung gegenüber dem unter (1) in der vorausgegangenen Anm. Gesagten und entsprechend eine Erhöhung der Zahl der gültigen Syllogismen von acht auf elf vor. Dasselbe gilt für (2) aus der vorangegangenen Anm., wie sich aus dem ergibt, was zu der umgekehrten Form des ersten Modus ebd. S. 312^6-314^{12}, gesagt wird:

> Sed haec quidem complexiones quae primo secundo ac tertio, quarto atque octavo modo accomodantur, nihil colligunt nec per terminorum nec per complexionis proprietatem; tres vero id est quintus, sextus et septimus, nihil quidem colligunt secundum complexionis naturam, videntur vero colligere secundum terminorum proprietatem, ut hinc quoque octo vel undecim sint syllogismi.

> Jene Verknüpfungen aber, die dem ersten, zweiten und dritten, dem vierten und achten Modus angepaßt sind, ergeben nichts, weder durch die Eigenschaft der Begriffe noch durch die der Verknüpfung; drei aber, d.h. der fünfte, sechste und siebente, ergeben freilich nichts gemäß der Natur der Verknüpfung, sie scheinen aber (etwas) zu ergeben gemäß der Eigenschaft der Begriffe, so daß es von da aus auch acht oder elf Syllogismen sind.

Diese beiden Texterweiterungen fehlen wie in PL auch in den Handschriften, die in Bern (urspr. Paris, Sorbonne) und in Chartres aufbewahrt werden, vgl. textkrit. Apparat bei Obertello, S. 312 u. S. 314. Diese beiden Handschriften stammen aus dem 11. Jh. Die genannten Texterweiterungen finden sich jedoch u.a. in der aus Fleury stammenden Handschrift aus dem 10. Jh., die heute in Paris aufbewahrt wird. Obertello, 1969, S. 178-184 u. S. 451, legt sorgfältig alle Gründe dar, die seines Erachtens für eine Authentizität des Textes sprechen; die kürzere Fassung geht seiner Auffassung nach auf eine Revision des Textes zurück, die durch Interpretationsschwierigkeiten hervorgerufen worden war. Die Frage der Authentizität ist in unserem Zusammenhang nicht entscheidend, da Abbo jedenfalls die weitere Textfassung vor sich liegen hatte und er auch offensichtlich auf diese Fassung Bezug nahm. Ganz überzeugend ist m.E. die Argumentation Obertellos jedoch nicht. In ebd. S. 180 sagt er, daß sich die beiden Stellen mit großer terminologischer Präzision auf früher bei Boethius in DHS aufgeführte Thesen beziehen. Demgegenüber ist aber zu sagen, daß Boethius in diesem Zusammenhang nie von *proprietates terminorum* spricht. Und auch Abbo verwendet in seiner Anmerkung anstelle von *proprietas terminorum* den üblichen konkreten boethianischen Ausdruck „unmittelbare Kontrarietät" (*immediata contrarietas*).

(2) *Eine prinzipiell mögliche Interpretation*

Die Stelle bei Boethius besagt, daß bei den hypothetischen Syllogismen der ersten Figur in V, VI und VII eine unmittelbare Kontrarietät vorliegen soll. Eine solche liegt immer dann vor, wenn in der ersten Prämisse die allgemeine Form $\neg x \to y$ enthalten ist, $\neg x$ die zweite Prämisse (*assumptio*) und y die Konklusion darstellt. Dies sind die Argumente der Form [III] in Kap I, bei denen also aufgrund der unmittelbaren Kontrarietät der Begriffe auch die Argumente gültig sind, in denen von x auf $\neg y$ und von y auf $\neg x$ ge-

schlossen wird. In der ersten Figur muß diese unmittelbare Kontrarietät zwischen dem ersten und dem letzten Begriff der ersten Prämisse vorliegen, da diese die Annahme (*assumptio*) und die Konklusion darstellen. Dies ist nun tatsächlich in V und VII der Fall, wo von $\neg a$ auf c geschlossen wird. Die erste Prämisse dieser hypothetischen Syllogismen liefert also tatsächlich die Voraussetzung dafür, aufgrund der Eigenschaft der Begriffe (*proprietas terminorum*), d.h. der unmittelbaren Kontrarietät, jeweils zwei weitere Argumente zu bilden, also z.B. in V:

V $[(\neg a \rightarrow b) \wedge (b \rightarrow c)] \wedge \neg a \therefore c.$

Die Voraussetzung der unmittelbaren Kontrarietät von a und c besagt: $a \Leftrightarrow \neg c$, und unter dieser Voraussetzung könnte man (aber eigentlich unmittelbar aus dieser Voraussetzung, d.h. ohne die Prämisse) von a auf $\neg c$ und von c auf $\neg a$ schließen.

Analog lassen sich zwei weitere Argumente in VII bilden, ausgehend von:

VII $[(\neg a \rightarrow \neg b) \wedge (\neg b \rightarrow c)] \wedge \neg a \therefore c.$

Bei VI ist jedoch kein solches Argument möglich. VI hat die Form:

VI $[(\neg a \rightarrow b) \wedge (b \rightarrow \neg c)] \wedge \neg a \therefore \neg c.$

Die unmittelbare Kontrarietät von a und b, die in $\neg a \rightarrow b$ enthalten ist, liefert zusammen mit dem zweiten Glied der ersten Prämisse, d.h. $b \rightarrow \neg c$, keine weiteren Argumente, da aus $(a \rightarrow \neg b) \wedge (b \rightarrow \neg c)$ nichts folgt, wie Boethius, DHS 858 D - 859 A; S. 316[43-44], ausdrücklich feststellt (*si a terminum sumam, nulla necessitas invenitur*). Ebensowenig folgt aus $(b \rightarrow \neg a)$ $\wedge$ $(b \rightarrow c)$ etwas, jedenfalls dann nicht, wenn man von der Voraussetzung Boethius' und Abbos ausgeht, die keine modusgleichen Schlüsse zulassen (vgl. dazu Kap IX, wo deutlich wird, daß diese beiden Autoren bei der eben aufgeführten 1. Prämisse mit der zweiten Prämisse b keine gültige Konklusion zugeben, also nicht eine - wie in der modernen Logik - gültige Konklusion $\neg a \wedge c$ in Betracht ziehen). Man käme also bei Boethius unter Einbeziehung der Eigenschaften der Begriffe nur auf zehn und nicht, wie Boethius (?) sagt, auf elf gültige Syllogismen. Ganz generell gilt ja die Rechenregel: Unter Einbeziehung der unmittelbaren Kontrarietät gibt es (so wie bei Abbo in Kap. I) statt 4 dann 5 und (wie bei Abbo in Kap. II) statt 16 dann 20, also muß auch hier gelten: statt 8 dann zehn und eben nicht 11.

Bei Boethius ist die in (1) zitierte Erweiterung nur bei der ersten Figur aufgeführt. Entsprechende Stellen für die zweite und dritte Figur finden sich bei Boethius nicht. Abbo bezieht jedoch seine Bemerkung über eine Erhöhung der Zahl der gültigen Syllogismen nicht auf die erste Figur allein, er nimmt also an, daß auch in der zweiten und dritten Figur hypothetische Syllogismen aufgrund einer unmittelbaren Kontrarietät vorliegen. Die entsprechenden Fälle wären die folgenden, für die die Argumente wiederum in Analogie zu dem oben aufgeführten Argument gebildet werden können, nur daß hier die unmittelbare Kontrarietät nun zwischen b und c vorliegt, so daß also gilt: $\neg b \Leftrightarrow c$ bzw. $\neg c \Leftrightarrow b$. Der besseren Übersicht-

lichkeit halber wird die erste Prämisse jeweils in der Umformung in die erste Figur aufgeführt:

2. Figur:

I $[(a \to b) \land (\neg a \to c)] \land \neg b \therefore c$
oder: $(\neg b \to \neg a) \land (\neg a \to c)$

V $[(\neg a \to b) \land (a \to c)] \land \neg b \therefore c$
oder: $(\neg b \to a) \land (a \to c)$

3. Figur:

IIII $[(\neg b \to a) \land (\neg c \to \neg a)] \land \neg b \therefore c$
oder: $(\neg b \to a) \land (a \to c)$

VIII $[(\neg b \to \neg a) \land (\neg c \to a)] \land \neg b \therefore c$
oder: $(\neg b \to \neg a) \land (\neg a \to c)$

(3) *Diese Interpretation entspricht nicht dem Text des Boethius*

Boethius hat die eben aufgeführten hypothetischen Syllogismen nicht in Betracht gezogen. Er sah sehr wohl, daß auch bei den hypothetischen Syllogismen der drei Figuren unmittelbar konträre Begriffe vorkommen, er zog aber ausschließlich jene in Betracht, die *innerhalb eines Gliedes* der jeweils ersten Prämisse auftreten. Dies soll an I aus der zweiten Figur expliziert werden, wie dies bei Boethius, DHS 859 D - 860 C; S. 322[36]-324[55], ausgeführt wird. Ausgangspunkt ist die erste Prämisse:

I $(a \to b) \land (\neg a \to c)$.

Boethius stellt zunächst fest, daß bei Annahme (*assumptio*) von b und ebenso von c nichts mit Notwendigkeit folgt. Von einer unmittelbaren Kontrarietät von b und c ist nicht die Rede. Genau diese aber ist es, die den Ausgangspunkt des (gültigen) zusätzlichen Arguments, das in (2) aufgeführt worden war, abgibt. Hingegen berücksichtigt Boethius die unmittelbare Kontrarietät von a und c, die in $\neg a \to c$ zum Ausdruck kommt. Er stellt jedoch dazu fest, daß in diesem Fall zwar auch $c \to \neg a$ gilt, daß aber aus $\neg a$ nichts in bezug auf b folgt. Ähnlich verfährt Boethius bei der Behandlung all jener hypothetischer Syllogismen, für die vorher in (2) jeweils zwei weitere Argumente aufgeführt wurden, die aufgrund einer unmittelbaren Kontrarietät gelten.

(4) *Zusammenfassung*

(a) In bezug auf Boethius: Die unter (1) angeführte Texterweiterung findet in der detaillierten Analyse der hypothetischen Syllogismen der drei Figuren im Text des Boethius keinerlei Stütze, sie ist durch diese sogar eher ausgeschlossen. Auch entspricht es nicht der Vorgangsweise des Boethius in *De hypotheticis syllogismis*, eine unmittelbare Kontrarietät nur an einer Stelle, nicht aber an den parallelen Stellen anzuführen. Es handelt sich daher m.E. bei dieser Texterweiterung um eine spätere Interpolation, die in bezug auf V und VII der ersten Figur (und auf die analogen Fälle der zweiten und dritten Figur) eine korrekte Interpretation zuläßt, vgl. vorher (2), die aber in bezug auf VI der ersten Figur einen logischen Irrtum enthält.

(b) In bezug auf Abbo: Abbo hatte eine Handschrift vor sich liegen, die die Texterweiterung aus (1) enthielt. Er trug dem in seiner Abschlußbemerkung Rechnung, wobei er allerdings einerseits die Spezifizierung auf V, VI und VII in bezug auf die erste Figur nicht übernahm, andererseits aber eine Ausweitung in Hinsicht auch auf die zweite und dritte Figur vornahm. Auffällig bleibt dabei allerdings, daß er innerhalb der Aufstellung der hypothetischen Syllogismen der drei Figuren nicht wie in den vorangegangenen Kapiteln die jeweiligen weiteren Argumente auch tatsächlich aufführt. Der Grund dafür liegt vermutlich einfach darin, daß er dafür im Text des Boethius keine Grundlage fand. Es ist daher nicht sicher, ob Abbo wirklich die in (2) aufgeführten möglichen und korrekten Fälle im Blick hatte. Es ist auch auffällig, daß Abbo, der gerne die Zahlen der gültigen Syllogismen angibt, in diesem Fall die Zahlenangabe nicht übernimmt. Möglicherweise konnte er mit der Zahlenangabe „elf" (korrekterweise) nichts anfangen.

KAPITEL IV

[1] Es handelt sich in Kap. IV um die gleiche Art hypothetischer Aussagen, die in Kap. II behandelt worden waren, d.h. um Aussagen, die mit Hilfe des *cum temporale* zusammengesetzt sind, wodurch sich eine Konjunktion ergibt. Vgl. dazu Einleitung V.4. Die Grundform ist die folgende (vgl. die erste Prämisse in I im Text weiter unten):

I $\quad (a \wedge b) \to (c \wedge d)$.

[2] Es gilt also für I:
(1) $a \to c$
(2) $b \to d$.
Für II-XVI sind die jeweiligen Negationen einzusetzen.

[3] Es gelten also für I die folgenden weiteren Bedingungen:
(3) $\mathbf{M}(a \wedge b)$, $\mathbf{M}(a \wedge \neg b)$
(4) $\mathbf{M}(c \wedge d)$, $\mathbf{M}(c \wedge \neg d)$.
Für II-XVI gelten diese Bedingungen unter Berücksichtigung der jeweiligen Negationen. Boethius, DHS 868 D - 871 D; S. 358^1-370^{74}, führt diese vier Bedingungen für alle ersten Prämissen von I-XVI einzeln auf.
Als allgemeine Voraussetzung für alle hypothetischen Syllogismen dieses Kapitels gilt (wie in Kapitel II und III), daß die beiden Glieder des ersten und des zweiten Teils der ersten Prämisse nicht in einer Folgebeziehung stehen dürfen; es gilt also für I:
(3a) $(a \wedge b) \vee^\bullet (a \wedge \neg b)$
(4a) $(c \wedge d) \vee^\bullet (c \wedge \neg d)$
Abbo führt diese Bedingungen nicht ausdrücklich auf. Sie finden sich jedoch bei Boethius, DHS 868 C-D; S. 356^{78}-358^{88}, d.h. zu Beginn der Ana-

lyse der einzelnen ersten Prämissen, und dann nochmals in DHS 871 D - 872 A; S. 370$^{4\text{-}11}$, also am Ende dieser Analyse. Auch diese Bedingungen müssen für II-XVI unter Berücksichtigung der jeweiligen Negationen formuliert werden.

Die von Boethius, DHS 868 D - 869 A; S. 358$^{7\text{-}8}$, herangezogenen Beispielbegriffe (A = *homo*, B = *medicus*, C = *animatum*, D = *artifex*) machen die genannte Voraussetzung besser deutlich als die Begriffe, die Abbo verwendet.

[4] Für I ergibt sich somit folgendes Argument (= *modus ponens*):
$$[(a \wedge b) \to (c \wedge d)] \wedge (a \wedge b) \therefore c \wedge d.$$
Die weiteren Argumente II-XVI folgen derselben Form.

[5] Für I ergibt sich somit folgendes weiteres Argument (= *modus tollens*):
$$[(a \wedge b) \to (c \wedge d)] \wedge (c \wedge \neg d) \therefore a \wedge \neg b.$$
Daß die Negation des Konsequens der ersten Prämisse, also von $c \wedge d$, die Form $c \wedge \neg d$ aufweist, ist durch die Voraussetzung $(c \wedge d) \vee^\bullet (c \wedge \neg d)$ begründet. Dasselbe gilt für die Negation des Antezedens der ersten Prämisse, bei der $(a \wedge b) \vee^\bullet (a \wedge \neg b)$ vorausgesetzt ist. Es handelt sich hier um dieselbe Form der Negation, die schon in Kap. II verwendet worden ist. Vgl. dazu Einleitung V.4.
Die weiteren Argumente II-XVI folgen derselben Form.

[6] Die Aufzählung dieser aufgrund der unmittelbaren Kontrarietät geltenden hypothetischen Schlüsse findet sich auch bei Boethius, DHS 874 A; S. 376$^{4\text{-}9}$. Eine unmittelbare Kontrarietät liegt immer dann vor, wenn - wie im 3. Modus in Kap I - die erste Prämisse die Form $\neg x \to y$ aufweist. In diesem Fall gilt aufgrund der Begriffe $\neg x \Leftrightarrow y$, und somit auch $x \Leftrightarrow \neg y$. Dies soll am dritten Argument aus V aus der im Text weiter unten folgenden Aufstellung gezeigt werden.

V $\quad [(a \wedge \neg b) \to (c \wedge d)] \wedge (a \wedge b) \therefore c \wedge \neg d$
$\quad\quad [\quad \neg x \quad \to \quad y] \wedge \quad x \quad \therefore \quad \neg y.$

Die Negation von $a \wedge b$ ist $a \wedge \neg b$ aufgrund der Voraussetzung $(a \wedge b) \vee^\bullet (a \wedge \neg b)$, dasselbe gilt für die Negation von $c \wedge d$, vgl. dazu die vorausgegangene Anm. Die übrigen Argumente dieser Gruppe, die aufgrund der unmittelbaren Kontrarietät gelten, können nach demselben Schema konstruiert werden.

[7] Die folgenden hypothetischen Syllogismen finden sich bei Boethius, DHS 871 D - 874 C; S. 372^{12}-380^2. Die Beispielbegriffe bei Abbo sind aber zum größten Teil von jenen des Boethius verschieden. Dabei fällt besonders auf, daß Abbo bei V, VII, XIII und XV, also in den Fällen, in denen eine unmittelbare Kontrarietät besteht, nicht wie Boethius die Standardbegriffe *sanus* und *aeger* verwendet.

Ab Kap. IV ändert Abbo die Syntax seiner Beispielsätze, was auch eine
Änderung der Übersetzung mit sich bringt. In Kap. II und III haben die
Beispielsätze (übereinstimmend mit der Form, wie sie auch bei Boethius
vorliegt), folgende Form, vgl. S. 12[1]:

> *Si homo est A, ... est rationale C.*

Rationale ist ein Neutrum, also nicht mit *homo* übereingestimmt. Als
Übersetzung kam also nur in Frage entweder:

> „Wenn er Mensch ist, ... ist er Vernünftiges"

oder:

> „Wenn er ein Mensch ist, ... ist er ein Vernünftiges".

Die letztere Übersetzung wurde nicht gewählt, da mit „ein" eine Quantifizierung der Aussagen mitgegeben wäre, die nicht schon präjudiziert werden
sollte.

Ab Kap. IV hat die Form der Beispielsätze folgende Form:

> *Si, cum sit homo, ... , est disciplinatus.*

Hier sind also *homo* und *disciplinatus* übereingestimmt, und zwar sind
jeweils alle Begriffe in einem Beispielsatz übereingestimmte Adjektive.
Abbo folgt hier nicht der bei Boethius vorliegenden Form. Boethius verwendet sowohl übereingestimmte Begriffe, vor allem Substantive, als auch
Neutrumformen. Die Begriffe z.B. für I sind bei Boethius DHS 868D - 869
A; S. 358[7-8]: *homo, medicus, animatum, artifex.* Als Übersetzung der Beispielbegriffe bei Abbo legt sich nahe:

> „Wenn er gleichzeitig damit, daß er Mensch ist, ... ist er gelehrt."

Wollte man die Übersetzung jener von Kap. II u. III angleichen, so ergäbe
sich:

> „Wenn er gleichzeitig damit, daß er Mensch ist, ... , ist er Gelehrter."

Diese Übersetzungsform ergäbe jedoch bei anderen von Abbo gebrauchten
Ausdrücken wie *iniustus* im Deutschen sehr schwerfällige Sätze, also z.B.
im Falle von XI, vgl. S. 45: „Wenn er gleichzeitig damit, daß er nicht Un-
gerechter ist, Grammatikkundiger ist, dann ist er gleichzeitig damit, daß er
nicht Unfrommer ist, Gelehrter." Diese Übersetzung ist jedoch nicht nur
schwerfällig, sondern vermutlich gar nicht korrekt, da die lateinische Syntax es nahelegt, *disciplinatus, iniustus* usw. als Adjektive aufzufassen. Deshalb wurde die oben angeführte adjektivische Übersetzungsform gewählt.
Das Problem der Übersetzung liegt also eigentlich gar nicht bei den Bei-
spielsätzen ab Kap. IV, sondern bei jenen der Kap. II und III. Das nicht-
übereingestimmte Prädikatsnomen Neutrum der Kap. II und III und das
übereingestimmte Prädikatsnomen Masculinum ab Kap. IV ließ also (zum
Ärger der Übersetzers) keine einheitliche Übersetzung zu.

[8] *Disciplinatus* muß ein Begriff sein, der aus *grammaticus* folgt. Deshalb
übersetzen wir hier *disciplinatus* mit „gelehrt" im Sinne von „einer, der der
Artes Kundiger ist".

[9] Die Angabe, daß sich vierzig korrekte hypothetische Syllogismen ergeben, findet sich auch bei Boethius, DHS 874 A; S. 376[1].

[10] Diese Analyse wiederholt das, was schon in Kap. II gesagt wurde.

[11] Zur Terminologie *directim* und *conversim* vgl. Kap. I, Anm. 18.

[12] Auch diese Analyse gehört zunächst in den Zusammenhang von Kap. II. Möglicherweise wiederholt Abbo sie hier, um darauf hinzuweisen, daß die hypothetischen Syllogismen des Kap. IV mit Prämissen arbeiten, die jenen entsprechen, die auch in Kap. II verwendet wurden, nur daß hier nun beide Teile der ersten Prämisse zusammengesetzte Aussagen sind.

[13] Auch dies, d.h. der Fall der Zusammensetzung einer hypothetischen mit einer kategorischen (prädikativen) Aussage, gehört zunächst in den Zusammenhang des Kap. II.

KAPITEL V

[1] Vgl. zum folgenden Einleitung V.2.

[2] Boethius, DHS 873 D; S. 380[59-61], führt wiederum, wie bei den verbundenen Aussagen, die Disjunktionen sofort als Aussageformen mit Variablen ein (zitiert nach PL):

> [...] aut est *a*, aut est *b*; aut non est *a*, aut non est *b*; aut est *a*, aut non est *b*; aut non est *a*, aut est *b*.

> [...] entweder er ist *a*, oder er ist *b*; entweder er ist nicht *a*, oder er ist nicht *b*; entweder er ist *a*, oder er ist nicht *b*; entweder er ist nicht *a*, oder er ist *b*.

[3] Der Ausdruck *continuativa coniunctio* stammt aus Priscian, *Institutiones grammaticae* 16, 2.

[4] Abbo unterscheidet hier nicht ausdrücklich zwischen (1) dem „oder", bei dem Begriffe ohne ein Mittleres vorliegen („Gesundheit - Krankheit"), und (2) dem „oder" bei Begriffen, bei denen ein Mittleres vorliegt („Weißsein - Schwarzsein"). Er sagt jedoch korrekt, daß bei (1) die Negierung (das Wegnehmen) eines Gliedes die Setzung des anderen Gliedes bewirkt, bei (2) hingegen die Setzung des einen Gliedes die Negierung des zweiten Gliedes mit sich bringt. Er erwähnt hier jedoch nicht, daß bei (1) auch das gilt, was für (2) festgestellt wird. Vgl. zum Ganzen Einleitung V.2, (1) aus der vorliegenden Anm. ist dort der Fall (3), (2) ist dort der Fall (4).

[5] Daß die Griechen die disjunktiven Aussagen unter die hypothetischen einreihten, konnte Abbo aus Boethius wissen. Vgl. Kap. I, Anm. 1. Ob Abbo die Erläuterung, in der die Disjunktion mit einer Auffassung „getrennter Ursachen" verbunden wird, auch den Griechen zuschreiben

will, geht nicht eindeutig aus dem Text hervor. Diese Auffassung wäre jedenfalls mit der peripatetischen Auffassung logischer Operatoren durchaus vereinbar.

[6] Die Formulierung *si non re, saltem cogitatione separamus* findet sich bei Boethius, DHS 834 A; S. 214[58].

[7] Abbo sagt hier, daß für den Fall, daß *cum* im Sinne von *si* aufgefaßt wird, dieses *cum* wie eine kausale Konjunktion gebraucht wird. In diesem Fall hat es also die Funktion einer Implikation. Er sagt jedoch nicht, daß *cum* immer so aufgefaßt wird. Er läßt also durchaus den in der Einleitung V.4 ausführlich behandelten Fall offen, in dem ein *cum temporale* gebraucht wird, das die Funktion einer Konjunktion hat.

[8] Es ergeben sich also vier Äquivalenzen von verbundenen Aussagen (Implikationen) und disjunktiven Aussagen:

conexae disiunctae

I	III	$a \to b \Leftrightarrow \neg a \vee b$
II	IIII	$a \to \neg b \Leftrightarrow \neg a \vee \neg b$
III	I	$\neg a \to b \Leftrightarrow a \vee b$
IIII	II	$\neg a \to \neg b \Leftrightarrow a \vee \neg b$

Vgl. dazu im einzelnen Einleitung V.2.

[9] Abbo bezieht sich hier auf das vorher Gesagte, nämlich daß I der verbundenen Aussagen in III der disjunktiven und II der verbundenen in IV der disjunktiven Aussagen übergeht. Ordnet man dies in einem Quadrat an, so zeigen die Pfeile die Subalternation an:

I   II
$\Downarrow$ $\Downarrow$
III   IIII

[10] Die subaffirmative Aussage kann in die subnegative übergehen, weil für beide gilt: $U(a \wedge b)$. Daß die subaffirmative jedoch nur „manchmal" in die subnegative übergeht, ist so zu interpretieren: „Manchmal" meint den Fall, bei dem für das Argument nur $U(a \wedge b)$ erfordert ist, nicht aber den Fall, wo $U(\neg a \wedge \neg b)$ für das Argument erfordert ist, was ja bei subaffirmativen Aussagen auch gilt, nicht aber bei subnegativen.

[11] I $\quad (a \vee^{\bullet} b) \wedge \neg a \therefore b$

I.1 $\quad (a \vee^{\bullet} b) \wedge a \therefore \neg b$

II $\quad (a \vee \neg b) \wedge \neg a \therefore \neg b$

III $\quad (\neg a \vee b) \wedge a \therefore b$

IIII $\quad (\neg a \vee \neg b) \wedge a \therefore \neg b$

In I ist das ausschließende „oder" vom heutigen Standpunkt der Logik aus nicht erfordert. Abbo nimmt aber, wie auch die gewählten Beispielbegriffe zeigen, nicht nur in I.1, sondern auch in I an, daß mit *a* und *b* ein unmittelbar konträrer Gegensatz zum Ausdruck kommt.

^{12} I $(a \vee^{\bullet} b) \wedge \neg b \therefore a$
   I.1 $(a \vee^{\bullet} b) \wedge b \therefore \neg a$
   II $(a \vee \neg b) \wedge b \therefore a$
   III $(\neg a \vee b) \wedge \neg b \therefore \neg a$
   IIII $(\neg a \vee \neg b) \wedge b \therefore \neg a$

^{13} $\neg a \vee \neg b \Leftrightarrow a \to \neg b$. Vgl. weiter oben Zeile 2 in Anm. 8.

^{14} $a \vee \neg b \Leftrightarrow \neg a \to \neg b$. Vgl. weiter oben Zeile 4 in Anm. 8.

KAPITEL VI

^{1} Bei den folgenden hypothetischen Syllogismen ist zu beachten, daß das *cum* wiederum jenes *cum temporale* ist, das auch schon in Kap. II verwendet worden ist. Auch gilt hier wie in Kap II, daß bei $b \wedge c$ vorausgesetzt ist, daß $(b \wedge c) \vee^{\bullet} (b \wedge \neg c)$ gilt, so daß auch hier die Negation von $b \wedge c$ die Form $b \wedge \neg c$ hat. Wir geben hier nur beispielsweise I und II wieder, die weiteren Formen können ohne Schwierigkeit in entsprechender Weise formalisiert werden.

   I $[a \vee^{\bullet} (b \wedge c)] \wedge \neg a \therefore b \wedge c$
        $[a \vee^{\bullet} (b \wedge c)] \wedge (b \wedge \neg c) \therefore a$
        $[a \vee^{\bullet} (b \wedge c)] \wedge a \therefore b \wedge \neg c$
        $[a \vee^{\bullet} (b \wedge c)] \wedge (b \wedge c) \therefore \neg a$
   II $[a \vee (b \wedge \neg c)] \wedge \neg a \therefore b \wedge \neg c$
        $[a \vee (b \wedge \neg c)] \wedge (b \wedge c) \therefore a$

Ein einfacher Weg der Ableitung oder Überprüfung aller hypothetischen Syllogismen dieses Abschnitts ist der folgende: Man formt die Disjunktion der ersten Prämisse in eine Konjunktion um, entsprechend den von Abbo in Kap. V aufgestellten Regeln. Die sich ergebende Implikation ist dann eine der Prämissen der ersten Gruppe der zusammengesetzten hypothetischen Syllogismen in Kap. II, die zweiten Prämissen und die Konklusionen müssen dann jeweils identisch sein (bei hypothetischen Syllogismen mit konträren Begriffen ergeben sich jeweils nicht zwei, sondern vier zweite Prämissen). Z.B. ergeben sich die folgenden Äquivalenzen der ersten Prämissen:

   I (Kap. VI) $\Leftrightarrow$ V + XIII (Kap. II): $a \vee^{\bullet} (b \wedge c) \Leftrightarrow \neg a \to (b \wedge c)$
   II (Kap. VI) $\Leftrightarrow$ VI + XIII (Kap. II): $a \vee (b \wedge \neg c) \Leftrightarrow \neg a \to (b \wedge \neg c)$.

Abbo dürfte jedoch nicht diesen Weg gegangen sein, sonst wäre es nicht erklärlich, daß er in Kap. VI andere Beispielbegriffe wählt als in Kap II. Die Beispielbegriffe in Kap. VI sind nicht immer glücklich gewählt.

^{2} Man würde die Reihenfolge eher so erwarten, daß der zweite Syllogismus an vierter und der vierte an zweiter Stelle steht, also: zunächst die Negation jeweils eines Gliedes der Disjunktion, dann (wegen der unmittel-

baren Kontrarietät) die Affirmation jeweils eines Gliedes der Disjunktion. Tatsächlich entspricht auch die von L^c hergestellte Form des zweiten Syllogismus dieser erwarteten Reihenfolge. Dann aber hätte durch L^c auch der vierte Syllogismus entsprechend verändert werden müssen, sonst ergeben sich zwei formidentische Syllogismen. Aus philologischen Gründen schien es korrekter, den vierten Syllogismus so stehen zu lassen, wie er sich in L vorfindet, und im zweiten Syllogismus die Korrekturen von L^c rückgängig zu machen, d.h. also, die ursprüngliche Form von L wieder herzustellen.

[3] Wir geben hier wiederum als Beispiele in formalisierter Form nur I und II wieder. Zu den Voraussetzungen dieser hypothetischen Syllogismen ebenso wie zu ihrer Überprüfung bzw. Ableitung gilt das in Kap. IV, Anm. 6 Gesagte.

I $[(a \wedge b) \vee^\bullet c] \wedge (a \wedge \neg b) \therefore c$
   $[(a \wedge b) \vee^\bullet c] \wedge \neg c \therefore a \wedge b$
   $[(a \wedge b) \vee^\bullet c] \wedge (a \wedge b) \therefore \neg c$
   $[(a \wedge b) \vee^\bullet c] \wedge c \therefore a \wedge \neg b$
II $[(a \wedge b) \vee \neg c] \wedge (a \wedge \neg b) \therefore \neg c$
   $[(a \wedge b) \vee \neg c] \wedge c \therefore a \wedge b$

[4] *Simplex* ist in diesem Kontext ebenso wie *inlitteratus* der Gegenbegriff zu *litteratus*; da keine Verwechslung möglich ist, werden beide durch „ungebildet" wiedergegeben.

[5] Die beiden folgenden Schlüsse sind ungültig. Bei der ersten Prämisse von III, d.h. bei $(a \wedge \neg b) \vee c$, handelt es sich nicht um unmittelbar Konträre. Man kann sich dies auf folgende Weise klarmachen: Unter den besonderen Voraussetzungen der *cum*-Aussagen (vgl. Einleitung V.4) und aufgrund der Umformungsregeln der disjunktiven Aussagen in verbundene Aussagen (vgl. Einleitung V.2) gilt:

$(a \wedge \neg b) \vee c \Leftrightarrow (a \wedge b) \rightarrow c,$

wobei letzteres der ersten Prämisse des Syllogismus IX aus Kap. II (vgl. VIIII in Kap. II, Anm. 6) entspricht, bei der keine unmittelbare Kontrarietät vorliegt.

Abbo hat sich möglicherweise durch die erste Liste in Kap. VI irreführen lassen, wo III korrekterweise aufgrund der unmittelbaren Kontrarietät mit vier Syllogismen aufgeführt wird, ohne zu bemerken, daß jetzt in der zweiten Liste unter III eine andere logische Form vorliegt, d.h. eine, die keine unmittelbare Kontrarietät aufweist. Vgl. auch die folgende Anmerkung.

[6] In L steht hier *non B*. Es ist aber offensichtlich, daß das *non* ein Irrtum ist, da gilt:

$[(\neg a \wedge b) \vee c] \wedge \neg c \therefore (\neg a \wedge b).$

Vor allem aber ist anzumerken, daß es sich bei der ersten Prämisse von V um eine unmittelbare Kontrarietät handelt. Man kann sich dies durch folgende Äquivalenz klarmachen:

$$(\neg a \wedge b) \vee c \Leftrightarrow (\neg a \wedge \neg b) \rightarrow c,$$

und letzteres ist die erste Prämisse von Syllogismus XV in Kap. II (vgl. XV in Kap. II, Anm. 6), wo wegen der unmittelbaren Kontrarietät vier Syllogismen aufgeführt werden. Es gelten also auch hier bei V die folgenden zwei weiteren hypothetischen Syllogismen:

$$[(\neg a \wedge b) \vee^{\bullet} c] \wedge (\neg a \wedge b) \therefore \neg c$$
$$[(\neg a \wedge b) \vee^{\bullet} c] \wedge c \therefore (\neg a \wedge \neg b).$$

Es ergibt sich also: Die unmittelbare Kontrarietät, die Abbo irrtümlicherweise im hypothetischen Syllogismus III annimmt, liegt tatsächlich in V vor. Es kann auch nicht ausgeschlossen werden, daß in einer früheren Fassung des Traktats (etwa in *A*) hier bei V tatsächlich vier Syllogismen gestanden haben, so daß dann das fehlerhafte *non B* (vgl. oben) das $\neg b$ der letztgenannten Formel war.

[7] Dieser Beispielsatz ist nicht korrekt konstruiert. Die Anordnung der Teilaussagen darf zwar verändert werden, nicht aber darf die Stellung funktionsverschiedener Konjunktionen wie *si* („wenn") und *cum* im spezifisch temporalen Sinn („gleichzeitig mit") verändert werden. Korrekt ist der zweite Beispielsatz weiter unten im Text: *si homo est* (*a*), *cum animatum sit* (*b*), *rationale est* (*c*), also: $a \rightarrow (b \wedge c)$. Dieser Beispielsatz ist genau der erste Modus in Kap. II. Entsprechend müßte der erste Beispielsatz korrekterweise lauten: *cum animatum sit, rationale est, si sit homo.* In diesem Fall sind die beiden Aussagen tatsächlich nur der Ordnung, nicht aber der Bedeutung nach verschieden.

[8] Abbo sagt hier: Dem Satz *Aut homo* (*a*) *non est, aut cum sit stultus* (*b*) *sapiens* (*c*) *non est* ist die erste disjunktive zusammengesetzte Aussage ähnlich, nämlich die weiter oben im Text angeführte Aussage *Aut stultus* (*b*) *aut sapiens* (*c*) *est, cum sit homo* (*a*), die tatsächlich die erforderte Form I aufweist, vgl. S. 62[14]. Eine Ähnlichkeit von $\neg a \vee (b \wedge \neg c)$ und $b \vee (c \wedge a)$ ist jedoch nicht ersichtlich. Möglicherweise wollte Abbo einfach (eher umgangssprachlich) folgendes sagen: Wenn etwas Mensch ist (*cum sit homo*), ist es entweder töricht oder weise (*aut stultus aut sapiens*). Somit liegt eine unmittelbare Kontrarietät vor (wie Abbo ja auch gleich im Anschluß sagt, vgl. S. 72[1.2]). Und dies wiederum hat dieselbe Bedeutung wie: Entweder etwas ist nicht Mensch (*aut homo non est*), oder es gilt: Wenn er töricht ist, ist er nicht weise (*aut cum sit stultus, sapiens non est*), so wie es tatsächlich der unmittelbaren Kontrarietät, die in I gilt, entspricht.

Wahrscheinlich sollte man sich (bei allen diesen Beispielen) damit zufriedengeben, daß Abbo zweierlei sagen will: (1) Es kommt vor, daß die sprachliche Anordnung (*ordo*) der ersten Prämissen hypothetischer Syllogismen verschieden ist, obwohl die logische Form (*significatio*) identisch ist.

(2) Die ersten Prämissen der disjunktiven und verbundene hypothetischen Syllogismen lassen sich wechselweise ineinander umformen. Beides ist richtig, unabhängig von den mehr oder weniger glücklich konstruierten Beispielen.

[9] Aufgrund der Umformungsregeln von disjunktiven in verbundene Aussagen gilt:

$$a \vee (b \wedge c) \Leftrightarrow \neg a \rightarrow (b \wedge c),$$

und letzteres ist tatsächlich die erste Prämisse des hypothetischen Syllogismus V der ersten Liste in Kapitel II, S. 14[2]. Vgl. auch Kap. II, Anm. 6.

[10] Werden konditionale Aussagen, die in Analogie zu den Figuren des kategorischen Syllogismus gebildet sind, in disjunktive umgeformt, macht es keinen Sinn, hier weiter von Figuren zu sprechen, da bei den disjunktiven Aussagen keine Ordnung besteht, d.h. $a \vee b \Leftrightarrow b \vee a$, während bei den konditionalen der Grund (*ratio*) des Konsequens im Antezedens liegt, somit also eine Ordnung vorliegt.

[11] Dieser Satz wie auch der gesamte folgende Abschnitt ist nicht recht klar. Dies betrifft bereits die Syntax des lateinischen Textes: Das einleitende *Cum* wurde nicht übersetzt, da sich sonst überhaupt kein Hauptsatz ergibt; auch die Ergänzung von *qui* zu *quia* ist nicht eindeutig, da auch eine Änderung zu *quae*, das dann auf *probatio* zu beziehen wäre, möglich wäre.

Bei den von Abbo aufgeführten Beispielen geht es auch nur im dritten Fall (III) darum, daß eine konditionale Aussage durch eine disjunktive „bewiesen" wird, während es im zweiten Fall darum geht, daß unähnliche Begriffe (*dissimiles termini*) verwendet werden, wobei das Argument jedoch in seiner Gültigkeit „bewiesen" werden kann, insofern gezeigt werden kann, daß die unähnlichen Begriffe eine (ausschließende) Disjunktion darstellen.

Bei den von Abbo angeführten Beispielen fällt auf, daß diese gar nicht als hypothetische Syllogismen formuliert sind, sondern eher wie die diesen zugrundeliegenden logischen Gesetze, also als „vollkommene hypothetische Syllogismen" im Sinne Theophrasts. Gehen wir von den Beispielen aus, so legt sich folgendes Schema nahe:

I $[(\neg a \rightarrow b) \wedge (b \rightarrow c)] \rightarrow (\neg a \rightarrow c)$
     sanus est = a, *aeger est* = b, *curationis ope indiget* = c

II $[(\neg a \rightarrow \neg b) \wedge (a \rightarrow c)] \rightarrow (b \rightarrow c)$
     volens ago = a, *nolens ago* = $\neg a$, *ego operor* = b, *peccati reus existo* = c

III $[(a \rightarrow b) \wedge (c \rightarrow \neg b)] \rightarrow (\neg a \rightarrow c)$
     vitiis deditus est = a, *vivens mortuus est* = b, *virtutibus se exercet* = c

Bemerkungen zu den drei Argumenten:

(I) Dieses (aussagen)logische Gesetz bedarf keines weiteren Beweises. Es kommen im Beispiel auch keine unähnlichen Begriffe vor. Möglicherweise

will Abbo darauf hinweisen, daß die erste Prämisse „wenn er nicht gesund ist, ist er krank", also $\neg a \to b$, leichter unmittelbar einsichtig ist in der Umformung in die Disjunktion „entweder er ist gesund, oder er ist krank", also $a \vee b$.

(II) So wie das Beispiel formalisiert wurde, bedarf es keines Beweises, mit Hilfe der Umformung der ersten Prämisse in $b \to a$ stellt es einen „vollkommenen hypothetischen Syllogismus" dar. Möglicherweise will Abbo darauf hinweisen, daß es sich strenggenommen bei *nolens-volens* um unähnliche Begriffe (*dissimiles termini*) handelt, so daß das Argument erst dann gültig wäre, wenn hinzugefügt wird: *aut volens ago, aut nolens ago*; oder vielleicht: *nolens* als *non volens* müßte erst „bewiesen" werden.

(III) In diesem Fall liegt kein logisch gültiges Argument vor. Aus den Prämissen folgt korrekterweise nur $a \to \neg c$, nicht aber $\neg a \to c$. Letzteres folgt nur, wenn die zusätzliche disjunktive Prämisse $a \vee^\bullet c$ angenommen wird. In diesem Fall also kann man zu Recht von einem „Beweis" im Sinne Abbos sprechen, insofern gezeigt wird, daß a und c konträre Aussagen darstellen, die somit einer disjunktiven Aussage entsprechen.

KAPITEL VII

[1]   Der Ausdruck *aequimodae* scheint eine Neuschöpfung des Boethius zu sein, vgl. Obertello, 1969, S. 121. Boethius, DHS 863 B-C; S. 336^{59-72} (zweite Figur), und 867 C-D; S. $352^{23}\text{-}354^{38}$ (dritte Figur), behandelt die modusgleichen Aussagen gleich im Anschluß an die hypothetischen Syllogismen der zweiten und dritten Figur. Das Kap. VII bei Abbo hätte also entsprechend seinen richtigen Ort im Anschluß an Kap. III.

[2]   Abbo ist mit Boethius der Überzeugung, daß mit den modusgleichen Prämissen der zweiten und dritten Figur keine gültigen hypothetischen Syllogismen aufgestellt werden können. Dies ist jedoch nur dann zutreffend, wenn für die zweite Figur eine aus zwei Aussagen bestehende Konklusion und für die dritte Figur eine aus zwei Aussagen bestehende zweite Prämisse nicht zugelassen wird. Diese Voraussetzung ist jedoch im System des Boethius eigentlich nicht gegeben, insofern ja Boethius selbst Konklusionen und zweite Prämissen, die aus mehreren Aussagen bestehen, also hypothetische Aussagen im boethianischen Sinn sind, zuläßt (vgl. bei Abbo Kap. II und III). Auch mit den modusgleichen Prämissen lassen sich korrekte hypothetische Syllogismen bilden, so z.B. bei der zweiten Figur (vgl. auch Dürr, 1951, S. 52):

I $[(a \to b) \wedge (a \to c)] \wedge a \therefore b \wedge c.$

In analoger Weise können hypothetische Syllogismen für II-VIII gebildet werden.

Ähnliches gilt für die modusgleichen ersten Prämissen der dritten Figur, so z.B. (vgl. auch Dürr, 1951, S. 55):

I $[(b \rightarrow a) \wedge (c \rightarrow a)] \wedge (c \vee b) \therefore a.$

In analoger Weise können hypothetische Syllogismen für II-VIII gebildet werden.

Der Grund, warum Boethius und mit ihm Abbo solche hypothetischen Syllogismen nicht in Erwägung zieht, ist vermutlich ein relativ einfacher: Es geht beiden hier um hypothetische Syllogismen, die der Form nach den kategorischen Syllogismen entsprechen. Eine solche Entsprechung liegt aber nur dann vor, wenn sowohl die zweite Prämisse wie auch die Konklusion kategorische Aussagen in Entsprechung zu Subjekt und Prädikat des Schlußsatzes im kategorischen Syllogismus darstellen.

KAPITEL VIII

[1] Man kann sich dies vielleicht in folgender Weise erklärlich machen. Wenn jemand fragt, ob eine Aussage, die $C\,a\,B$ entspricht, wahr ist, dann nimmt er einen Begriff, z.B. A, von außen (*extrinsecus*), der dem einen der Begriffe anhaftet (*haereat*), also $C\,a\,A$, und von dem anderen nicht getrennt werden kann (*divelli nequeat*), also $U(A\ nicht\text{-}B)$, was auch als $N(A\,a\,B)$ interpretiert werden kann. Daraus ergibt sich der kategorische Syllogismus nach *Barbara*: Aus $C\,a\,A$ und $A\,a\,B$ folgt mit Notwendigkeit $C\,a\,B$.

[2] Wenn jemand fragt, ob eine Aussage, die $C\,e\,B$ entspricht, wahr ist, dann nimmt er einen Begriff A, der von dem Begriff B nicht getrennt werden darf (*separatus abhorreat*), also immer mit ihm verbunden ist, d.h. $A\,a\,B$, und der niemals mit dem anderen vereint wird (*numquam communionem societatis accipiat*), also $C\,e\,A$. Daraus ergibt sich der Syllogismus nach *Celarent*: Aus $A\,a\,B$ und $C\,e\,A$ folgt mit Notwendigkeit $C\,e\,B$.

[3] Vgl. Cicero, *De inventione* I, XXXV, 61; Boethius, ITC 1132 C-D. Außer den drei Teilen des hypothetischen Syllogismus (Aussage, Annahme, Schlußsatz) werden beim fünfteiligen Schluß noch zwei weitere, d.h. der Beweis der Aussage und der Beweis der Annahme, angenommen, beim vierteiligen zusätzlich einer der beiden eben genannten Beweise.

[4] Unter „Enthymem" ist hier mit Cicero, *Topica* XIV, 56 (*illa ex repugnantibus sententiis communis conclusio quae a dialecticis tertius modus, a rhetoribus enthymema dicitur*) der dritte Modus aus der Liste der sog. „Unbeweisbaren" gemeint, vgl. dazu das folgende Kapitel. Vgl. auch Boethius, ITC 1142 D - 1143 A. Abbo fordert also für den dritten Modus einen weiteren „Teil", d.h. eine weitere Annahme. Damit will er vermutlich zum Ausdruck bringen, daß feststehen muß, daß es sich bei den Begriffen bzw. Aussagen des dritten Modus um Widersprechende, d.h. *repugnantia*, handelt.

[5] Im einzigen Textzeugen *L* ist *frustra* zweifelsfrei zu lesen, ebenso eindeutig ist es aber, daß dieses Wort hier sinnstörend ist. Eine naheliegende Alternative, die einen Fehler des Kopisten erklären könnte, dürfte auch nur schwer zu finden sein. Am ehesten käme *frustatim*, also „stückchenweise", in Frage.

[6] Vgl. Martianus Capella, *De nuptiis Philologiae et Mercurii*, S. 197[21-22]: *hoc a Graecis symperasma dicitur, a nobis dici potest confinis conclusio.* Auch Dunchad, *Glossae in Martianum*, S. 34, erklärt den Ausdruck *symplerasma* (sic!), es besteht jedoch keinerlei textliche Ähnlichkeit zum Text Abbos.

[7] Vgl. z.B. Boethius, ITC 1129 D:

Omne igitur quod in quaestione dubitatur, aut verisimilibus aut necessariis probabitur argumentis. Argumentum vero omne aut in syllogismi ordinem cadit, aut ex syllogismo vires accipit.

Daher wird alles, was in einer Frage angezweifelt wird, entweder mit wahrscheinlichen oder mit notwendigen Argumenten bewiesen. Jedes Argument aber fällt in den Bereich des Syllogismus oder erhält seine Wirkkräfte aus einem Syllogismus.

[8] Abbo bezieht sich hier wohl auf Boethius, *De differentiis topicis*.

[9] Mit diesem Absatz weist Abbo darauf hin, daß nach der allgemeinen Regel der Umformung einer verbundenen Aussage (Implikation) in eine disjunktive Aussage alle hypothetischen Syllogismen des Kap. IV, die eine verbundene Aussage als erste Prämisse aufweisen, in entsprechende Disjunktionen umgeformt werden können. Die sich ergebende spezielle Umformungsregel für hypothetische Syllogismen mit vier Begriffen bzw. Aussagen besagt, daß „immer der vorvorletzte (Begriff) auf konträre Weise gegenüber jener, wie er in den verbundenen Aussagen vorliegt, angenommen wird". Die allgemeine Umformungsregel besagt:

$$x \rightarrow y \Leftrightarrow \neg x \vee y.$$

Antezedens und Konsequens der hypothetischen Syllogismen in Kap. IV bestehen jeweils aus einer Konjunktion. Die erste Prämisse im hypothetischen Syllogismus I in Kap. IV lautet:

$$(a \wedge b) \rightarrow (c \wedge d).$$

Substituieren wir nun in der oben angeführten Umformungsregel $a \wedge b$ für x und $c \wedge d$ für y, so erhalten wir:

$$[(a \wedge b) \rightarrow (c \wedge d)] \Leftrightarrow [\neg(a \wedge b) \vee (c \wedge d)].$$

Da unter den spezifischen Voraussetzungen, mit denen Abbo in der Folge von Boethius in dem vorliegenden Traktat arbeitet (vgl. Einleitung V.4), gilt:

$$\neg(a \wedge b) \Leftrightarrow (a \wedge \neg b),$$

erhält die eben angeführte Disjunktion folgende Form:

$$(a \wedge \neg b) \vee (c \wedge d),$$

also genau jene Form, die der oben angeführten Regel entspricht, daß der vorvorletzte Begriff negiert werden muß. Ebenso entspricht dies dem Beispiel im Text, wobei es sicher kein Zufall ist, daß Abbo in diesem Beispiel mit genau denselben Begriffen arbeitet wie in der ersten Prämisse von I in Kap. IV. Nach diesem Schema lassen sich sämtliche Prämissen des Kap. IV in die entsprechenden Disjunktionen umformen.

[10] Die im folgenden wiedergegebene Theorie der Modalität ist wenig präzise. Dies ist eigentlich nicht gut verständlich, wenn man überlegt, daß Abbo im *Liber de categoricarum propositionum pugna*, S. 49f. und S. 60-64, eine gute und übersichtliche Darstellung aristotelischer Modalitätsdefinitionen gegeben hat. Abbo arbeitet aber vermutlich im Traktat über die hypothetischen Syllogismen mit anderen Vorlagen. Die unmittelbare oder mittelbare Quelle dürfte wohl Boethius, DHS 839 C - 841 A; S. 234[43]-240[36], sein, ohne daß es aber möglich ist, Unklarheiten im Text Abbos einfach durch Rückgriff auf den Text des Boethius zu klären. Auch Boethius spricht von drei Weisen der Bestimmung von „notwendig". Im Unterschied zu Abbo definiert er „notwendig" jedoch ohne Rückgriff auf „unmöglich" und „möglich". Dies ist angesichts der intensiven und wiederholten Beschäftigung des Boethius mit Aristoteles, *Peri Hermeneias*, auffallend. Die Theorie der Modalitäten, die Boethius an dieser Stelle von DHS vorlegt, wirkt unbeholfen und hat ganz einfach nicht jenes Niveau, das von einem Autor erwartet werden müßte, der zwei Kommentare zu *Peri Hermeneias* verfaßt hat. Obertello, 1969, S. 417, geht in seinem Kommentar auf diesen sonderbaren Sachverhalt nicht ein. Wie immer in solchen Fällen kann man daran denken, daß Boethius an dieser Stelle einer ihm vorliegenden Quelle folgt. Ein solcher Hinweis könnte jedoch nur dann weiterführen, wenn diese andere Quelle in irgendeiner Weise identifiziert werden könnte. Boethius definiert in DHS 840 A-B; S. 238[70-77], auch „möglich" auf drei Weisen, wobei er auf Zeitbestimmungen zurückgreift. Abbo hingegen vesucht, die Definitionen von „notwendig" und „unmöglich" in im Ansatz durchaus traditioneller Weise zu verbinden, aber schon der Einbau der Zeitbestimmungen *semper* und *aliquando* gelingt nicht in korrekter Weise. Ebenso wie Boethius spricht auch Abbo von drei Weisen der Bestimmung von „möglich", liefert aber dann gar nicht diese, sondern nimmt die Bestimmung von „notwendig" durch „möglich" bzw. „unmöglich" wieder auf.

Abbo arbeitet mit folgender Einteilung:

   necessitas: (1) *simplex*
           (2) *per accidens*: (a) *consequentiae*
                             (b) *actionis*

Letztere wird nochmals unterschieden, vgl. dazu (b') und (b'') in Anm. 11.

Auffallend ist die Unterscheidung *necessitas consequentiae - necessitas actionis*, die bisher bei keinem anderen Autor (weder einem früheren noch einem nachfolgenden) gefunden werden konnte.

(1) *Necessitas simplex*

Die Syntax des lateinischen Textes erfordert eigentlich folgende Interpretation: *necesse est: semper esse* = *impossibile est: semper non esse*. Nun ist aber **N** *immer a* nicht äquivalent mit **U** *immer ¬a*, sondern mit *immer* **U¬a**, weshalb in der Übersetzung das *semper* auf *impossibile sit* bezogen wurde. Der korrekt rekonstruierte Text müßte also bei Abbo lauten: *ut semper impossibile sit non esse*.

Diese Art der Notwendigkeit wird bei Boethius, DHS 840 A; S. 236[67]-238[70], in folgender Weise beschrieben:

> Alia vero necessitatis significatio est universalis et propria, quae absolute praedicat necessitatem, ut cum dicimus: „necesse est Deum esse immortalem", nulla conditione determinationis apposita.

> Eine andere Bedeutung von Notwendigkeit aber ist universell und im eigentlichen Sinn, und diese prädiziert die Notwendigkeit absolut, z.B. wenn wir sagen: *Es ist notwendig, daß Gott unsterblich ist*, wobei hier keinerlei Bedingung des Bestimmtseins hinzugefügt ist.

Was hier bei Boethius mit „im eigentlichen Sinne" und mit „keinerlei Bedingung hinzugefügt" gemeint ist, wird weiter unten bei (2b) deutlich werden.

(2) *Necessitas per accidens*: (a) *Necessitas consequentiae*

Unter der (keineswegs evidenten) Voraussetzung, daß der Text Abbos genau durchkonstruiert ist, bezieht sich das Beispiel: „Es ist notwendig, daß der Frierende gewärmt wird, und er wird nicht gewärmt" auf diese *necessitas consequentiae*. Von dieser wird nur vorher im Text die Bestimmung gegeben, daß sie in der Weise notwendig ist, daß der entsprechende Sachverhalt zu irgendeinem Zeitpunkt verwirklicht ist (*aliquando esse*), so aber, daß es möglich ist, daß er zu einem anderen Zeitpunkt nicht verwirklicht ist (*aliquando non esse*). Diese Bestimmung läßt sich auch mit dem Beispiel in Verbindung bringen, insofern der Frierende gewärmt werden muß, also eine Art Verpflichtung vorliegt, er aber faktisch zum vorliegenden Zeitpunkt nicht gewärmt wird. Warum diese Art der Notwendigkeit aber *necessitas consequentiae* genannt wird, ist höchstens so zu erklären, daß die geschilderte Notwendigkeit eine bestimmte Folge haben *sollte*. (Aber: Es wäre ebenso der Ausdruck *necessitas actionis* passend, insofern hier ein Geschehen als notwendig gekennzeichnet wird.) Man muß auch beachten, daß Abbo in seinem Traktat den Ausdruck *consequentia* nicht in dem (in der späteren mittelalterlichen Logik gebräuchlichen) technischen Sinn von „Folgerung" verwendet, sondern ihn in einem umgangssprachlichen Sinn etwa von „etwas, das folgt" gebraucht.

(b) *Necessitas actionis*

Diese Notwendigkeit besagt, daß von etwas, das faktisch geschieht (*actio*), während es geschieht oder ist, nicht gesagt werden kann, daß es nicht ist, obwohl es sehr wohl zu einem anderen Zeitpunkt nicht sein kann.

Auch Boethius verbindet *dum*-Aussagen mit einer Notwendigkeit, die von der vorher besprochenen einfachen Notwendigkeit verschieden ist. Vgl. Boethius, DHS 840 A; S. 236[62-67]:

> Alia vero necessitatis significatio est, cum hoc modo proponimus: „hominem necesse est habere cor, dum est atque vivit"; hoc enim significare videtur haec dictio, non quoniam tandiu eum necesse sit habere quandiu habet, sed tandiu eum necesse est habere quandiu fuerit ille qui habet.

> Eine andere Bedeutung von Notwendigkeit liegt dann vor, wenn wir auf diese Weise aussagen: *Es ist notwendig, daß der Mensch ein Herz hat, während er existiert und lebt*; dies nämlich scheint dieser Ausdruck zu bedeuten, nicht, daß es notwendig ist, daß er es hat, so lange als er es hat, sondern, daß es notwendig ist, daß er es hat, so lange er als jener existiert, der es hat.

Es handelt sich dabei strenggenommen um Aussagen über schon eingetretene kontingente Ereignisse, die durch einfache prädikative, nicht modalisierte Aussagen wiedergegeben werden können. Dieser Sachverhalt wird bei Boethius, DHS 839 D - 840 A; S. 236, 59-62, präzise formuliert:

> Uno quidem quo ei consimilis est propositioni quae inesse significat, ut cum dicimus, „necesse esse Socratem sedere, dum sedet". Haec enim eandem vim optinet ei quae dicit: „Socrates sedet".

> Mit einem (Modus) freilich (wird Notwendigkeit ausgesagt), durch den er jener Aussage ganz ähnlich ist, die das Innesein bedeutet, wie z.B. wenn wir sagen *Es ist notwendig, daß Sokrates sitzt, während er sitzt*. Diese (Aussage) erhält nämlich dieselbe Kraft wie jene, die sagt: *Sokrates sitzt*.

[11] Abbo führt hier eine Unterscheidung durch, die die *dum*-Aussagen betrifft, also die *necessitas actionis*. Für beide Glieder der Unterscheidung gilt ein und dieselbe Modalbestimmung: „Während es existiert, ist es unmöglich, daß es nicht existiert, und es ist möglich, daß es existiert". Der Unterscheidung liegt möglicherweise folgender Gedanke zugrunde: Bei (b') gilt: „Es ist notwendig, daß er, während er liest, liest", ein Satz der auch umgekehrt gleich bleibt. Anders bei (b''), wo zwar gilt: „Es ist notwendig, daß der Schnarchende schläft", nicht aber umgekehrt: „Es ist notwendig, daß der Schlafende schnarcht", vielmehr gilt hier nur: „Es ist möglich, daß der Schlafende schnarcht".

[12] Dies ist der oben in Anm. 11 aufgeführte Modus (2b'), der keine Funktion hat, da er mit einer einfachen kategorischen Aussage zusammenfällt.

[13] Die beiden übrigbleibenden Modi sind die Modi (1) und (2b''). Dem Modus (1) entspricht Abbos Beispiel: „Wenn eine Seele existiert, ist es notwendig, daß sie lebt", dem Modus (2b'') entspricht das Beispiel: „Wenn einer schnarcht, ist es notwendig, daß er schläft".

[14] Auch bei Boethius, DHS 840 C - 841 A; S. 238[10]-240[36], folgt nach der Analyse der Modalitäten eine Analyse der Negation in bezug auf modalisierte Aussagen. Im Unterschied zu Boethius führt Abbo die Analyse von

Notwendigkeit und Möglichkeit (bzw. Kontingenz, vgl. Boethius, DHS 840 D; S. 240[24], der präzise von *in contingentibus vero atque possibilibus* spricht) nicht getrennt durch, was eine Unklarheit in den Text bringt. Es liegen hier vier Fälle vor, je nachdem, ob Notwendigkeit oder Möglichkeit vorliegt, und je nachdem, ob die Negation auf die Modalität oder auf die Aussage (die Kopula oder das Prädikat) bezogen ist.

(1) *Notwendig a - Nicht-Notwendig a*, d.h. Na - ¬Na: diese stellen einen kontradiktorischen Gegensatz dar, da eines von beiden wahr sein muß und das andere falsch; eine beliebige Aussage muß entweder notwendig oder nicht-notwendig sein.

(2) *Möglich a - Nicht-Möglich a*, d.h. Ma - ¬Ma bzw. Ma - Ua: auch hier liegt ein kontradiktorischer Gegensatz vor, da eines von beiden wahr sein muß und das andere falsch; eine beliebige Aussage ist entweder möglich oder unmöglich.

(3) *Notwendig a - Notwendig nicht-a*, d.h. Na - N¬a: hier liegt ein konträrer Gegensatz vor, da beide falsch sein können, was dann der Fall ist, wenn *a* kontingent ist (z.B. „Es ist notwendig, daß Sokrates liest" ist ebenso falsch wie „Es ist notwendig, daß Sokrates nicht liest", vgl. Boethius, DHS 840 C; S. 240[18-19]).

(4) *Möglich a - Möglich nicht-a*, d.h. Ma - M¬a: hier liegt kein konträrer Gegensatz vor, da beide Aussagen wahr sein können. Dieser Fall wird von Abbo nicht aufgeführt, wohl aber von Boethius, DHS 840 D; S. 240[29-31]:

> [...] veluti cum dicimus: „contingit sedere Socratem", „contingit non sedere Socratem". Et haec quidem non dicuntur esse contrariae, quoniam simul verae esse possunt.

> [...] so z.B. wenn wir sagen: *Es trifft zu, daß Sokrates sitzt, Es trifft zu, daß Sokrates nicht sitzt*. Und von diesen wird freilich nicht gesagt, daß sie konträr sind, weil sie zugleich wahr sein können.

[15] ¬Na ⇔ Ma. Dies ist nur korrekt, wenn vorausgesetzt wird, daß Möglichkeit gleich Kontingenz ist, also ¬Na ⇔ Ka.

[16] N¬a ⇔ Ua.

[17] Vgl. Boethius, DHS 840 B; S. 238[5-8]:

> Restant igitur duae necessariae et duae contingentes, quae cum ea quae inesse significat numeratae, quinque omnes propositionum faciunt differentias. Omnium vero harum propositionum aliae sunt affirmativae, aliae negativae.

> Es bleiben also zwei notwendige und zwei kontingente (Aussagen) übrig, die zusammengezählt mit jener, die das Innesein bezeichnet, als Gesamtheit der Aussagen fünf Differenzen ergeben. Von all diesen Aussagen aber sind die einen affirmativ, die anderen negativ.

[18] Diese Berechnung übernimmt Abbo aus Boethius, DHS 841 D - 842 A; S. 244[7-17]. Der Grundgedanke dieser Berechnung ist, wie auch der weitere Text Abbos zeigt, rein kombinatorisch. Weder Boethius noch Abbo stellt die Frage, ob alle kombinatorisch möglichen Konditionalaussagen

auch gültige Folgerungen ergeben, somit auch brauchbare Prämissen hypothetischer Syllogismen. Dies ist nämlich nicht der Fall. So kann bei einer
notwendigen Folgebeziehung (wie sie bei Boethius und Abbo immer angenommen wird) z.b. aus einer notwendigen Aussage nicht eine kontingente
Aussage folgen, und ebenso kann aus einer wahren kontingenten Aussage
keine unmögliche folgen (solche Regeln werden in der späteren mittelalterlichen Logik ausdrücklich formuliert).

Berechnungen wie die hier unternommene hat es schon vor Boethius ge-
geben. Plutarch berichtet, Chrysipp habe versucht, zu berechnen, wie viele
Aussagenverbindungen aus einer gegebenen Anzahl von einfachen Aus-
gangsaussagen gebildet werden können; er berichtet aber auch, daß die
Berechnungen des Chrysipp erhebliche Kritik hervorgerufen haben. Vgl.
Obertello, 1969, S. 429f.

[19] Boethius, DHS 842 A; S. 246$^{20-21}$, sagt, daß er dabei jene zusammengesetzten Aussagen im Auge hat, die aus einer kategorischen und einer hypothetischen Aussage oder aus einer hypothetischen und einer kategorischen
bestehen. Es handelt sich also um jene Prämissen, die bei Abbo in Kap. II
verwendet werden.

[20] Vgl. Boethius, DHS 842 A-B; S. 246$^{20-34}$.

[21] Boethius DHS 842 C; S. 246^{40}: *decem milia*, d.h. zehntausend. Bei
Abbo ist in *L* ein Strich über dem X, der möglicherweise *milia* andeuten
könnte.

[22] Vgl. Boethius, DHS 842 B-C; S. 246$^{34-40}$.

[23] Vgl. Boethius, DHS 842 C-D; S. 246^{40}-248^{53}: Bei den hypothetischen
Syllogismen, die nach dem Schema der Figuren des kategorischen Syllogismus aufgebaut sind (vgl. bei Abbo Kap. III), kommen zwar vier Begriffe,
aber nur drei verschiedene vor, also gibt es auch hier - wie bei den vorher
besprochenen Aussagen mit drei Begriffen - tausend Verknüpfungen.

[24] Der Grundgedanke der zehn Möglichkeiten geht eindeutig auf Boethius zurück. Vgl. z.B. DHS 841 D; S. 244$^{1-9}$:

> Nam quoniam propositio simplex hypothetica ex categoricis duabus iungitur,
> una earum vel inesse significabit, vel contingere esse dupliciter, vel necesse
> esse dupliciter; quod si sint affirmativae, quinquies affirmativa enuntiatione
> proponentur; sed quoniam omnis affirmatio habet oppositam negationem,
> rursus quinquies negativa enuntiatione poterunt pronuntiari. Erunt igitur in
> prima propositione, quae una pars est hypotheticae propositionis in negatione
> et affirmatione constitutae modorum propositiones decem.

> Da nämlich eine einfache hypothetische Aussage aus zwei kategorischen Aus-
> sagen verbunden wird, wird die eine von diesen entweder das Innesein be-
> deuten oder das Kontingentsein auf zweifache Weise oder das Notwendigsein
> auf zweifache Weise; wenn sie affirmativ sind, werden sie fünfmal als affir-
> mative Aussage vorgelegt werden; da aber jede Affirmation eine entgegenge-
> setzte Negation hat, werden sie wiederum fünfmal als negative Aussage vor-
> gelegt werden können. Es werden sich also in der ersten Aussage, die ein Teil

einer hypothetischen Aussage ist, die als Negation und als Affirmation aufgestellt ist, zehn Aussagen der Modi ergeben.

Die Liste bei Abbo entspricht der Grundstruktur nach den Angaben bei Boethius. Aus dem Boethiuszitat ergeben sich drei Konstruktionselemente:

(1) Die Modalisierung wird nur auf die erste Aussage, also das Antezedens der ersten Prämisse eines hypothetischen Syllogismus bezogen, woraus sich zehn Modi ergeben werden (*erunt igitur in prima propositione, quae una pars est hypotheticae propositionis ... modorum propositiones decem*).

(2) Es werden drei Modalitäten eingeführt: Innesein (*inesse*), Kontingenz (*contingere esse*) und Notwendigkeit (*necesse esse*), wobei Kontingenz und Notwendigkeit jeweil in zwei verschiedenen Weisen (*dupliciter*) aufgefaßt werden sollen. Dies ergibt fünf verschiedene Modalitäten.

(3) Die Modalisierungen dieser ersten Prämissen können wiederum jeweils affirmativ und negativ aufgefaßt werden, so daß sich dann insgesamt zehn Modalitäten ergeben. (Die Negation des Inneseins, das auch als Modalität aufgefaßt wird, ist einfach die Aussagennegation.)

Bei der Anwendung dieser Konstruktionselemente auf Abbos Liste ist zu beachten, daß Abbo die Kontingenz durch Möglichkeit wiedergibt. Dies liegt durchaus im Rahmen einer Modaltheorie, die nur mit drei Modalisatoren arbeitet. Es ergibt sich dann die folgende Liste, bei der die Negation der Modalisatoren ausgeschrieben wird, um sie von der Aussagennegation, die nur bei Aussagen über Innesein zur Verwendung kommt, zu unterscheiden. Bei letzterer ist zu beachten, daß in II nur die erste Negation, also $\neg a$ für die Liste der Modalisationen relevant ist.

I	$a \to b$
II	$\neg a \to \neg b$
III	$Na \to b$
IIII	Nicht-N$a \to b$
V	$Na \to b$
VI	Nicht-N$a \to b$
VII	M$a \to b$
VIII	Nicht-M$a \to b$
VIIII	M$a \to b$
X	Nicht-M$a \to b$

In III/IV und V/VI müssen dann zwei verschiedene Begriffe der Notwendigkeit vorliegen, und entsprechend in VII/VIII und VIIII/X zwei verschiedene Begriffe der Möglichkeit/Kontingenz. Die (vielleicht ungeschickt gewählten) Beispielsätze Abbos liefern jedoch m.E. keine genügenden Anhaltspunkte für eine eindeutige Interpretation der verschiedenen Begriffe der Notwendigkeit bzw. Kontingenz dieser Liste im Rahmen der von Abbo vorher dargelegten Begriffsbestimmungen von Notwendigkeit bzw. Möglichkeit/Kontingenz.

[25] Was Abbo hier sagen will, ist nicht ganz klar. Vermutlich bezieht er sich auf die vorangehende Liste und stellt beschreibend fest: Das Konse-

quens (*sequens*) ist immer affirmativ, wogegen das Antezedens (*praecedens*) affirmativ oder negativ und außerdem durch verschiedene Modalitäten bestimmt ist, also in ganz verschiedenen Weisen (*diversis rationibus*) auftritt. Es bleibt dabei allerdings die terminologische Schwierigkeit, daß hier *terminus* als „Aussage" verstanden werden muß. Dieser Gebrauch dürfte im Text auch in den beiden folgenden Sätzen vorliegen.

[26] Es wäre übersichtlicher, für die zweite Reihe der Aussagen nicht dieselben Buchstaben wie für die erste Reihe zu nehmen, da ja Antezedens und Konsequens der ersten Prämisse eines hypothetischen Syllogismus verschiedene Aussagen sind.

[27] Vgl. Boethius, DHS 841 D - 842 A; S. 244[7-17].

[28] Abbo liefert keine Begründung dafür, warum die Prämissen eines hypothetischen Syllogismus nicht quantifiziert sein sollen. Er schließt dies auch nicht unbedingt aus, insofern er nur sagt, daß die Quantifikatoren „jeder" und „irgendeiner" nicht mit Notwendigkeit den Prämissen hinzugefügt werden. Auch Boethius, DHS 842 D - 843 A; S. 248[7-15], gibt auf die Frage der Quantifizierung keine eindeutige Antwort:

> Longe autem multiplex propositionum numerus existeret, si inesse significantes et necessarias et contingentes affirmativas negativasque propositiones per universales ac particulares, vel oppositas ac subalternas variaremus; sed id non convenit, quia conditionalium termini propositionum indefinito maxime enuntiantur modo. Atque ideo supervacuum iudicavi determinatarum secundum quantitatem propositionum quaerere multitudinem, cum determinatae conditionales proponi non soleant.

> Eine weitaus vielfachere Zahl von Aussagen würde aber existieren, wenn wir die Innesein bedeutenden Aussagen und die notwendigen und kontingenten, affirmativen und negativen Aussagen durch universelle und partikuläre oder durch entgegengesetzte und subalterne verändern würden; dies empfiehlt sich aber nicht, weil die Begriffe der Konditionalaussagen hauptsächlich im indefiniten Modus ausgesagt werden. Und deshalb habe ich es als ganz unnütz angesehen, die Menge der nach Quantität determinierten Aussagen zu untersuchen, da die Konditionalaussagen nicht determiniert vorgelegt zu werden pflegen.

Die von Abbo mit Boethius vertretene (nicht unbedingte) Einschränkung der hypothetischen Syllogismen auf nichtquantifizierte Aussagen ist gerade im Rahmen einer von peripatetischen Voraussetzungen ausgehenden Logik nicht überzeugend. Möglicherweise gibt sie in bezug auf Boethius einen bestimmten Zeitpunkt der peripatetischen Logik wieder. In späterer Zeit wurde jedenfalls genau aus peripatetischen Voraussetzungen heraus eine ausführliche Theorie hypothetischer Syllogismen mit quantifizierten Aussagen erarbeitet. Vgl. Avicenna, *Propositional Logic*, S. 124-179.

[29] Dieser Beispielsatz findet sich wörtlich genau bei Apuleius, *Peri Hermeneias*, S. 263. Auch Apuleius spricht an dieser Stelle von einer zusammengesetzten (*composita*) Aussage. Vgl. dazu Sullivan, 1967, S. 24-30. Man kann sich jedoch fragen, ob dieser Beispielsatz in peripatetischer Analyse

wirklich eine zusammengesetzte Aussage darstellt, und nicht einfach ausdrücken will: „Wenn ein Regierender weise ist, dann ist er glücklich". Vgl.
Maróth, 1989, S. 190f.

KAPITEL IX

[1]   Diese sieben hypothetischen Syllogismen werden im folgenden mit I-
VII bezeichnet.

[2]   Die eigenartige Wortbildung „Aussagebegriff" (*enuntiativus terminus*)
wird an dieser Stelle zum ersten Mal von Abbo gebraucht. Möglicherweise
hat Abbo diesen Begriff in der von mir vermuteten Quelle zu Kap. IX (vgl.
Einleitung IV.2) schon vorgefunden.

[3]   Vgl. Boethius, ITC 1133 A:

> Ex his igitur propositionibus, quae connexae sunt, fit primus et secundus hy-
> potheticorum syllogismorum modus. Addita vero negatione propositioni
> connexae et ex duabus affirmationibus copulatae, atque insuper denegata, ter-
> tius accecit modus.

> Aus diesen Aussagen, die verbunden sind, entsteht also der erste und zweite
> Modus der hypothetischen Syllogismen. Wenn aber einer verbundenen und
> aus zwei affirmativen (Aussagen) zusammengefügten Aussage eine Negation
> hinzugefügt und sie darüber hinaus verneint wird, so entsteht der dritte Mo-
> dus.

Die komplizierte Bestimmung des dritten Modus wird weiter unten genauer behandelt werden.

[4]   Abbo geht hier aus von den vier Grundformen, die er in Kap. I aufgestellt hat, und bildet mit diesen zunächst den *modus ponens*. Die Besonder-
heiten der Begriffsarten dieser Aussagen (vgl. dazu Kap. I) spielt dabei zunächst keine Rolle.

I.1 $(a \rightarrow b) \wedge a \therefore b$
I.2 $(a \rightarrow \neg b) \wedge a \therefore \neg b$
I.3 $(\neg a \rightarrow b) \wedge \neg a \therefore b$
I.4 $(\neg a \rightarrow \neg b) \wedge \neg a \therefore \neg b$

[5]   Dies sind nun die entsprechenden (vgl. die vorangegangene Anm.)
hypothetischen Syllogismen des *modus tollens*.

II.1 $(a \rightarrow b) \wedge \neg b \therefore \neg a$
II.2 $(a \rightarrow \neg b) \wedge b \therefore \neg a$
II.3 $(\neg a \rightarrow b) \wedge \neg b \therefore a$
II.4 $(\neg a \rightarrow \neg b) \wedge b \therefore a$

[6]   Vgl. Boethius, ITC 1122 A: *Si sol supra terram fuit, nox esse non potuit*;
Iohannes Scottus (Eriugena), *Annotationes in Marcianum*, S. 88[25]: *Si sol est
super terram, dies est.*

[7] Auf „Doppeltes-Halbes" trifft nur die erste Bestimmung („zugleich")
zu, nicht die zweite („Ursache"). Es handelt sich hier um eine Bestimmung
der Relativa bei Aristoteles, *Kategorien* 7, 7b 15-17 (Übers. aus PhB 8/9,
Hamburg 1974, S. 60):

> Das Relative scheint von Natur zugleich zu sein, und das trifft bei den mei-
> sten Relativa auch wirklich zu: das Doppelte und das Halbe ist zugleich, und
> wenn das Halbe ist, ist das Doppelte.

Vgl. Boethius, ITC 1120 B: die Relativa können nicht voneinander getrennt werden (*relativa a se nequeunt separari*); DDT 1198 A: die Relativa
können nicht ohne jeweils das andere sein (*absque se relativa esse non posse*).

[8] Ebenso bei Boethius, ITC 1075 C (*Aequale quidem, ut „si homo est, risibilis est"*.).

[9] Vgl. Kap. I, Anm. 12.

[10] Ebenso bei Boethius, ITC 1075 C (*Posterius vero, ut „si peperit, cum
viro concubuit"*.). Vgl. auch Kap. I, Anm. 11.

[11] Diese Feststellung ist zu unbestimmt, um ihr eine präzise logische
Deutung geben zu können. Die Formulierung ist jedoch aufschlußreich in
dem Sinn, daß sie zeigt, daß Abbo primär vom konträren Gegensatz ausgeht und von dort aus die besonderen logischen Eigenschaften des kontradiktorischen und privativen Gegensatzes bestimmen will.

[12] Vgl. Boethius, ITC 1133 B-C. Boethius führt dort innerhalb von I
den Sonderfall der *aequi termini* an, die den *termini aequales* Abbos entsprechen. Solche Begriffe haben den gleichen Umfang, nicht natürlich den
gleichen Inhalt. Boethius wie auch Abbo denken aber in diesem Zusammenhang (modern ausgedrückt) eher umfangs- und klassenlogisch, so daß
also für Aussagen mit solchen Begriffen gilt: $a \Leftrightarrow b$.

[13] Zu den unmittelbar konträren Begriffen vgl. Kap. I. Abbo führt im
vorliegenden Zusammenhang keine Beispiele dafür an, vgl. dazu die jeweiligen *vel*-Alternativen zu den hypothetischen Syllogismen III in Kap. I.
Unter den „einigen anderen" Begriffen versteht Abbo vermutlich jene, die
eine *privatio* bzw. einen *habitus* ausdrücken, vgl. dazu Kap. II, Anm. 15.

[14] Vgl. auch Kap. I, Anm. 10.

[15] Auch bei Voraussetzung von $a \Leftrightarrow b$ gilt selbstverständlich für Argumente der Form I.1 der *modus ponens*.

[16] Auch bei Voraussetzung von $a \Leftrightarrow b$ gilt selbstverständlich für Argumente der Form II.1 der *modus tollens*.

[17] Bei gleichwertigen (*aequales*) Begriffen wie *homo* und *risibilis* ergeben
sich Aussagen, für die $a \Leftrightarrow b$ gilt, und für diese gilt (aber eigentlich ohne die
im Text aufgeführte erste Prämisse): wird $\neg a$ angenommen, so folgt $\neg b$.

[18] Ebenso (vgl. die vorangegangene Anm.) gilt unter Voraussetzung von $a \Leftrightarrow b$: wird b angenommen, so folgt a.

[19] Bei nicht gleichwertigen Begriffen gelten die eben aufgeführten Argumente nicht. Vgl. Boethius, DHS 845 C; S. 260[6-14], und ITC 1133 C.

[20] Vgl. Boethius, DHS 845 D; S. 262[19-22].

[21] Der hypothetische Syllogismus III wird von Cicero als Fall des *locus ex repugnantibus* eingeführt, vgl. *Topica* XII, 53. III besteht nach *ebd.* XIV, 56, aus widersprechenden Sätzen (*ex repugnantibus sententiis*). Ihm folgend betont Boethius, daß III aus Widersprechenden besteht, vgl. ITC 1134 B-C; 1136 C; 1137 D. Boethius, ITC 1124 A-B, geht jedoch ausdrücklich und bewußt über Cicero hinaus, als er den *locus ex antecedentibus, consequentibus et repugantibus* unter dem Stichwort *conditionalis* zusammenfaßt. Die erste Prämisse des hypothetischen Syllogismus III als Konditionalaussage aufzufassen, stellt eine Sonderentwicklung des Boethius dar; diese Form findet sich bei keinem einzigen der griechischen oder lateinischen Autoren. Abbo kann somit in diesem Punkt auch nur Boethius gefolgt sein. Daß diese Sonderform jedoch logisch einigermaßen problematisch ist, wird sich im folgenden noch deutlich zeigen.

[22] Dieser Zusammenhang findet sich bei Boethius, ITC 1066 C, bei der Erläuterung der *repugnantia*:

> Repugnantia vero intelliguntur quoties id quod alicui contrariorum naturaliter iunctum est, reliquo contrario comparatur, ut quoniam amicitiae atque inimicitiae contraria sunt, inimicitias vero consequitur nocendi voluntas, amicitia et nocendi voluntas repugnantia sunt, haec quoque ad se contrarietatis similitudine referuntur.

> Als Widersprechende aber werden begriffen, wann immer das, was einem von Konträren natürlicherweise verbunden ist, mit dem anderen Konträren verglichen wird, z.B.: da Freundschaft und Feindschaft Konträre sind, der Feindschaft aber der Wille folgt, Schaden zuzufügen, sind die Freundschaft und der Wille, Schaden zuzufügen, Widersprechende, und diese werden auch aufeinander mit der Ähnlichkeit der Kontrarietät bezogen.

Eine ähnliche definitorische Festlegung findet sich auch in Boethius, DDT 1200 B.

[23] Vgl. Boethius, ITC 1126 B:

> Amplius, repugnans propositio connexae partem contrariam tenet, nam ut in illa quod antecedit secum id quod sequitur trahit, ita in hac propositione partes simul esse non possunt. [...] Si igitur connexa propositio in conditione est constituta, repugnans quoque in conditione subsistit.

> Weiterhin, eine widersprechende Aussage enthält einen entgegengesetzten Teil der verbundenen, denn so wie in dieser das, was vorausgeht, das was folgt, mit sich zieht, so können in jener Aussage die Teile nicht gleichzeitig sein. [...] Wenn daher die verbundene Aussage in einer Bedingung festgesetzt ist, so besteht auch die widersprechende in einer Bedingung.

Vgl. auch Boethius, ITC 1125 C - 1126 A; 1131 C.

[24] Vgl. Boethius, ITC 1121 D:

> Illa vero contraria, ut ait Tullius, quae cum aliquo conferuntur, talia sunt, ut duplum simpli. Id tandumdem est tamquam si diceret duplum dimidii, simplum enim dupli dimidium est [...].

> Jene Konträren aber, die, wie Tullius (Cicero) sagt, mit etwas verglichen werden, sind von dieser Art, wie z.B. das Doppelte eines Einfachen. Das ist so, als ob jemand sagte: *das Doppelte eines Halben*, das Einfache ist nämlich das Halbe des Doppelten [...].

Zu der ciceronianischen Terminologie, die solche relativen Begriffe als *contraria* bezeichnet, vgl. Kap. I, Anm. 24. Vgl. auch Kap. IX, Anm. 8.

[25] Sowohl der griechische wie auch der entsprechende lateinische Ausdruck finden sich bei Boethius, ITC 1134 A. Im Boethius-Text in PL steht υπεραποφαντικη, es findet sich dort also ein irrtümliches ν. Der Text bei Orelli, S. 356, 22, ist korrekt. Abbo hat die korrekte Schreibweise *hyperapofaticae*. Erwähnt werden solche Aussagen bei Diogenes Laertius VII, 69, vgl. dazu Mates, 1961, S. 31, und Frede, 1974, S. 71f.

[26] Dem gesamten Abschnitt über III dürfte folgender Gedankengang zugrundeliegen:

notwendig wahr:	$a \rightarrow b$	*propositio conexa*
$\Downarrow$	$\Downarrow$	$\Downarrow$
unmöglich wahr:	$a \rightarrow \neg b$	*propositio repugnans*
$\Downarrow$	$\Downarrow$	$\Downarrow$
notwendig wahr:	$\neg(a \rightarrow \neg b)$	*repugnantibus superveniens negatio* (*superabnegativa propositio*)
$\Downarrow$	$\Downarrow$	$\Downarrow$
notwendig wahr:	$a \rightarrow b$	*affirmationem facit*

Diesen Grundgedanken hat Abbo von Boethius übernommen (vgl. zu letzterem Stump, 1987, S. 14-17, und 1988, S. 227f.). Boethius, ITC 1134 B (zitiert nach Orelli, S. 356[39-43]):

> Hic autem propositionis modus partes inter se suas continet repugnantes, adversum quippe est ac repugnat, si dies est, non esse lucem. Sed idcirco rata propositio est, quia consequentium repugnantia facta per mediam negationem alia negatione destruitur et ad vim affirmationis omnino revocatur.

> Dieser Aussagenmodus aber enthält Teile, die untereinander widersprechend sind, es ist nämlich entgegengesetzt und widerspricht, daß, wenn es Tag ist, nicht Licht ist. Deshalb aber ist die Aussage verbürgt, weil ein Widerspruch von Folgenden, der durch eine in die Mitte gesetzte Negation hergestellt wurde, durch eine andere (sc. weitere) Negation zerstört wird und ganz und gar zur Kraft der Affirmation zurückgerufen wird.

Dieser Gedankengang wird noch deutlicher an der Analyse des Beispiels im unmittelbar anschließenden Text. Die einzelnen Schritte entsprechen genau

den oben angegebenen bei Abbo. Boethius, ITC 1134 B-C (zitiert nach Orelli, S. 356⁴⁴-357³):

> Nam quia consequens esse intelligitur ac verum, si dies est, esse lucem, repugnat ac falsum est, si dies est, non esse lucem, quae denegata rursus vera est ita: *Non si dies est, lux non est*, et fit consimilis affirmationi: *Si dies est, lux est*, quia facit affirmationem geminata negatio.

> Denn da eingesehen wird, daß es folgend und wahr ist, daß, wenn es Tag ist, Licht ist, es widerspricht und falsch ist, daß, wenn es Tag ist, nicht Licht ist, welche (Aussage) als negierte wiederum wahr ist folgendermaßen: *Nicht: Wenn es Tag ist, ist nicht Licht*, und es ergibt sich auch (eine Aussage) ähnlich der Affirmation: *Wenn es Tag ist, ist Licht*, weil eine zweifache Negation eine Affirmation hervorbringt.

Die Frage ist allerdings, wie Boethius zu dieser ungewöhnlichen Formulierung von III gelangt ist. (Ich schließe mich bei der folgenden Erklärung Stump, 1987, S. 14-19, an.) Es ist zunächst wichtig zu sehen, daß Boethius bei der Formulierung von III als Ausgangspunkt aller Wahrscheinlichkeit nach einen anderen Cicero-Text von *Topica* XIII, 54, vor sich hatte als jenen, den wir in den heutigen Ausgaben finden. Der Cicero-Text, den Boethius in ITC 1141 C aufführt, lautet so:

> Cum autem aliqua coniuncta negaris, et his alia negatio rursus adiungitur, et ex his primum sumpseris, ut quod relinquitur tollendum sit, is tertius appellatur conclusionis modus.

> Wenn du aber irgendwelche Zusammengefügte verneinst und diesen wiederum eine weitere Negation hinzugefügt wird, und wenn du aus diesen das erste nimmst, damit das, was übrig bleibt, aufzuheben ist, so wird dies der dritte Schlußmodus genannt.

Mit Stump, 1987, S. 10f. u. S. 13, und gegen Frede, 1974, S. 160f., besteht m.E. kein entscheidender Grund für die Annahme, Boethius habe nicht tatsächlich diesen Text vor sich gehabt. Das Argument hat nach dieser Textversion folgende Form:

III $\neg(a \wedge \neg b) \wedge a \therefore b.$

Diese Form von III findet sich auch bei den anderen lateinischen Autoren, so bei Martianus Capella, *De nuptiis*, S. 205¹⁴ (*Non et primum et non secundum*), bei Cassiodor, *De artibus ac disciplinis*, PL 70, 1173 B, und bei Isidor von Sevilla, *Etymologiae*, PL 82, 148 B, bei letzteren allerdings in der Form eines Beispiels (*Non et dies est et non lucet*).

Cicero, *Topica* XIV, 56, stellt allerdings ausdrücklich fest, daß es sich beim dritten Modus um Sätze aus Widersprechenden (*ex repugnantibus*) handelt, so daß sich eine modale Version von III ergibt. Martianus Capella, *De nuptiis*, S. 203²¹-204¹, führt auch tatsächlich eine solche modale Version von III an:

> Tertius modus est, qui appellatur A REPUGNANTIBUS, in quo demonstratur, non posse simul ⟨et⟩ hoc esse et illud non esse, in quo, cum fuerit assumptum unum, aliud necessario tolletur.

> Der dritte Modus ist jener, der VON DEN WIDERSPRECHENDEN genannt wird, in dem gezeigt wird, daß nicht zugleich dieses sein und jenes

nicht sein kann, in dem, wenn das eine angenommen wurde, das andere mit Notwendigkeit aufgehoben wird.

$$U(a \land \neg b) \land a \therefore b.$$

Dies war der sachliche Ausgangspunkt, der sich vom Text der *Topica* Ciceros oder dessen griechischer Quelle her ergab. Ob Martianus Capella dabei Ciceros Text kannte (was durchaus wahrscheinlich ist), und ob Boethius den Text des Martianus Capella kannte (was möglich, aber keineswegs erwiesen ist; vgl. Chadwick, 1981, S. 113), braucht dabei nicht entschieden zu werden. Daß Boethius von einer solchen Form, die er bei Cicero fand, ausging, und daß die dann vorgenommene Änderung auf ihn zurückgeht, sagt Boethius selbst, vgl. im übernächsten Zitat unten: „Wir aber [...]". Boethius, ITC 1140 C, geht dabei von einem Beispielsatz aus, den er bei Cicero, *Topica* XIII, 53, vorfindet:

> Non et legatum argentum est et non est legata numerata pecunia.

> Nicht: sowohl ist ihr das Silber vermacht, als auch ist ihr das abgezählte Geld nicht vermacht.

$$\neg(a \land \neg b).$$

Boethius, ITC 1140 C-D, fährt fort (zitiert nach Orelli, S. 362[43]-363[2]):

> Sed nos idcirco causalem coniunctionem apposuimus eam quae est *si*, ut ex quo esset genere talis propositio, monstraremus. Namque ex connexo negatione addita fit repugnans. Connexum vero nulla aeque ut *si* coniunctio posset ostendere, quamquam idem efficiat etiam copulativa coniunctio. Nam quae connexa sunt, etiam coniuncta esse intelliguntur.

> Wir aber haben deshalb jene kausale Konjunktion, die *wenn* ist, hinzugefügt, um zu zeigen, aus welcher Gattung eine solche Aussage ist. Denn aus etwas Verbundenem ergibt sich durch Hinzufügung einer Negation ein Widersprechendes. Keine Konjunktion kann aber so gut wie *wenn* ein Verbundenes anzeigen, obwohl auch die kopulative Konjunktion dasselbe bewirkt. Denn jene, die verbunden sind, werden auch als Zusammengefügte begriffen.

Man kann sich dies in folgender Weise verdeutlichen:

(1) „Aus etwas Verbundenem wird durch Hinzufügung einer Negation ein Widersprechendes": $(a \to b) \to (a \, \phi \, \neg b)$.

(2) „Keine Konjunktion kann aber so gut wie *wenn* ein Verbundenes anzeigen, obwohl auch die kopulative Konjunktion dasselbe bewirkt": Die dasselbe bewirkende Konjunktion zu $a \to b$ ist $U(a \land \neg b)$.

(3) „Denn jene, die verbunden sind, werden auch als Zusammengefügte begriffen": $(a \to b) \to (a \land b)$.

Dies ist alles korrekt, nur liefert es eben gerade nicht den Beweis für das, was Boethius beweisen will, nämlich: $U(a \land \neg b)$ bzw. $\neg(a \land \neg b)$ ist äquivalent mit $U(a \to \neg b)$ bzw. $\neg(a \to \neg b)$. Vermutlich meint Boethius, daß folgendes intuitiv evident sei (der besseren „Einsichtigkeit" halber setzten wir das **N** diesmal ausdrücklich hinzu):

$$N(a \to b) \Leftrightarrow U(a \to \neg b).$$

Diese Äquivalenz gilt nun in dem hier normalerweise vorausgesetzten System nicht, wo nur gilt:

$N(a \rightarrow b) \Leftrightarrow U(a \wedge \neg b)$.

Man kann sich allerdings fragen, unter welchen Voraussetzungen denn die boethianische Äquivalenz wirklich evident wäre. Die Antwort ist relativ einfach: Nimmt man (wie wir dies auch tun) an, daß eine Implikation dann falsch ist, wenn das Antezedens wahr und das Konsequens falsch ist, daß sie aber dann und nur dann (dieses „nur dann" macht den Unterschied zu unserer modernen Auffassung deutlich!) wahr ist, wenn sowohl das Antezedens wie das Konsequens wahr ist, so gilt die boethianische Äquivalenz und ist tatsächlich evident. Oder anders ausgedrückt: Nimmt man einen Folgerungsbegriff an, bei dem von vornherein ein falsches Antezedens ausgeschlossen oder „verboten" ist, so gilt die boethianische Äquivalenz. Der Ausdruck *consequentia naturae*, den sowohl Boethius als auch Abbo verwendet, könnte durchaus einen solchen „natürlichen" Folgerungsbegriff nahelegen (daß ein solcher Folgerungsbegriff wiederum andere Probleme hervorruft, steht hier nicht zur Diskussion).

Möglicherweise ist Boethius dadurch gleichsam in Zugzwang gekommen, daß er im Unterschied zu Cicero (und auch zu Martianus Capella) III nicht nur mit dem *locus ex consequentibus et antecedentibus et repugnantibus* in Verbindung bringt, sondern daß er diesen logischen Ort (darin ausdrücklich über Cicero hinausgehend) als *locus conditionalis* auch zusammenfaßt. Vgl. Boethius, ITC 1124 A-B. Konsequenterweise muß er dann versuchen, III irgendwie als Konditionalaussage zu konstruieren. Es kann allerdings auch - und m.E. mit mehr Berechtigung - angenommen werden, daß der Weg umgekehrt stattgefunden hat, d.h. daß Boethius zuerst die Umformulierung von III vorgenommen hat und dann den *locus conditionalis* konstruiert hat. Abbo folgt jedenfalls Boethius, wobei bei Abbo sehr deutlich das Aufbauprinzip von I-III *ab antecedentibus, a consequentibus, a repugnantibus* sichtbar ist.

[27] Diese metasprachliche Formulierung von III ist vollkommen korrekt und unabhängig von der weiter oben im Text und in der Anm. 26 besprochenen problematischen Umformulierung von III in eine Implikation, die Abbo auch in den folgenden Beispielargumenten gebraucht. Diese korrekte metasprachliche Regel bringt folgenden logischen Sachverhalt zum Ausdruck:

III $(a \phi b) \wedge a \therefore \neg b$
oder: $U(a \wedge b) \wedge a \therefore \neg b$.

In dieser Regel können *a* und *b* durch beliebige Ausdrücke mit Negationen ersetzt werden. Die Regel in dieser Form entspricht jener, die dem Cicero-Text zugrundeliegt, von dem Boethius ausgeht, und ebenso jener, die wir bei Martianus Capella vorfinden. Vgl. dazu weiter oben Anm. 26.

[28] Der Text Abbos ist an dieser Stelle nicht eindeutig. Das *ubicumque in repugantibus ... est constituta* sagt strenggenommen nicht unbedingt, daß die disjunktive Aussage immer aus widersprechenden Aussagen besteht. Ge-

meint ist aber wohl, daß überall in mit „oder" (*aut*) verknüpften Aussagen widersprechende Aussagen vorliegen, d.h. solche, bei denen es unmöglich ist, daß sie zugleich wahr sind.

[29] Dies ist der traditionelle vierte Modus: IV $(a \vee \rightarrow b) \wedge a \therefore \neg b$.

[30] Dies ist der traditionelle fünfte Modus: V $(a \vee^{\bullet} b) \wedge \neg a \therefore b$. Bei V gilt selbstverständlich ebenso wie bei IV: $(a \vee^{\bullet} b) \wedge a \therefore \neg b$, d.h., es gilt hier, wie Abbo sagt, daß aus dem Verschiedenen, also a und b, eines von beiden hergestellt wird.

[31] Was Abbo hier von IV und V sagt, weicht erheblich von den traditionellen Formen ab, wie Abbo sie selbst eben im vorausgehenden Text dargestellt hat (vgl. die vorausgehenden Anm.). Diese Form der hypothetischen Syllogismen IV und V stellt erhebliche interpretatorische und historische Fragen, und dies, obwohl sie vom logischen Standpunkt aus eigentlich keine Probleme aufwirft. Gehen wir von den beiden letzten Sätzen aus. Es handelt sich wieder (wie bei III) um metasprachliche Beschreibungen der beiden hypothetischen Syllogismen. IV schließt von der Negation der vorausgehenden Aussage auf die Bejahung der nachfolgenden, V schließt von der Negation der nachfolgenden Aussage auf die Bejahung der vorausgehenden. Von speziellen Bedingungen der Kontrarietät ist hier nicht die Rede (darauf wird gleich noch zurückzukommen sein). Zur Unterscheidung nennen wir diese von Abbo genannten Sonderformen IV.A und V.A. Es gilt für beliebige Begriffe a, b:

IV.A $(a \vee b) \wedge \neg a \therefore b$
V.A $(a \vee b) \wedge \neg b \therefore a$.

Sowohl in IV als auch in V geht Abbo also von der Negation der einen Aussage aus (*aliter quam est in propositione assumitur*). Genau dem entsprechen auch die im Text folgenden Beispielsätze, in denen nur die Ausgangsdisjunktion mit verschiedenen Negationen versehen wird ($\neg a \vee b$, $\neg a \vee \neg b$, $a \vee b$). Daraus ergibt sich:

(1) Nimmt man an, daß in einer Disjunktion die Aussagen umgekehrt werden können, also $a \vee b \Leftrightarrow b \vee a$, so ist die Unterscheidung in Antezedens und Konsequens, wie Abbo sie vornimmt, redundant bzw. irrelevant, und es besteht kein Unterschied mehr zwischen IV und V.

(2) Geht ein hypothetischer Syllogismus von der Negation irgendeines Gliedes aus, und schließt er auf das andere, also etwa (1. Beispielsatz):

$(\neg a \vee b) \wedge a \therefore b$,

so ist ein solcher Schluß immer gültig, ganz gleich, ob die Begriffe der Ausgangsdisjunktion einander widersprechen oder nicht. Anders ausgedrückt: Der Schluß ist gültig sowohl bei exklusiver als auch bei inklusiver Disjunktion.

Stellt man dem die traditionellen Formen gegenüber, so gilt jedenfalls für die lateinische Tradition seit Cicero, also für Martianus Capella, Boe-

thius, Cassiodor und Isidor von Sevilla, daß IV und V die folgende Form aufweisen (vgl. die vorausgegangenen Anm.):

IV $(a \vee\!\!\rightarrow b) \wedge a \therefore \neg b$

V $(a \vee^{\bullet} b) \wedge \neg a \therefore b.$

Abbo kennt diese beiden Formen von IV und V und führt sie als die der *antiqui Latini* an (S. 100[11-16]). Für diese lateinische Tradition stellt er auch fest, daß in ihr konträre Begriffe gefordert sind, und dem entsprechen widersprechende Aussagen. Tatsächlich ist diese Forderung bei Cicero gegeben, und zwar generell für die Disjunktion, also auch für V. Cicero, *Topica* XIV, 56, sagt eindeutig, daß ganz allgemein in der Disjunktion nicht mehr als eines der Glieder wahr sein kann (*in disiunctione plus uno verum esse non potest*). Diese Voraussetzung gilt ohne Zweifel auch bei jenen Autoren, die sie nicht ausdrücklich aufführen (Cassiodor, Isidor von Sevilla, die eigentlich einfach die Liste von I-VII aufführen, ohne irgendwelche weiteren Erläuterungen hinzuzufügen). Der Vergleich zeigt eindeutig: Abbo führt nur den traditionellen hypothetischen Syllogismus V auf, in dem von der Negation des einen Gliedes der Disjunktion auf das andere Glied geschlossen wird, IV ist dann logisch äquivalent mit V. D.h., der traditionelle hypothetische Syllogismus IV, in dem die Voraussetzung, daß es sich um widersprechende Begriffe/Aussagen handeln muß, zur Gültigkeit des Syllogismus erfordert ist, wird hier (zunächst) von Abbo überhaupt nicht berücksichtigt. Es stellt sich daher die Frage, welche Gründe Abbo zu einem solchen doch sehr erheblichen Abgehen von der Tradition bewogen haben könnten. Als Grund könnte man vermuten: Er schließt sich dem „Eudemus und den anderen griechischen Autoren" an, die nach Abbos Mitteilung IV und V (wie auch VI und VII) für beliebige Begriffe gelten lassen wollen. (Daß es völlig unklar ist, woher Abbo diese Mitteilung bezogen haben könnte, wurde schon in der Einleitung IV.2 gesagt. Vgl. auch weiter unten Anm. 36.) Unter dieser Voraussetzung darf tatsächlich IV in der traditionellen Form nicht gelten. Abbo konstruiert also IV logisch äquivalent mit V, so daß beide tatsächlich für beliebige Begriffe (und somit auch bei inklusiver Disjunktion) gelten.

Das zugrundeliegende Ableitungsverfahren wird aus den Beispielen ganz deutlich. Abbo geht auf das Schema zurück, das in Kap. V für die Äquivalenzen von Implikation und Disjunktion entwickelt worden ist (vgl. auch Einleitung V.2) und leitet daraus zunächst in IV.1 - IV.3 die hypothetischen Syllogismen ab, die dem *modus ponens* (also dem hypothetischen Syllogismus I) entsprechen, und dann in V.1 - V.3 jene, die dem *modus tollens* (also dem hypothetischen Syllogismus II) entsprechen. Er gewinnt damit auch die genauen Entsprechungen zu den jeweiligen zweiten Prämissen und den Konklusionen der in den Beispielen zu den hypothetischen Syllogismen I und II verwendeten Standardbeispiele. Zieht man das Verfahren der Ableitung der ersten Prämissen der hypothetischen Syllogismen mit Disjunktionen aus den entsprechenden Prämissen der verbundenen Aussagen (=

Implikationen) von I und II heran, so wird auch die zunächst sonderbare Bezeichnung von IV als *ab antecedentibus* und V als *a consequentibus* sofort erklärlich und einsichtig. Die Liste der verwendeten ersten Prämissen läßt sich somit auch ebenso aus der im hypothetischen Syllogismus III verwendeten Beispielliste (III.1 - III.8) nach folgendem Verfahren gewinnen:

$$a \rightarrow b \Leftrightarrow \neg a \vee b.$$

Zur besseren Übersichtlichkeit stellen wir hier jeweils die Formen von I und II und von IV und V zusammen, wobei die Äquivalenzen der ersten Prämissen vorangestellt werden.

$a \rightarrow b \Leftrightarrow \neg a \vee b$	I.1	$(a \rightarrow b) \wedge a \therefore b$
	IV.1	$(\neg a \vee b) \wedge a \therefore b$
	II.1	$(a \rightarrow b) \wedge \neg b \therefore \neg a$
	V.1	$(\neg a \vee b) \wedge \neg b \therefore \neg a$
$a \rightarrow \neg b \Leftrightarrow \neg a \vee \neg b$	I.2	$(a \rightarrow \neg b) \wedge a \therefore \neg b$
	IV.2	$(\neg a \vee \neg b) \wedge a \therefore \neg b$
	II.2	$(a \rightarrow \neg b) \wedge b \therefore \neg a$
	V.2	$(\neg a \vee \neg b) \wedge b \therefore \neg a$
$\neg a \rightarrow b \Leftrightarrow a \vee b$	I.3	$(\neg a \rightarrow b) \wedge \neg a \therefore b$
	IV.3	$(a \vee b) \wedge \neg a \therefore b$
	II.3	$(\neg a \rightarrow b) \wedge \neg b \therefore a$
	V.3	$(a \vee b) \wedge \neg b \therefore a$

Die Wiedergabe von *aut* durch „∨" in der eben aufgeführten Liste ist dadurch begründet, daß davon ausgegangen wird, daß Abbo (bzw. seine Quelle) hier tatsächlich Regeln für beliebige Begriffe liefern will. Abbo verwendet in seinen Beispielen die üblichen Begriffe, die Konträre ausdrücken, und so könnte man auf den ersten Blick meinen, es müßte hier ein exklusives *aut* vorliegen. Dies ist jedoch nicht der Fall. Man muß sich dabei klarmachen, daß das *aut* in IV.1 und V.1 nicht die Unvereinbarkeit von $\neg a$ und b ausdrücken darf, da es ja durchaus möglich ist, daß etwas gleichzeitig nicht Mensch und Lebewesen ist, es gilt also $\mathbf{M}(\neg a \wedge b)$. Ebenso gilt für IV.2 und V.2, daß etwas gleichzeitig nicht weiß und nicht schwarz sein kann, also gilt $\mathbf{M}(\neg a \wedge \neg b)$. Nur im Fall von IV.3 und V.3 gilt, daß etwas nicht gleichzeitig gesund und krank sein kann, also $\mathbf{U}(a \wedge b)$, diese Unvereinbarkeit ist aber weder für die Gültigkeit des Arguments von IV.3 noch für die von V.3 erfordert, d.h., die formale Struktur des Arguments gilt tatsächlich für beliebige Begriffe.

Im weiteren folgen dann mit IV./V.4 - IV./V.8 die zu III.4 - III.8 entsprechenden Prämissen, die nach demselben Schema wie die eben angeführten hypothetischen Syllogismen durchkonstruiert werden können.

Der hier skizzierte Aufbau, in dem die hypothetischen Syllogismen IV und V (IV in ganz veränderter Form gegenüber der Standardüberlieferung) aus I und II heraus durch Äquivalenzen entwickelt werden, stellt eine Sonderentwicklung Abbos dar, für die bisher keine Vorläufer gefunden werden

konnten, und die auch später keine Nachfolger in der mittelalterlichen Philosophie gefunden hat.

[32] Vgl. Boethius, ITC 1135 B-C. Boethius liefert hier jedoch nur eine Beschreibung der verschiedenen Modi, nicht aber sagt er, worin die Ableitung besteht. Am ehesten kann man annehmen (vgl. Stump, 1988, S. 230, Anm. 25), daß Boethius an folgenden Zusammenhang denkt: Die erste Prämisse von IV und V (in der traditionellen Form) lautet:

$a \vee b$,

wobei hier, wie aus IV eindeutig ersichtlich ist, eine exklusive Disjunktion gemeint ist. Die darin enthaltene Voraussetzung aber läßt sich in der Form der ersten Prämisse von VI und VII ausdrücken, nämlich:

$\neg(a \wedge b)$.

[33] Abbo sagt ausdrücklich, daß die beiden Glieder nicht zugleich sein können (*simul esse non posse*), die Verneinung der Konjunktion von a und b ist also wohl modal gedacht, somit wäre die erste Prämisse von VI und VII wohl eher: $U(a \wedge b)$.

[34] Marius Victorinus ist der Autor eines nicht erhaltenen Kommentars in vier Büchern zur *Topica* Ciceros, wie Boethius, ITC 1041 B u. D, berichtet. Abbo bezieht sich vermutlich auf diese Nachricht über das Werk des Marius Victorinus. Für die spezifische Auffassung, die Abbo dem Marius Victorinus zuschreibt, findet sich allerdings in Boethius' ITC kein Anhaltspunkt. Auch die Schrift des Marius Victorinus, *De syllogismis hypotheticis*, ist nicht erhalten. Die älteste Nachricht über dieses Werk stammt von Cassiodor in dessen *De artibus ac disciplinis*, PL 70, 1173 B; sie wird wiederholt in Isidor von Sevilla, *Etymologiarum liber* II, PL 82, 148 C.

[35] Cicero, *Topica* XIV, 56, sagt von der Disjunktion nur, daß nicht mehr als eines der Glieder wahr sein kann, er schließt also nur die inklusive Disjunktion aus. Boethius, ITC 1144 C-D, interpretiert dies jedoch so, als ob Cicero die beiden Glieder auch als unmittelbar Konträre ansähe (*medium non videntur admittere*). Boethius kritisiert diese (vermeintliche) Position Ciceros, liefert aber selbst keine klare Analyse. Der Kommentar des Victorinus ist überhaupt nicht überliefert (vgl. die vorausgehende Anm.), und Isidor von Sevilla, *Etymologiarum liber* II, PL 82, 148 B-C, führt die vier hypothetischen Syllogismen IV-VII auf, ohne irgend etwas über die Beziehung der beiden Glieder der jeweiligen ersten Prämisse zu sagen. Hingegen findet sich bei Boethius, ITC 1135 D, die klare und logisch korrekte Feststellung, die sich aber nur auf VII bezieht:

> Atque hic modus propositionum in solis his inveniri potest, quorum alterum esse necesse est, ut diem vel noctem, aegritudinem vel salutem, et quidquid medium non habet.

> Und dieser Modus von Aussagen kann einzig bei jenen gefunden werden, bei denen es notwendig ist, daß eines von beiden existiert, wie der Tag oder die

Nacht, die Krankheit oder die Gesundheit und was immer ein Mittleres nicht hat.

Dasselbe sagt Boethius auch in ITC 1145 A. Man könnte allerdings eine weitere, mit der eben angeführten nicht ganz übereinstimmende Stelle heranziehen: In ITC 1136 D sagt Boethius im Zusammenhang der Diskussion von VI, daß dessen erste Prämisse aus solchen Begriffen besteht, wie sie in der Disjunktion verwendet werden, d.h. aus konträren oder widersprechenden, die eines Mittleren entbehren (*his rebus quae in disiunctione venire possunt, id est contrariis vel repugnantibus medietate carentibus*). Man wird in Hinsicht auf den Text des Boethius wohl sagen müssen, daß Abbo zu diesem Punkt bei Boethius nicht die erforderliche präzise Antwort finden konnte, die besagt: Unbedingt erfordert ist nur für VII die unmittelbare Kontrarietät, d.h. $\neg(\neg a \wedge \neg b)$ bzw. $U(\neg a \wedge \neg b)$. Die Beispielbegriffe „Tag" - „Nacht", „gesund" - „krank", die sowohl für IV als auch für V verwendet werden, können es allerdings nahelegen, daß sowohl bei IV als auch bei V an unmittelbar Konträre gedacht wurde. Die bei Abbo folgenden Beispielsätze für IV-VII, die er den lateinischen Autoren zuschreibt, sind auch tatsächlich nur mit unmittelbar konträren Begriffen formuliert. Abbo schreibt also der lateinischen Tradition folgende Argumente zu: vorausgesetzt $\neg(\neg a \wedge \neg b)$ bzw. $U(\neg a \wedge \neg b)$:

VI $\neg(a \wedge b) \wedge a \therefore \neg b$

VII $\neg(a \wedge b) \wedge \neg a \therefore b$.

[36] Dieser Abschnitt (bis zum folgenden Beispiel zu VII) ist meiner Kenntnis nach ohne Paralleltext. Woher Abbo die Nachricht über „Eudemus und die anderen griechischen Autoren" erhalten hat, ist völlig unklar (vgl. Einleitung IV.2). Im Zusammenhang mit dem unmittelbar vorangegangenen Abschnitt, dem dieser Abschnitt offensichtlich gegenübergestellt wird, läßt sich folgende Interpretation vorschlagen: Abbo meint, daß die lateinischen Autoren für IV-VII unmittelbar konträre Aussagen voraussetzen, wogegen Eudemus und die übrigen griechischen Autoren die Auffassung vertreten, daß die Modi IV-VII für beliebige Begriffe bzw. Aussagen (*ex omnibus terminis*) gelten. Dazu ist allerdings zu sagen: Wir haben keine Nachricht darüber, daß die Griechen überhaupt mehr als fünf hypothetische Syllogismen verwendet haben, und somit können wir natürlich auch keinerlei Nachricht über eine von den Lateinern abweichende Form von VI und VII besitzen. Daß die Griechen schon sieben hypothetische Syllogismen gekannt haben könnten, ist jedoch eine nicht unwahrscheinliche Annahme (vgl. Einleitung IV.2). Allerdings bleibt Abbos Mitteilung doch eigenartig, da er ja IV bis VII in eine Gruppe zusammenfaßt, bei der er Lateiner und Griechen gegenüberstellt, und da auch bei IV und V, wo wir ja die griechische Tradition kennen, keinerlei Hinweis auf die von Abbo berichtete Auffassung der Griechen auffindbar ist.

Von der Sache her gibt die Sonderform von VII, die Abbo den Griechen zuschreibt, keinerlei Probleme auf. So wie VII bei Abbo aufgeführt wird,

ist dieser hypothetische Syllogismus logisch korrekt, er wird aber logisch ununterscheidbar von VI, da die Glieder einer Konjunktion vertauschbar sind. (Es ist dies genau dieselbe Sachlage wie vorher bei IV und V).

[37] D.h.: Von IV und V ist schon gesprochen worden. Abbo bezieht sich hier auf die Version von IV und V, die er den Griechen zuschreibt und die auch jener Version entspricht, die er selbst in seiner Regel weiter oben wiedergibt.

[38] Abbo geht in dieser „Herleitung" der ersten Prämisse von VI und VII von III aus, so wie er diese mit Boethius auffaßt: $\neg(a \rightarrow \neg b)$ bzw. $U(a \rightarrow \neg b)$. Was allerdings genauer mit dieser „Herleitung" (*statim oriatur*) gemeint ist, läßt sich nur schwer sagen. Wahrscheinlich handelt es sich um eine einfache Beschreibung der Veränderung der Prämissen: aus der oben angeführten Prämisse aus III wird die entsprechende in VI bzw. VII: $\neg(a \wedge \neg b)$.

[39] Dies ist eine metasprachliche Formulierung der Regeln VI und VII, wie sie Abbo bei den Griechen voraussetzt. Sie hat wieder den Vorteil, daß sie sich auf Aussagen mit verschiedenen Negationen beziehen kann. Letzteres ist auch bei Abbo anzunehmen, da er sich wieder auf die gesamte Liste in III bezieht (*item sentiendum de ceteris*). Die Grundformen lauten (VI.A und VII.A bezeichnen die Sonderformen Abbos bzw. der Griechen): Es gilt für beliebige Begriffe a, b:

VI.A $\neg(a \wedge b) \wedge a \therefore \neg b$
VII.A $\neg(a \wedge b) \wedge b \therefore \neg a$.

Auch hier gelten ähnliche Beobachtungen wie bei IV und V:

(1) VII weist bei Abbo eine von der gesamten Tradition abweichende Form auf. Bei allen Autoren hat VII folgende Form:

VII $\neg(a \wedge b) \wedge \neg a \therefore b$,

wobei die erste Prämisse vermutlich meist modal verstanden wurde, also: $U(a \wedge b)$. Für die Gültigkeit von VII ist, wie Boethius, ITC 1135 D, ausdrücklich sagt, die unmittelbare Kontrarietät erfordert, also: $\neg(\neg a \wedge \neg b)$ bzw. $U(\neg a \wedge \neg b)$. Demgegenüber ist für VII in Abbos Form prinzipiell keinerlei Kontrarietät (weder unmittelbare noch auch nur eine mit einem Mittleren) erfordert. Dies entspricht wieder seiner Mitteilung bezüglich Eudemus und den anderen griechischen Autoren, daß IV - VII mit beliebigen Begriffen (*ex omnibus terminis*) gebildet werden können. Abbo selbst verwendet widersprechende Begriffe mit einem Mittleren („weiß" - „schwarz").

(2) Auch die Terminologie *antecedens* in VI und *consequens* in VII erklärt sich wieder in ähnlicher Weise wie in IV und V. Da Abbo die negierte Konjunktion vor dem Hintergrund einer Implikation denkt, überträgt er die Terminologie von „Antezedens" und „Konsequens" auch auf die Konjunktion.

[40] Die Liste, die Abbo hier aufstellt, entspricht mit Ausnahme von III
nur den lateinischen Autoren, III entspricht der Sonderform des Boethius.
Die Formen von IV - VII, die Abbo dem Eudemus und den Griechen zuschreibt, sind hier nicht berücksichtigt.

VERZEICHNIS DER LOGISCHEN SYMBOLE

LOGIK DER BEGRIFFE

$A, B \dots$	Prädikatsbegriffe (z.B. „schwarz", „Mensch")
$X, Y \dots$	Subjektsbegriffe (z.B. „ein bestimmter", „er")
$A \subset B$	Begriffsunterordnung (A ist Unterbegriff von B)
$A \supset B$	Begriffsüberordnung (A ist Oberbegriff von B)
$A \not\subset B$	Negation der Begriffsunterordnung (A ist nicht Unterbegriff von B)
$A \phi B$	A und B sind gegensätzliche Begriffe, die aber auch beide nicht zutreffen können (z.B. „weiß" - „schwarz")
$A \Phi B$	A und B sind gegensätzliche Begriffe, von denen aber einer zutreffen muß (z.B. „gesund" - „krank"), wobei ein geeignetes Subjekt immer vorausgesetzt ist
$X \in B$	affirmative Kopula („er/es ist B")
$X \notin B$	negierte Kopula („er/es ist nicht B")
$A \text{ a } B$	universell affirmative Aussage
$A \text{ e } B$	universell negative Aussage
$A \text{ i } B$	partikulär affirmative Aussage
$A \text{ o } B$	partikulär negative Aussage

LOGIK DER AUSSAGEN

$a, b \dots$	Aussagen
$\neg a$	negierte Aussage
$a \rightarrow b$	verbundene Aussage, notwendige Folgebeziehung $\mathbf{U}(a \wedge \neg b)$
$a \wedge b$	konjunktive (kopulative) Aussage
$a \vee^{\circ} b$	exklusive disjunktive Aussage mit einem Mittleren $\mathbf{U}(a \wedge b)$ und $\mathbf{M}(\neg a \wedge \neg b)$
$a \vee^{\bullet} b$	exklusive disjunktive Aussage ohne ein Mittleres $\mathbf{U}(a \wedge b)$ und $\mathbf{U}(\neg a \wedge \neg b)$
$a \vee b$	quasidisjunktive (inklusive) Aussage $\mathbf{U}(\neg a \wedge \neg b)$ und $\mathbf{M}(a \wedge b)$
$a \Leftrightarrow b$	äquivalente (equipollente) Aussagen

$a \, \phi \, b$ widersprechende Aussagen, die aber beide nicht zutreffen können

$a \, \phi \, b \Leftrightarrow a \vee^{\circ} b$

$a \, \Phi \, b$ widersprechende Aussagen, von denen aber eine zutreffen muß

$a \, \Phi \, b \Leftrightarrow a \vee^{\bullet} b$

LOGIK DER MODALITÄTEN

N   Notwendigkeit
U   Unmöglichkeit
M   Möglichkeit
K   Kontingenz

METALOGISCHE ZEICHEN

$\Rightarrow, \Leftarrow, \Uparrow, \Downarrow$ „begründet"

$\therefore$ „folgt in einem Argument"

LITERATUR- UND ABKÜRZUNGSVERZEICHNIS

I. QUELLENTEXTE

1. Handschriften

Anonymus, Kommentar zu Boethius, De hypotheticis syllogismis, München, Bayerische Staatsbibliothek, Clm 14779, fol. 67v - 86r.

Anonymus, Kommentar zu Boethius,De hypotheticis syllogismis, München, Bayerische Staatsbibliothek, Clm 14458, fol. 59r - 82v.

2. Gedruckte Texte

Abbonis Floriacensis opera inedita I, Syllogismorum categoricorum et hypotheticorum enodatio. Ed. A. van de Vyver, Brügge 1966. Darin: Liber de categoricarum propositionum pugna et terminis, deque syllogismorum ordine et resolutione, S. 31-64, und: Liber secundus de propositionibus et syllogismis hypotheticis, S. 64-94.

Alexander von Aphrodisias, In Aristotelis Analyticorum Priorum Librum I Commentarium. Ed. M. Wallies, Berlin 1883.

(Ps.-) Apuleius, Peri Hermeneias. In: L. Apuleii Opera omnia II, ed. G.F. Hildebrand, Leipzig 1842.

(Avicenna) The Propositional Logic of Avicenna. A Translation from *al-Shifa*: *al-Quiyas* with Introduction, Commentary and Glossary by N. Sheraby, Dordrecht 1973.

(Avicenna) Ibn Sina Remarks and Admonitions. Part one: logic. Translated by Shams C. Inati, Toronto 1984.

Boethius, In Topica Ciceronis Commentaria. In: Migne PL 64, Sp. 1039-1174. Weitere Edition in: M. Tulli Ciceronis opera V, Teil I, ed. I. C. Orelli, Zürich 1833, S. 270 - 388. Vgl. auch Stump, 1988.

———— De differentiis topicis. In: Migne PL 64, Sp. 1173-1216.

———— De syllogismo hypothetico. In: Migne PL 64, Sp. 831-876. Neue Edition: De hypotheticis syllogismis, ed. L. Obertello, Brescia 1969. (Der Boethius-Text dieser Edition wird nur mit Obertello und Seitenangabe zitiert.)

Cassiodor, De artibus ac disciplinis liberalium litterarum. In: Migne PL 70, 1149 C - 1220 A. Neue Edition: R. A. B. Mynors, Oxford 1937.

Cicero, De inventione. In: Cicero II, The Loeb Classical Library, Cambridge/Mass. 1968.

———— Topica, ebd. Weitere Ausgabe: H. G. Zekl, Hamburg 1983 (mit Abdruck der lateinischen Ausgabe von A. S. Wilkins, Oxford 1903).

Diogenes Laertius, Leben und Meinungen berühmter Philosophen, 2. Aufl., Hamburg 1967.

Dunchad, Glossae in Martianum, ed. C. E. Lutz, Lancaster 1944.

Galen, Institutio logica, ed. K. Kalbfleisch, Leipzig 1896. Deutsche Übersetzung mit Kommentar: J. Mau, Berlin 1960.

Iohannes Scottus, Annotationes in Marcianum, ed. C. E. Lutz, Cambridge 1939.

Isidor von Sevilla, Etymologiarum Libri XX. In: Migne PL 82, Sp. 73-728. Neue Edition: W. M. Lindsay, Oxford 1911.

Johannes Philoponos, In Aristotelis Analytica Priora commentaria. Ed. M. Wallies, Berlin 1905.

Martianus Capella, De nuptiis Philologiae et Mercurii. Ed. A. Dick, add. et. corr. J. Préaux, Stuttgart 1978.

Notker, De syllogismis. In: Die Schriften Notkers und seiner Schule, ed. P. Piper, Freiburg - Tübingen 1882, S. 596-622.
Petrus Abaelardus, Dialectica. Ed. L. M.de Rijk, 2. Aufl., Assen 1970.
Remigius von Auxerre, Commentum in Martianum Capellam, libri I-II. Ed. C.E. Lutz, Leiden 1962.
Sextus Empiricus, Grundriß der Pyrrhonischen Skepsis. Übers. von M. Hossenfelder, Frankfurt 1968.
Wilhelm von Lucca, Summa dialectice artis. Ed. L. Pozzi, Padua 1975.
Wilhelm von Ockham, Summa Logicae. Ed. Ph. Boehner, G. Gál, St. Brown, St. Bonaventure N.Y. 1974.

II. SEKUNDÄRLITERATUR

Barnes, J. (1981): Boethius and the Study of Logic. In: M. Gibson (Hrsg.), Boethius. His Life, Thought and Influence, Oxford, S. 73-89.
—— (1984): Terms and Sentences: Theophrastus on hypothetical Syllogisms. In: Proceedings of the British Academy, London, vol. LXIX, S. 279-326.
—— (1985): Theophrastus and Hypothetical Syllogistic. In: J. Wiesner, Aristoteles. Werk und Wirkung I, Berlin, S. 557-576.
Bochenski, I.M. (1947): La logique de Théophraste, Freiburg.
—— (1968): Ancient Formal Logic, Amsterdam.
—— (1970): Formale Logik, Freiburg, 3. Aufl.
Chadwick, H. (1981): Boethius. The Consolations of Music, Logic, Theology and Philosophy, Oxford.
Cousin, P. (1954): Abbon de Fleury-sur-Loire, Paris.
Cuissard, Ch. (1885): Inventaire des manuscrits de la bibliothèque d'Orléans. Fonds de Fleury, Orléans.
D'Onofrio, G. (1986): Fons Scientiae. La dialettica nell'Occidente tardo-antico, Neapel.
Dürr, K. (1938): Aussagenlogik im Mittelalter. In: Erkenntnis VII, S. 160-168.
—— (1951): The Propositional Logic of Boethius, Amsterdam.
Engelen, Eva-Maria (1993): Zeit, Zahl und Bild. Studien zur Verbindung von Philosophie und Wissenschaft bei Abbo von Fleury, Berlin.
Frede, M. (1974): Die stoische Logik, Göttingen.
Gould, J. (1974): Deduction in Stoic Logic. In: J. Corcoran (Hrsg.), Ancient Logic and Its Modern Interpretations, Dordrecht, S. 151-168.
Grabmann, M. (1937): Bearbeitungen und Auslegungen der aristotelischen Logik aus der Zeit von Peter Abaelard bis Petrus Hispanus. Mitteilungen aus Handschriften deutscher Bibliotheken. In: Abhandlungen der Preußischen Akademie der Wissenschaften, phil-hist. Klasse Nr. 5.
Jeauneau, E. (1972): Les écoles de Laon et d'Auxerre au IXe siècle. In: Settimane di studio del Centro Italiano di Studi sull'Alto Medioevo XIX, Spoleto 1972, S. 495-522.
Kneale, W. & M. (1975): The Development of Logic, Oxford.
Maróth, M. (1989): Ibn Sina und die peripatetische 'Aussagenlogik', Leiden.
Martin, Ch. (1991): The Logic of Negation in Boethius. In: Phronesis 36, S. 277-304.
Mates, B. (1953): Stoic Logic, Berkeley-Los Angeles.
Mau, J. (1960): Galen. Einführung in die Logik. Kritisch-exegetischer Kommentar, Berlin.
Minio-Paluello, L. (1972): Nuovi impulsi allo studio della logica. La seconda fase della riscoperta di Aristotele e di Boezio. In: Settimane di studio del Centro Italiano di Studi sull'Alto Medioevo XIX, Spoleto, S. 743-766.
Mostert, M. (1987): The Political Theology of Abbo of Fleury, Hilversum.
—— (1989): The Library of Fleury. A Provisional List of Manuscripts, Hilversum.
Mulhern, J. (1974): Modern Notations and Ancient Logic. In: J. Corcoran (Hsg.): Ancient Logic and its Modern Interpretations, Dordrecht, S. 71-82.
Obertello, L. (1969): Einleitung zu Boezio, De syllogismis hypotheticis, Brescia.
Pellegrin, E. (1988): Bibliothèques retrouvées. Manuscrits, bibliothèques et bibliophiles du Moyen Age et de la Renaissance, Paris.

Prantl, C. (1855): Geschichte der Logik im Abendlande I. (Photomechanischer Nachdruck Berlin 1955)

Prior, A. N. (1953): The Logic of Negative Terms in Boethius. In: Franciscan Studies 13, S. 1-6.

Riché, P. (1987): Gerbert d'Aurillac. Le pape de l'an mil, Paris.

—— (1989): Ecoles et enseignement dans le Haut Moyen Age, Paris.

Schrimpf, G. (1977): Wertung und Rezeption antiker Logik im Karolingerreich. In: G. Patzig, E. Scheibe, W. Wieland (Hrsg.), Logik, Ethik, Theorie der Geisteswissenschaften, Hamburg, S. 451-456.

Striker, G. (1973): Zur Frage nach den Quellen von Boethius' *De hypotheticis syllogismis*. In: Archiv für Geschichte der Philosophie 55, S. 70-75.

Stump, E. (1987): Boethius's *In Ciceronis Topica* and Stoic Logic. In: J. F. Wippel (Hrsg.), Studies in Medieval Philosophy, Washington, S. 1-22.

—— (1988): Boethius. *In Ciceronis Topica*. Translated, with notes and an introduction, Ithaca-London.

Thomas, I. (1951): Boethius' *locus a repugnantibus*. In: Methodos III, 12, S. 303-307.

Sullivan, M. W. (1967): Apuleian Logic. The Nature, Sources, and Influence of Apuleius's *Peri Hermeneias*, Amsterdam.

Van de Vyver, A. (1929): Les étapes du développement philosophique du haut Moyen-Age. In: Revue belge de philologie et d'histoire 8, S. 425-452.

—— (1935): Les oeuvres inédits d'Abbon de Fleury. In: Revue bénédictine 47, S. 125-169.

Van den Driessche, R. (1949): Sur le *De syllogismo hypothetico* de Boèce. In: Methodos I, 3, S. 293-307.

ABKÜRZUNGSVERZEICHNIS

AB — Abbonis Floriacensis opera inedita I, Syllogismorum categoricorum et hypotheticorum enodatio. Ed. A. van de Vyver, Brügge 1966.

DDT — Boethius, De differentiis topicis. In: Migne PL 64, Sp. 1173-1216.

DHS — Boethius, De syllogismo hypothetico. In: Migne PL 64, Sp. 831-876. Neue Edition: De hypotheticis syllogismis, ed. L. Obertello, Brescia 1969. (In Zitationen wird immer zuerst die Spaltenangabe nach Migne angeführt, dann die Seitenangabe nach Obertello. Zitiert wird, falls nicht anders angegeben, nach der Edition von Obertello, dabei werden allerdings die Variablen, z.B. *a*, *b*, wie in der Edition von Migne kursiv gesetzt.)

ITC — Boethius, In Topica Ciceronis Commentaria. In: Migne PL 64, Sp. 1039-1174. Weitere Edition in: M. Tulli Ciceronis opera V, Teil I, ed. I. C. Orelli, Zürich 1833, S. 270 - 388. (Bei relevanten Textverschiedenheiten wird mit ausdrücklicher Angabe nach der letzteren Edition zitiert).

REGISTER

NAMENSREGISTER

1. Namen antiker und mittelalterlicher Autoren und Personen

2. Namen moderner Autoren und Personen

VERZEICHNIS LATEINISCHER BEGRIFFE

STUDIEN UND TEXTE ZUR GEISTESGESCHICHTE DES MITTELALTERS

3. Koch, J. (Hrsg.). *Humanismus, Mystik und Kunst in der Welt des Mittelalters.* 2nd. impr. 1959. *reprint under consideration*

4. Thomas Aquinas, *Expositio super librum Boethii* De Trinitate. Ad fidem codicis autographi nec non ceterorum codicum manuscriptorum recensuit B. Decker. Repr. 1965. ISBN 90 04 02173 6

5. Koch, J. (Hrsg.). *Artes liberales.* Von der antiken Bildung zur Wissenschaft des Mittelalters. Repr. 1976. ISBN 90 04 04738 7

6. Meuthen, E. *Kirche und Heilsgeschichte bei Gerhoh von Reichersberg.* 1959. ISBN 90 04 02174 4

7. Nothdurft, K.-D. *Studien zum Einfluss Senecas auf die Philosophie und Theologie des 12. Jahrhunderts.* 1963. ISBN 90 04 02175 2

9. Zimmermann, A. (Hrsg.). *Verzeichnis ungedruckter Kommentare zur Metaphysik und Physik des Aristoteles aus der Zeit von etwa 1250-1350.* Band I. 1971. ISBN 90 04 02177 9

10. McCarthy, J. M. *Humanistic Emphases in the Educational Thought of Vincent of Beauvais.* 1976. ISBN 90 04 04375 6

11. William of Doncaster. *Explicatio Aphorismatum Philosophicorum.* Edited with Annotations by O. Weijers. 1976. ISBN 90 04 04403 5

12. Pseudo-Boèce. *De Disciplina Scolarium.* Édition critique, introduction et notes par O. Weijers. 1976. ISBN 90 04 04768 9

13. Jacobi, K. *Die Modalbegriffe in den logischen Schriften des Wilhelm von Shyreswood und in anderen Kompendien des 12. und 13. Jahrhunderts.* Funktionsbestimmung und Gebrauch in der logischen Analyse. 1980. ISBN 90 04 06048 0

14. Weijers, O. (Éd.). *Les questions de Craton et leurs commentaires.* Édition critique. 1981. ISBN 90 04 06340 4

15. Hermann of Carinthia. *De Essentiis.* A Critical Edition with Translation and Commentary by Ch. Burnett. 1982. ISBN 90 04 06534 2

17. John of Salisbury. *Entheticus Maior and Minor.* Edited by J. van Laarhoven. 1987. 3 vols. 1. Introduction, Texts, Translations; 2. Commentaries and Notes; 3. Bibliography, Dutch Translations, Indexes. 1987. ISBN 90 04 07811 8

18. Richard Brinkley. *Theory of Sentential Reference.* Edited and Translated with Introduction and Notes by M. J. Fitzgerald. 1987. ISBN 90 04 08430 4

19. Alfred of Sareshel. *Commentary on the* Metheora *of Aristotle.* Critical Edition, Introduction and Notes by J. K. Otte. 1988. ISBN 90 04 08453 3

20. Roger Bacon. *Compendium of the Study of Theology.* Edition and Translation with Introduction and Notes by T. S. Maloney. 1988. ISBN 90 04 08510 6

21. Aertsen, J. A. *Nature and Creature.* Thomas Aquinas's Way of Thought. 1988. ISBN 90 04 08451 7

22. Tachau, K. H. *Vision and Certitude in the Age of Ockham.* Optics, Epistemology and the Foundations of Semantics, 1250-1345. 1988. ISBN 90 04 08552 1

23. Frakes, J. C. *The Fate of Fortune in the Early Middle Ages.* The Boethian Tradition. 1988. ISBN 90 04 08544 0

24. Muralt, A. de. *L'Enjeu de la Philosophie Médiévale.* Études thomistes, scotistes, occamiennes et grégoriennes. Repr. 1993. ISBN 90 04 09254 4

25. LIVESEY, S. J. *Theology and Science in the Fourteenth Century*. Three Questions on the Unity and Subalternation of the Sciences from John of Reading's Commentary on the *Sentences*. Introduction and Critical Edition. 1989. ISBN 90 04 09023 1

26. ELDERS, L. J. *The Philosophical Theology of St Thomas Aquinas*. 1990. ISBN 90 04 09156 4

27. WISSINK, J. B. (Ed.). *The Eternity of the World in the Thought of Thomas Aquinas and his Contemporaries*. 1990. ISBN 90 04 09183 1

28. SCHNEIDER, N. *Die Kosmologie des Franciscus de Marchia*. Texte, Quellen und Untersuchungen zur Naturphilosophie des 14. Jahrhunderts. 1991. ISBN 90 04 09280 3

29. LANGHOLM, O. *Economics in the Medieval Schools*. Wealth, Exchange, Value, Money and Usury according to the Paris Theological Tradition, 1200-1350. 1992. ISBN 90 04 09422 9

30. RIJK, L. M. DE. *Peter of Spain (Petrus Hispanus Portugalensis): Syncategoreumata*. First Critical Edition with an Introduction and Indexes. With an English Translation by JOKE SPRUYT. 1992. ISBN 90 04 09434 2

31. RESNICK, I. M. *Divine Power and Possibility in St. Peter Damian's* De Divina Omnipotentia. 1992. ISBN 90 04 09572 1

32. O'ROURKE, F. *Pseudo-Dionysius and the Metaphysics of Aquinas*. 1992. ISBN 90 04 09466 0

33. HALL, D. C. *The Trinity*. An Analysis of St. Thomas Aquinas' *Expositio* of the *De Trinitate* of Boethius. 1992. ISBN 90 04 09631 0

34. ELDERS, L. J. *The Metaphysics of Being of St. Thomas Aquinas in a Historical Perspective*. 1992. ISBN 90 04 09645 0

35. WESTRA, H. J. (Ed.). *From Athens to Chartres*. Neoplatonism and Medieval Thought. Studies in Honour of Edouard Jeauneau. 1992. ISBN 90 04 09649 3

36. SCHULZ, G. *Veritas est adæquatio intellectus et rei*. Untersuchungen zur Wahrheitslehre des Thomas von Aquin und zur Kritik Kants an einem überlieferten Wahrheitsbegriff. 1993. ISBN 90 04 09655 8

37. KANN, CH. *Die Eigenschaften der Termini*. Eine Untersuchung zur *Perutilis logica* Alberts von Sachsen. 1994. ISBN 90 04 09619 1

38. JACOBI, K. (Hrsg.). *Argumentationstheorie*. Scholastische Forschungen zu den logischen und semantischen Regeln korrekten Folgerns. 1993. ISBN 90 04 09822 4

39. BUTTERWORTH, C. E., and B. A. KESSEL (Eds.). *The Introduction of Arabic Philosophy into Europe*. 1994. ISBN 90 04 09842 9

40. KAUFMANN, M. *Begriffe, Sätze, Dinge*. Referenz und Wahrheit bei Wilhelm von Ockham. 1994. ISBN 90 04 09889 5

41. HÜLSEN, C. R. *Zur Semantik anaphorischer Pronomina*. Untersuchungen scholastischer und moderner Theorien. 1994. ISBN 90 04 09832 1

42. RIJK, L. M. DE (Ed. & Tr.). *Nicholas of Autrecourt*. His Correspondence with Master Giles and Bernard of Arezzo. A Critical Edition from the Two Parisian Manuscripts with an Introduction, English Translation, Explanatory Notes and Indexes. 1994. ISBN 90 04 09988 3

43. SCHÖNBERGER, R. *Relation als Vergleich*. Die Relationstheorie des Johannes Buridan im Kontext seines Denkens und der Scholastik. 1994. ISBN 90 04 09854 2

44. SAARINEN, R. *Weakness of the Will in Medieval Thought*. From Augustine to Buridan. 1994. ISBN 90 04 09994 8

45. SPEER, A. *Die entdeckte Natur*. Untersuchungen zu Begründungsversuchen einer „scientia naturalis" im 12. Jahrhundert. 1995. ISBN 90 04 10345 7

46. TE VELDE, R. A. *Participation and Substantiality in Thomas Aquinas*. 1995. ISBN 90 04 10381 3

47. TUNINETTI, L. F. „*Per Se Notum*". Die logische Beschaffenheit des Selbstverständlichen im Denken des Thomas von Aquin. 1996. ISBN 90 04 10368 6

48. HOENEN, M.J.F.M. und DE LIBERA, A. (Hrsg.). *Albertus Magnus und der Albertismus*. Deutsche philosophische Kultur des Mittelalters. 1995. ISBN 90 04 10439 9

49. BÄCK, A. *On Reduplication*. Logical Theories of Qualification. 1996. ISBN 90 04 10539 5

50. ETZKORN, G. J. *Iter Vaticanum Franciscanum.* A Description of Some One Hundred Manuscripts of the Vaticanus Latinus Collection. 1996. ISBN 90 04 10561 1

51. SYLWANOWICZ, M. *Contingent Causality and the Foundations of Duns Scotus' Metaphysics.* 1996. ISBN 90 04 10535 2

52. AERTSEN, J. A. *Medieval Philosophy and the Transcendentals.* The Case of Thomas Aquinas. 1996. ISBN 90 04 10585 9

53. HONNEFELDER, L., R. WOOD, M. DREYER (Eds.). *John Duns Scotus.* Metaphysics and Ethics. 1996. ISBN 90 04 10357 0

54. HOLOPAINEN, T. J. *Dialectic and Theology in the Eleventh Century.* 1996. ISBN 90 04 10577 8

55. SYNAN, E.A. (Ed.). *Questions on the* De Anima *of Aristotle by Magister Adam Burley and Dominus Walter Burley* 1997. ISBN 90 04 10655 3

56. SCHUPP, F. (Hrsg.). *Abbo von Fleury:* De syllogismis hypotheticis. Textkritisch herausgegeben, übersetzt, eingeleitet und kommentiert. 1997. ISBN 90 04 10748 7